Silke Kohlmann

Wandern für die Seele in und um Freiburg

20 Wohlfühlwege

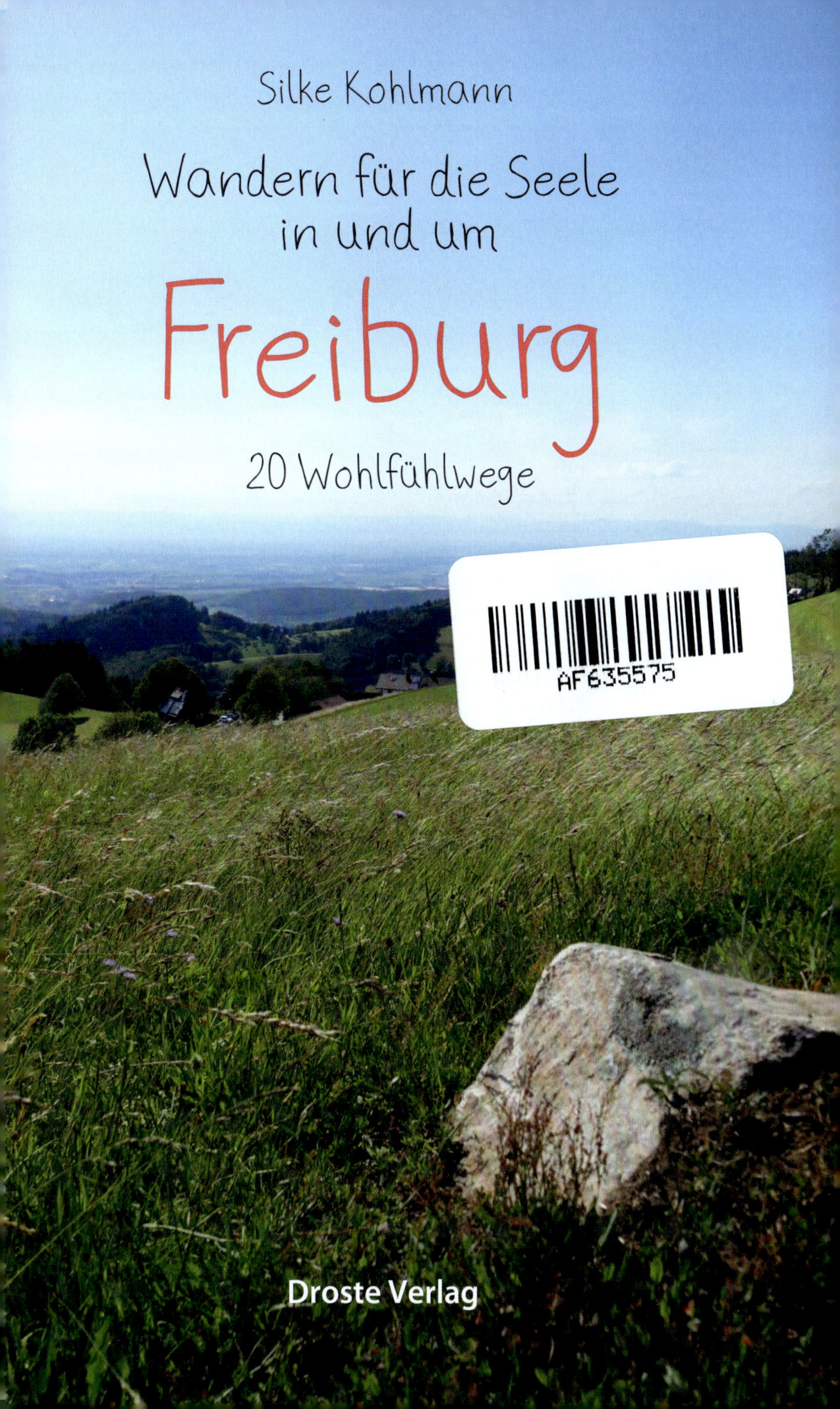

Droste Verlag

ALLE WANDERUNGEN AUF EINEN BLICK

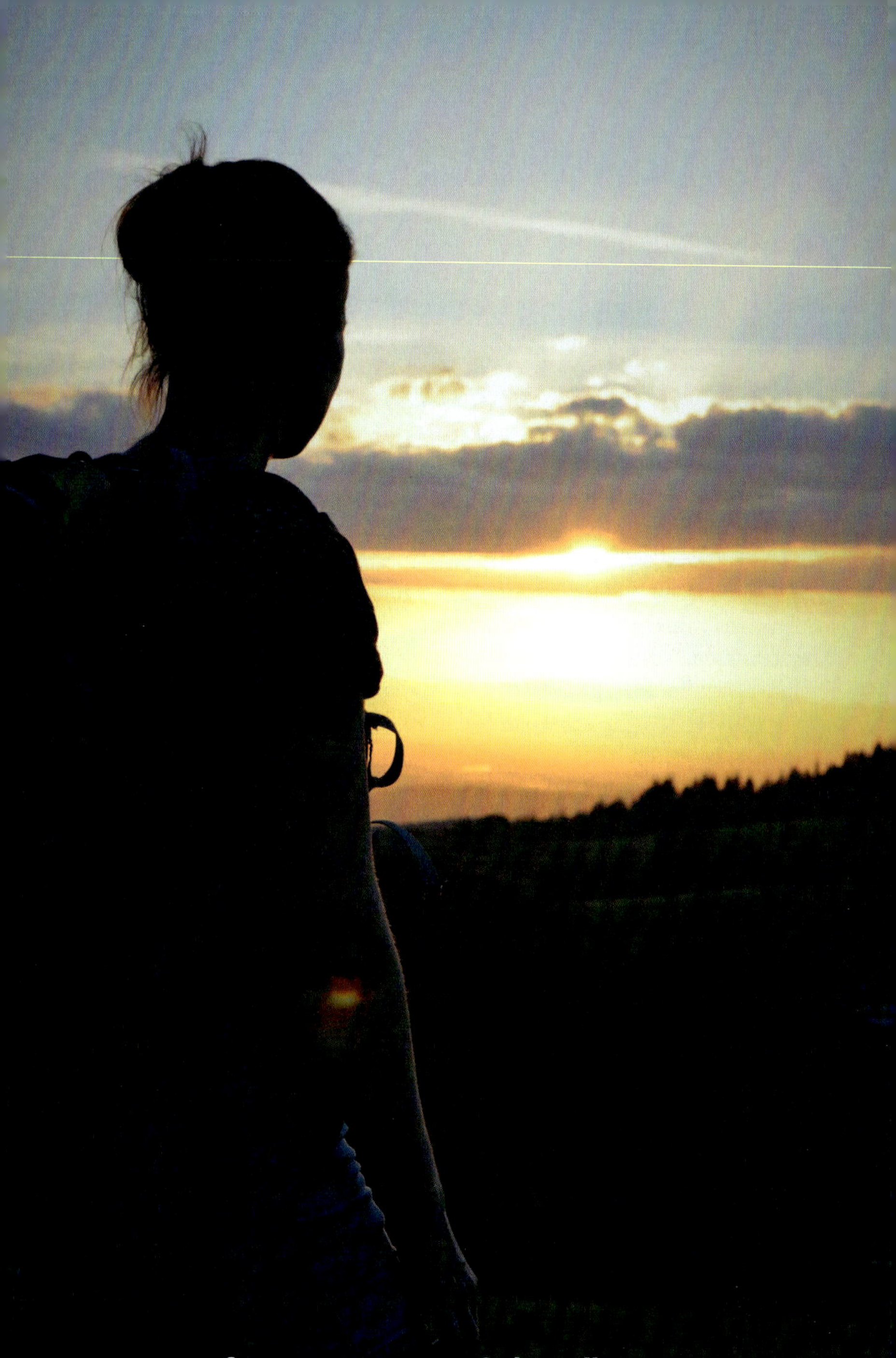

Sonnenuntergang am Gschwendle

Liebe Wanderfreunde,

mitten in der trubeligen Stadt starten und innerhalb kürzester Zeit einen stillen Glücksort im Wald, eine sonnige Weide oder einen herrlichen Aussichtsfelsen erreichen – von Freiburg aus ist das kein Problem.

Zwischen Rheintal und Schwarzwald gelegen, ist die Stadt ein perfekter Ausgangspunkt für Wanderungen von ganz unterschiedlicher Charakteristik. Wir schlendern auf bequemen Wegen durch die Weinberge oder tauchen in die Auenwälder des Altrheins ein. Wir schlängeln uns durch enge Schluchten oder wandern auf felsigem Pfad. Wir erklimmen steile Anstiege, erobern hohe Gipfel und genießen wunderbare Weitblicke. Manche Touren fordern unsere ganze Kraft, andere lassen uns vollkommen entschleunigen.

Wir lassen den Alltag weit hinter uns, wenn wir mit der Seilbahn auf den Schauinsland schweben oder vom Kybfelsen auf die Stadt hinunterschauen, wenn wir tief in die Ravennaschlucht eintauchen oder auf dem Gipfel des Hinterwaldkopfs ungeahnte Weiten erleben. Es gibt so viel zu entdecken – in und um Freiburg. Also, Wanderschuhe angezogen, und los geht's!

Viel Freude dabei wünscht
Silke Kohlmann

NATUR-INFO

KULTUR-INFO

TOUREN-/EVENT-INFO

GENUSS-INFO

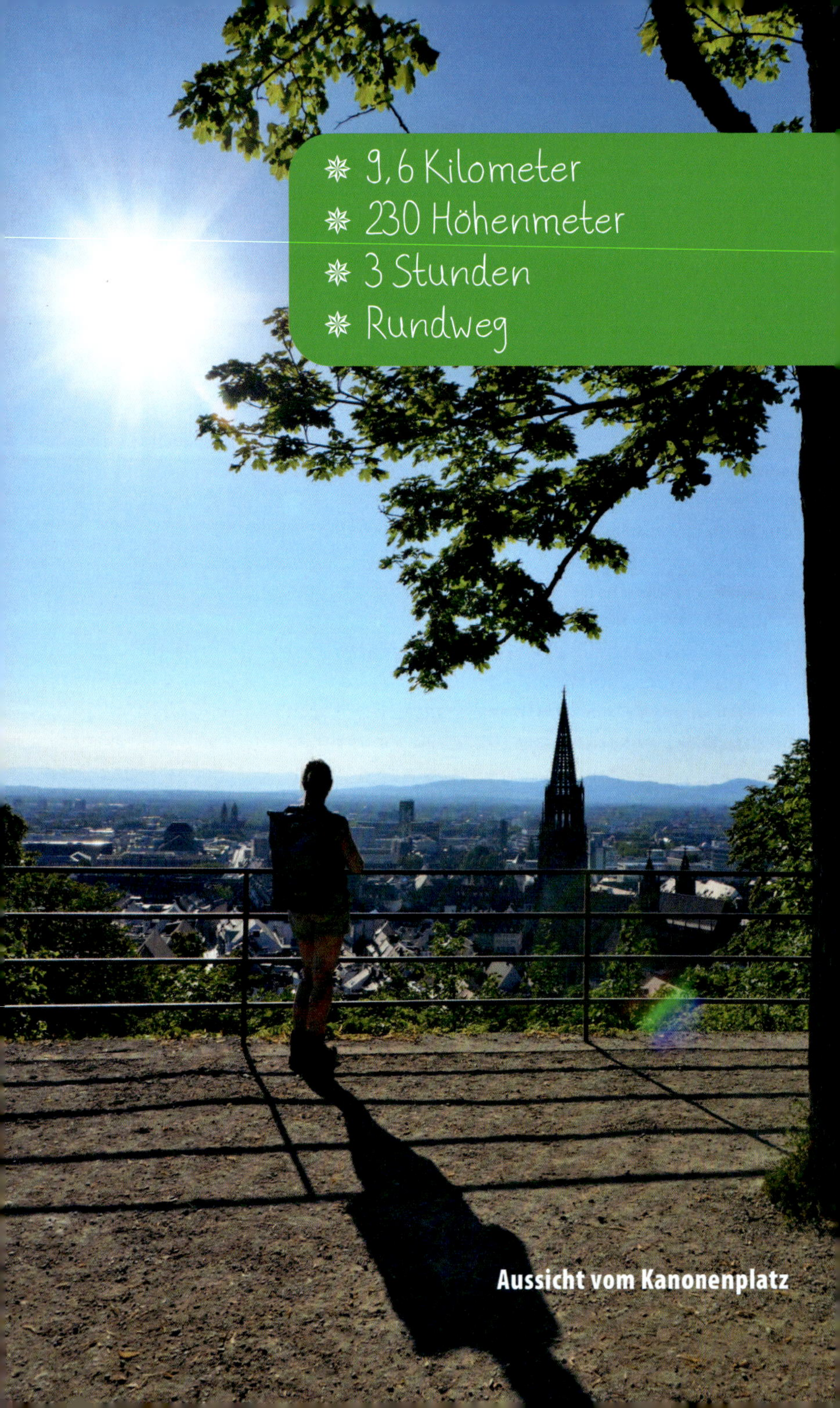

* 9,6 Kilometer
* 230 Höhenmeter
* 3 Stunden
* Rundweg

Aussicht vom Kanonenplatz

Über der Stadt

Von Freiburg auf den Schlossberg

Wir beginnen unsere Tour an einem der schönsten Plätze Freiburgs, am **Oberlindenplatz.** Eine 250 Jahre alte Linde beschattet ihn, vom Brunnen schaut sanft die Madonnenfigur mit dem vergoldeten Lilienstab herunter und wir wenden unseren Blick dem Schwabentor mit seinem zierlichen Glockentürmchen zu. Das **Schwabentor** ist – neben dem Martinstor – eines der beiden noch erhaltenen Stadttore aus dem Mittelalter – jener Zeit, als eine mächtige Wehranlage Freiburg vor Eindringlingen schützte.

Eine Legende verlieh dem Schwabentor seinen Namen. Einst soll ein schwäbischer Kaufmann mit Fässern voller Geld durch das Tor gekommen sein, um das schöne Freiburg zu kaufen. Als er die Fässer aber öffnete, fanden sich nur Steine darin: Seine Frau hatte das Geld heimlich ausgetauscht.

Wir gehen vom Brunnen in Richtung des Tores, steigen davor links die Treppe nach oben und gelangen über die viel befahrene Straße hinweg zum Schlossberg. Hier geht es nun ordentlich bergauf. Ein gepflasterter Weg führt uns Kehre um Kehre höher hinauf. Eine erste Verschnaufpause gönnen wir uns am **Kastaniengarten ①,** der bereits einen wunderbaren Blick über die Türme und Dächer der Stadt bietet. Eine Einkehr in den Biergarten behalten wir uns fürs Ende unserer Runde auf. Jetzt wollen wir den Schlossberg erobern. Weiter führt unser Weg bergan, mal in engen Kehren, mal auf steilen Treppen. Aber Erholung naht. Dann nämlich, wenn wir den **Kanonenplatz ②** erreichen, der schon ein ganzes Stück höher über der Stadt liegt – und ein unvergleichliches Panorama bietet. Die Stadt breitet sich unter uns aus, stolz streckt sich das **Freiburger Münster** empor. Von hier aus lässt sich die ganze Schönheit des gotischen Turms am besten bewundern. Im Gegenlicht zeichnet sich die Silhouette der durchbrochenen Turmspitze ab. Besonders schön ist das, wenn die untergehende Sonne den Himmel orangerot färbt. Dann ist der Kanonenplatz oft voll von Menschen, die diesen grandiosen Blick genießen. Es lohnt sich also unbedingt, den Kanonenplatz auch zur Stunde des Sonnenuntergangs noch einmal aufzusuchen.

1218 ging die Herrschaft über Freiburg an die Grafen von Urach, die sich nun Grafen von Freiburg nannten. Das Verhältnis zwischen Herren und Bürgern war geprägt von Streitigkeiten über finanzielle Leistungen der Stadt. Dies führte mehrmals zu Kämpfen. 1366 zerstörten die Freiburger das Schloss mit Kanonen.

Wir wenden uns nun in westliche Richtung, steigen weiter den Berg hinauf und dem Höhepunkt, dem Schlossbergturm, entgegen. Wir umrunden die **Ludwigshöhe,** auf der vor fast 1000 Jahren der Zähringer Herzog Berthold II. das Castrum de Friburch errichtete, auch Burghaldenschloss genannt, das dem Schlossberg seinen Namen gab. Den Zähringern folgten die Grafen von Freiburg, die Habsburger und schließlich die französischen Besatzer, welche die Burg im 17. Jahrhundert in die Befestigungsanlage der Stadt einbezogen. Noch heute zeugen die Ruinen der barocken Gemäuer, der 1906 erbaute Bismarckturm und der Kanonenplatz von dieser bewegten Geschichte.

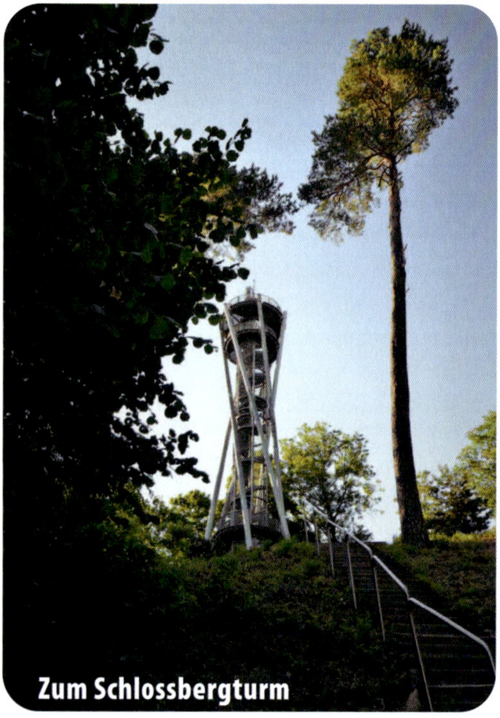
Zum Schlossbergturm

Unser Pfad zieht sich nun durch einen wunderbaren Wald, Schilder mit dem stilisierten **Schlossbergturm** ❸ weisen den Weg – bis wir auf eine Treppe stoßen, die uns geradewegs zum Fuß des Turmes führt. Mit seinen mächtigen gedrehten Stahlstützen scheint er sich über uns geradezu in den Himmel zu schrauben. Jetzt heißt es, Zähne zusammenbeißen: 153 Stufen führen die Wendeltreppe hinauf auf den 33 Meter hohen Aussichtsturm. Sie zu überwinden ist alle Mühe wert. Denn knapp 200 Meter oberhalb von

Für die Seele

Wir besteigen den Schlossberg, genießen einen grandiosen Blick über die Türme und Dächer der Stadt und kehren am Ufer der Dreisam ins Zentrum zurück.

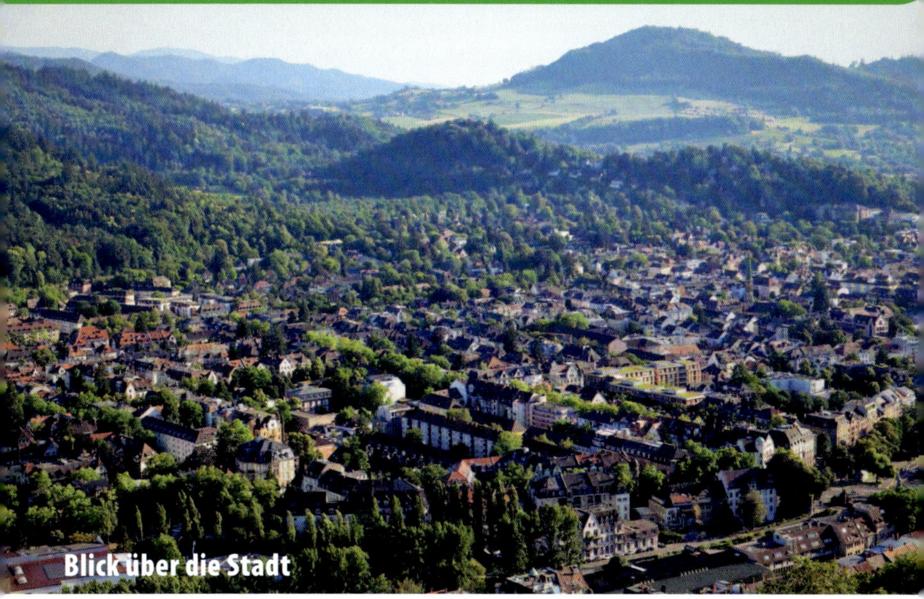

Blick über die Stadt

Freiburg bietet sich uns von hier ein umwerfender Blick über die Stadt hinweg ins Rheintal und die Vogesen und in die grünen Täler der Schwarzwaldausläufer. Apropos Grün: Von hier oben erkennen wir, dass sich Freiburg völlig zu Recht „Green City“ nennt. Überall strecken sich kräftige Baumkronen empor, ziehen sich Alleen wie grüne Bänder durch die Stadt.

Berauscht von diesem einzigartigen Ausblick steigen wir hinunter und gelangen wieder in den herrlichen Wald des Schlossbergs. Zunächst wandern wir auf einem breiten, von kräftigen Laubbäumen gesäumten Weg westwärts, später über schmalere Pfade zum Wegpunkt **Rote Hütte.** Von hier aus folgen wir

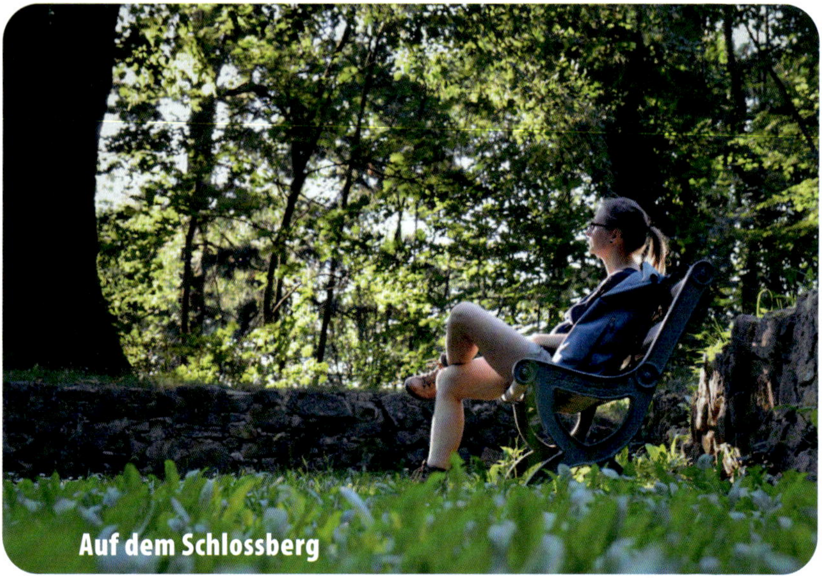
Auf dem Schlossberg

dem Querweg Freiburg-Bodensee mit seiner rot-weißen Raute auf gelbem Grund nach **St. Ottilien.**

Traumhafte Waldpfade im dichten Grün führen uns an den Ort, an dem die der heiligen Ottilie geweihte Kapelle steht. Nach einer Legende aus dem 10. Jahrhundert war die heilige Odilia als Tochter eines elsässischen Herzogs blind zur Welt gekommen. Da der Vater das Mädchen töten wollte, gab die Mutter es in ein Kloster, wo es getauft wurde und auf wundersame Weise das Augenlicht erlangte. Odilia kehrte nach Hause zurück, wurde aber erneut vom Vater verstoßen. So suchte sie Zuflucht in einer Höhle – und die soll sich hier im Freiburger Musbachtal befunden haben. Das können wir nun glauben oder nicht, heute steht an dieser Stelle jedenfalls ein wunderschönes Kirchlein, das im Innern herrliche Fresken beherbergt und eine Felsengrotte, deren Quelle Augenleiden lindern soll.

Gleich neben der Kapelle geht es zwar weltlicher, aber ebenso wunderbar zu: Im Waldrestaurant **St. Ottilien** ④ können wir unter herrlichen Kastanienbäumen Platz nehmen und die regionale Küche mit italienischen und spanischen Einflüssen genießen. Ob bei einem Käseteller mit Röstzwetschgensenf, Wildkräutersalat mit Gambas und Aioli oder einer Falafel mit geröstetem Blumenkohl – hier findet jeder sein Gaumenglück.

Wunderbar verwöhnt gehen wir nun das lauschige Musbachtal hinab und gelangen auf dem Stationenweg zur Ottilienwaldhütte mit dem schönen Grillplatz. Weiter geht es bergab, bis wir schließlich den Wald verlassen und das Dreisamtal erreichen. Wir nehmen den nächsten Pfad, der uns an den Uferweg führt und erreichen das Stück der **Dreisam** 5, in dem sie im renaturierten Bett mehr Raum hat als im Zentrum der Stadt. An dieser Stelle finden sich Schotterbänke, an denen es sich herrlich sitzen und entspannen lässt. Gleich darauf erreichen wir den Sandfangweg, wo geräumige Gumpen zum Bad in den Fluten einladen. Auf dem Dreisamuferweg wan-

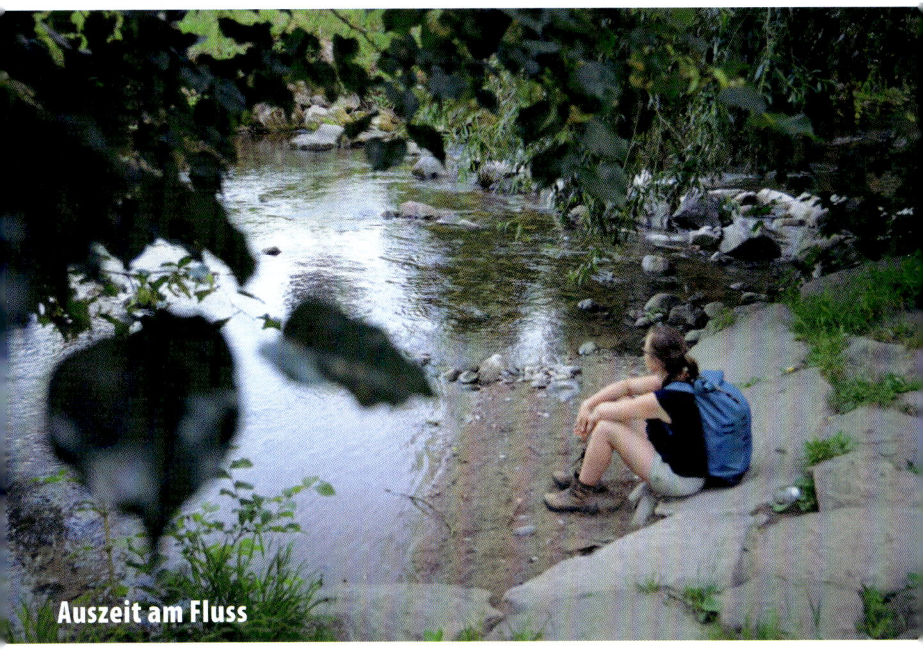

Auszeit am Fluss

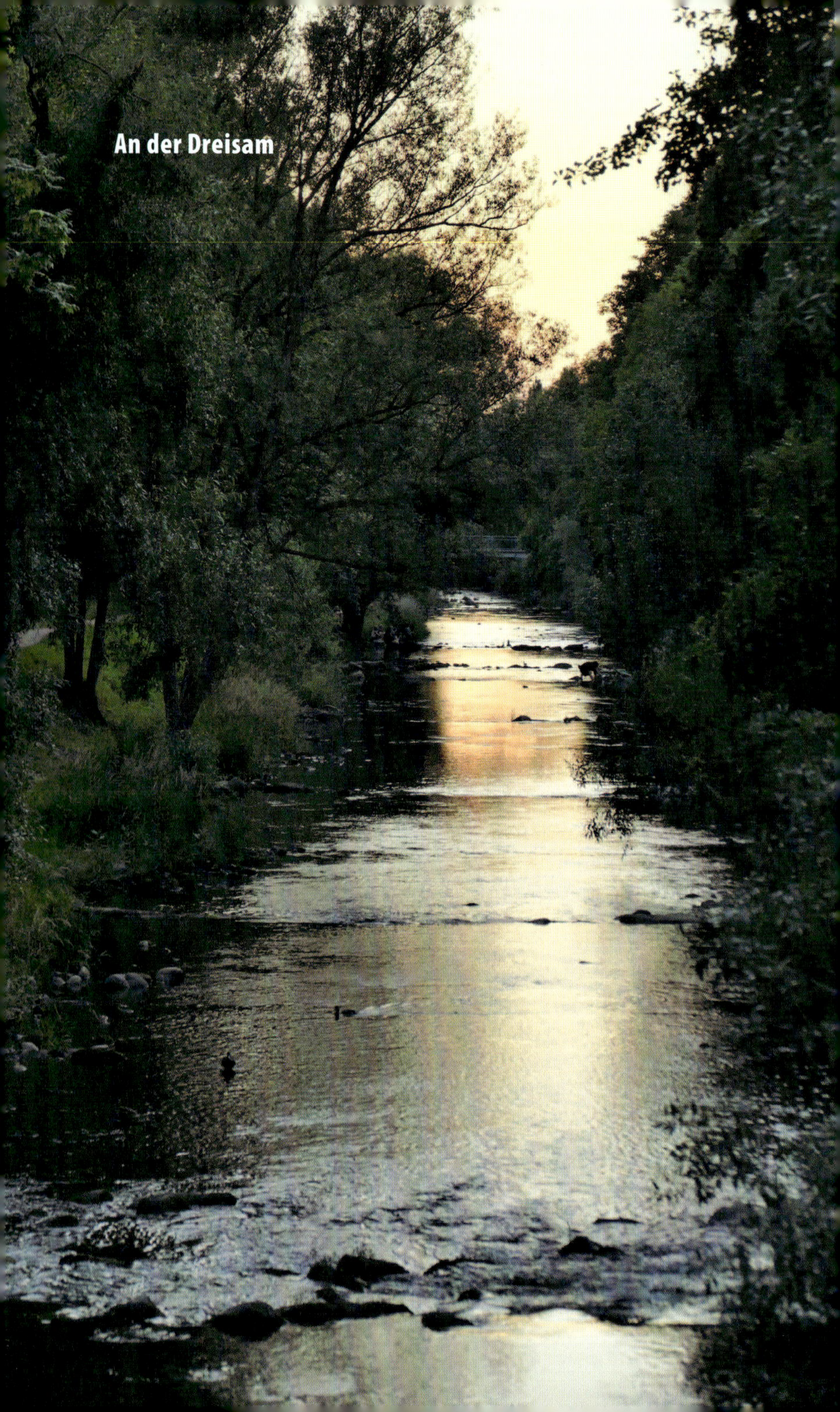
An der Dreisam

dern wir stadteinwärts – mal durch die Wiesen, mal unter dem prächtigen Dach der Bäume. Und immer wieder ruht unser Blick auf dem Flusslauf: Ein paar Enten ziehen vorüber, herabhängende Zweige streifen die Wasseroberfläche, vom gegenüberliegenden Ufer klingt Gitarrenspiel herüber. Die Dreisam ist einer der Orte der Stadt, an dem sich Junge und Junggebliebene am Abend einfinden, um sich ein flussgekühltes Feierabendbier zu gönnen, den mitgebrachten Grill anzuwerfen oder einfach nur zu sitzen und zu plaudern.

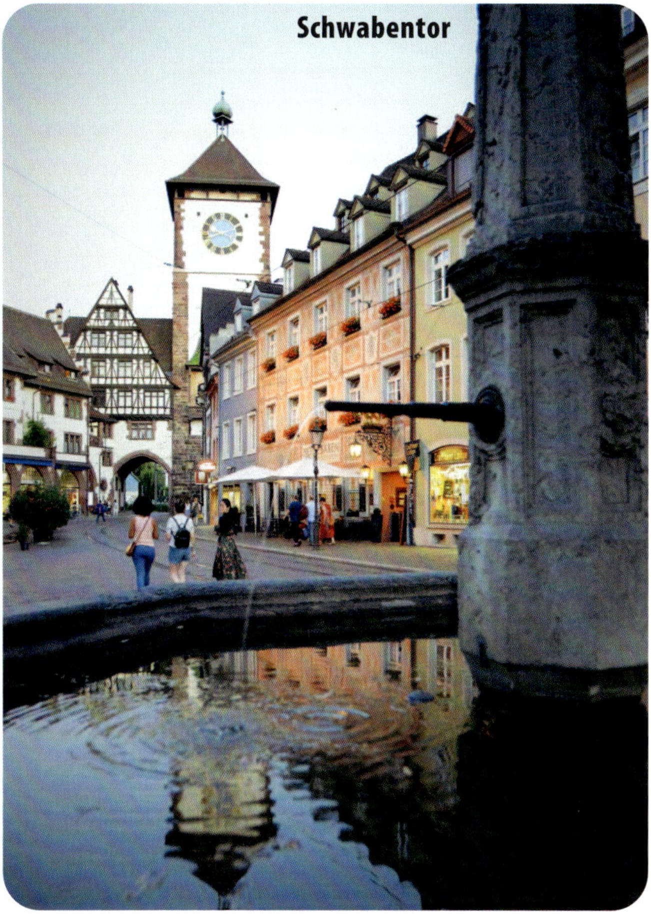
Schwabentor

Auszeittour 1

Zwischen Schwabentor und Oberlindenplatz liegt das Gasthaus Zum roten Bären, welches zu Deutschlands ältesten Gasthäusern zählt. Gemeinsam mit anderen historischen Gebäuden der Altstadt und dem Oberlindenplatz steht das Gebäude unter Denkmalschutz.

Entspannt erreichen wir schließlich das Stadtzentrum, steigen an der Leo-Wohleb-Brücke die Stufen zur Straße hinauf und erreichen bald wieder das **Schwabentor 6**. Nun gehen wir darunter hindurch – nicht ohne an der Mauer die kleine steinerne Figur des Dornausziehers zu suchen. Er ist wohl um 1250 während des Torbaus angebracht worden und diente vermutlich dazu, die Freiburger vor den Gefahren jenseits ihres Stadttores zu warnen. Wohlbehalten in die Stadt zurückgekehrt, haben wir nun die Qual der Wahl, was eine gemütliche Einkehr betrifft. Wir entscheiden uns dafür, noch einmal die wenigen Meter zum **Kastaniengarten** hinaufzusteigen, um im vielleicht schönsten Freiburger Biergarten ein kühles Radler und den herrlichen Blick über die Stadt zu genießen.

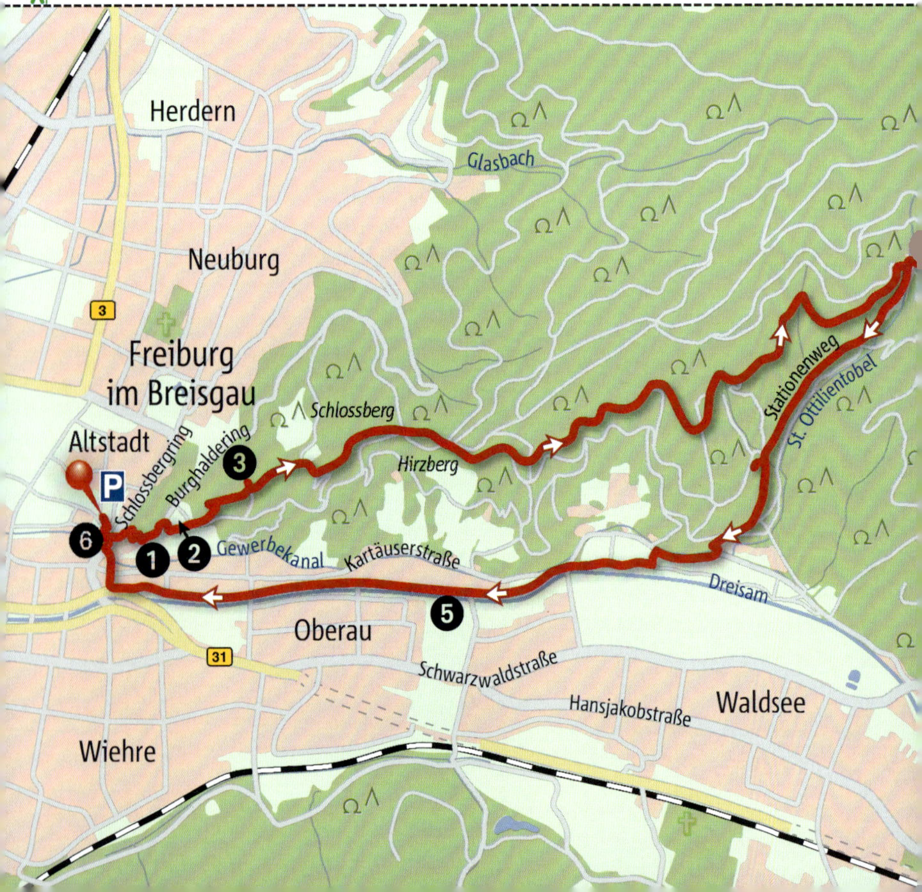

Entspannung ✱✱✱✱✱

Genuss ✱✱✱✱✱

Romantik ✱✱✱✱✱

WIE & WANN:
Mittelschwere Wanderung auf leicht begehbaren Wegen. Beste Wanderzeit von April bis November. Im Sommer auch als Feierabendwanderung mit Einkehr geeignet.

HIN & WEG:
Auto: Schlossberggarage, Schlossbergring 14, 7
9098 Freiburg im Breisgau (GPS: 47.993917, 7.855345)
ÖPNV: Straßenbahnlinie 1 bis Oberlinden

ESSEN & ENTSPANNEN:
Kastaniengarten ❶ Schlossbergring 3, 79098 Freiburg im Breisgau, Tel. (07 61) 3 27 28, www.greiffenegg.de
Waldrestaurant St. Ottilien (4) Kartäuserstraße 135, 79104 Freiburg im Breisgau, Tel. (07 61) 6 32 30, www.st-ottilien.com

ENTDECKEN & ERLEBEN:
Kanonenplatz ❷
Schlossbergturm ❸
Dreisam ❺
Schwabentor ❻ Oberlinden 25, 79098 Freiburg im Breisgau

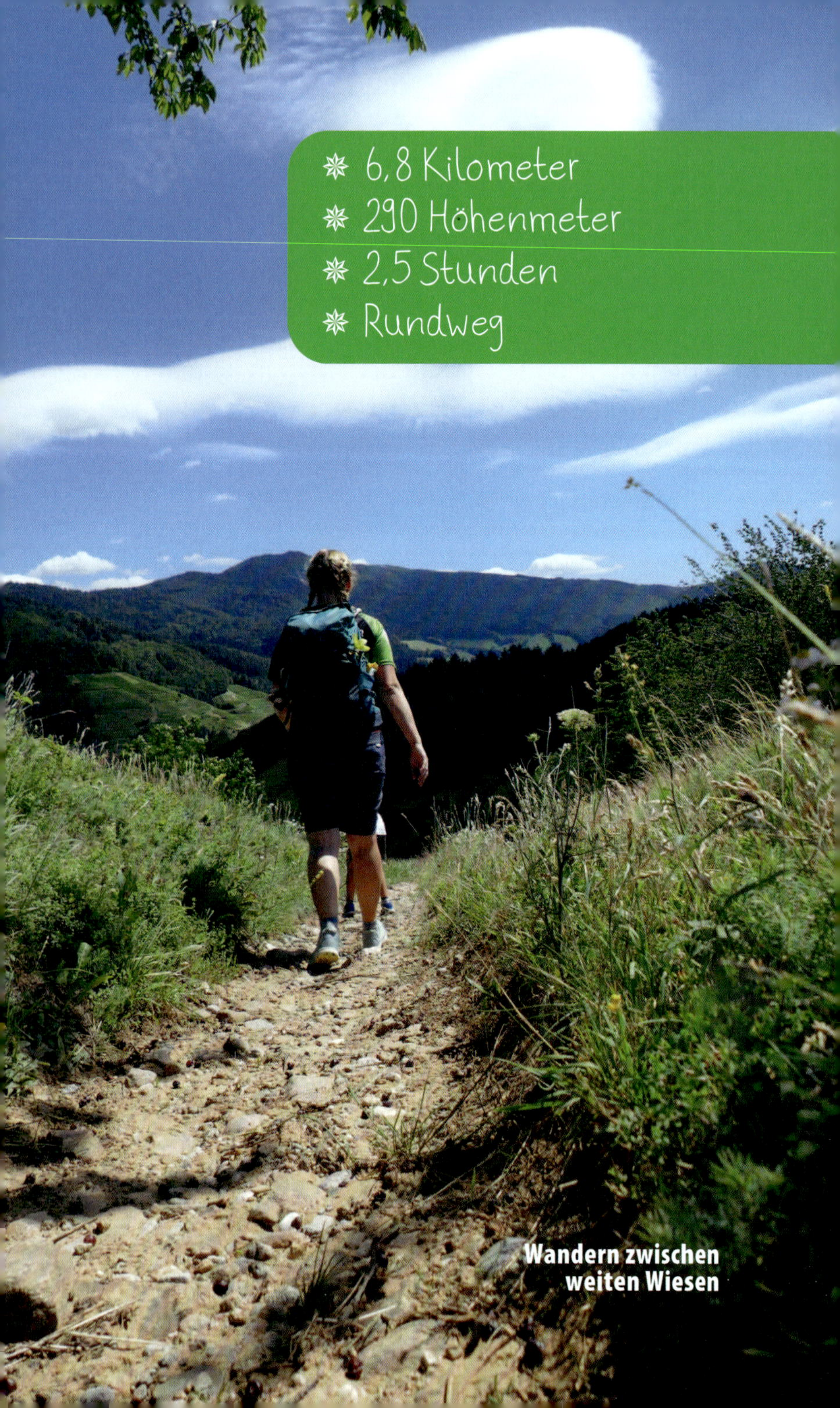

- 6,8 Kilometer
- 290 Höhenmeter
- 2,5 Stunden
- Rundweg

Wandern zwischen weiten Wiesen

Auf Weidepfaden

Vom Glottertal ins Föhrental

Wir beginnen unsere Wanderung im Ortskern von **Glottertal,** am Rathaus. Wir überqueren zunächst die Talstraße und das Flüsschen Glotter, das unter der blumengeschmückten Brücke dahinplätschert, und wenden uns nach links auf den Rathausweg. Vorbei an der **Eichberghalle,** wo auch die Touristinformation untergebracht ist, erreichen wir die **Kandelstraße,** der wir nach rechts folgen. Schon nach 250 Metern biegen wir erneut rechts ab und wandern am **Mattenhof** vorbei Richtung Silbergrüble.

Die Glotter entspringt am Osthang des Kandels, der höchsten Erhebung des Mittleren Schwarzwalds. Vorbei an St. Peter und durch das Glottertal strebt sie der Dreisam entgegen.

Ab dem Hof steigt unser Weg kräftig an. Das hat einen Vorteil: Während wir bergauf wandern, wenden wir den Blick immer wieder zurück, um die herrlichen Aussichten auf das Dorf, die Kirche St. Blasius und die Weinberge am gegenüberliegenden Hang zu genießen. Bald taucht unser Weg in den Wald ein,

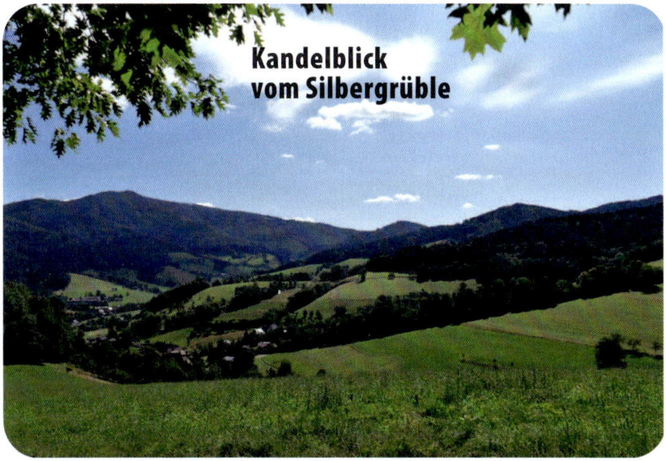

Kandelblick vom Silbergrüble

Das Silbergrüble verdankt seinen Namen dem Silbererzbergbau, der hier insbesondere im 13. Jahrhundert betrieben wurde.

wird noch steiler und fordert unsere ganze Kraft. Wenn wir am oberen Waldrand ein weiteres Mal auf die Wiesen treffen, haben wir den anstrengendsten Teil aber geschafft. Und hier oben am **Silbergrüble 1** werden wir mit einem wundervollen Ausblick auf das Kandelmassiv belohnt, der mit 1241 Metern höchsten Erhebung des mittleren Schwarzwalds.

An der Weggabelung wählen wir den gegenüberliegenden Pfad, der Richtung Allmend und hinein in den dichten Nadelwald führt. Unter mächtigen Fichten wandern wir den traumhaften Waldpfad bergab, Sauerklee wächst rechts und links des Weges, im Frühling streckt zarter Waldmeister seine feinen weißen Blüten empor. Wir kommen schnell voran und erreichen schon bald den kleinen Weiler **Allmend 2**. Mehrere Höfe gruppieren sich um den Weg, ein Hund begrüßt uns Wanderer freundlich, ein Bächlein plätschert und vom Hang gegenüber klingt das Glöckchengeläut einiger Ziegen und Schafe herüber. Diesem Geräusch folgen wir. Der Wegweiser zum Gummeck führt direkt an einem der Höfe vorbei

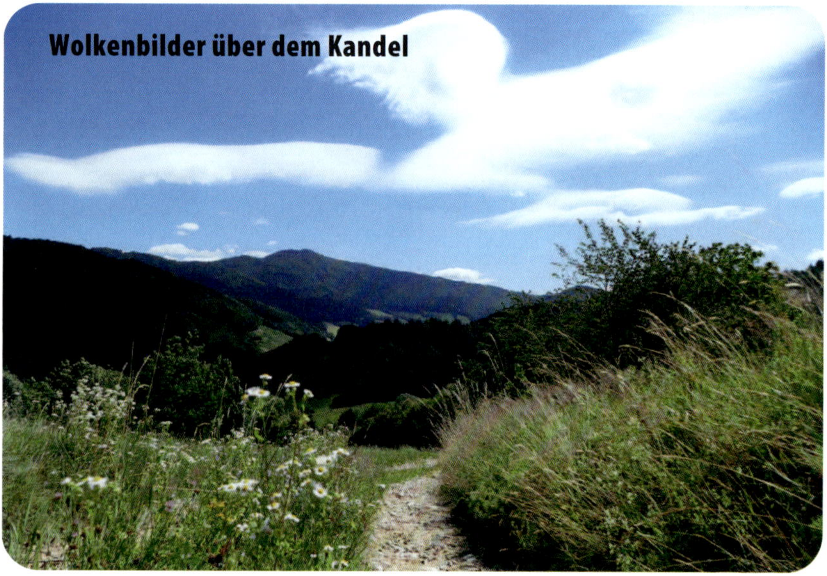

Wolkenbilder über dem Kandel

Für die Seele

Auf sanften Wiesenpfaden schlendern wir durch die malerische Weidelandschaft des Föhrentals.

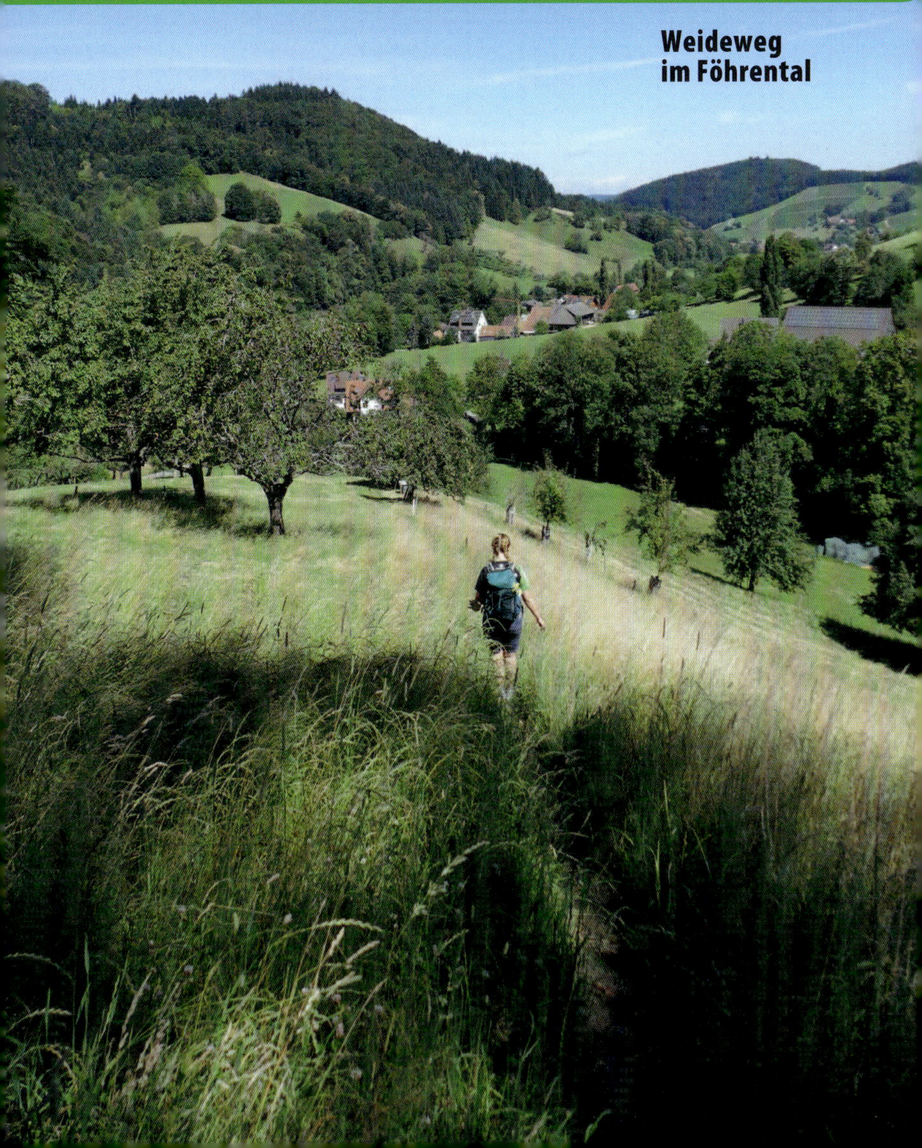

Weideweg im Föhrental

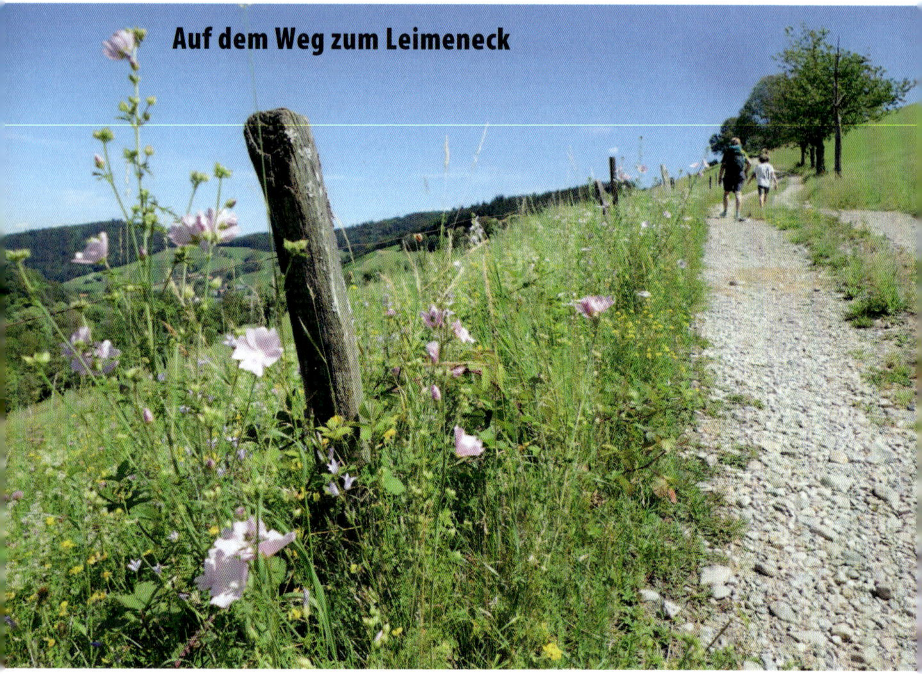

Auf dem Weg zum Leimeneck

über einen Steg und wir gelangen auf einen herrlichen Wiesenweg. Das Gras steht hoch, unzählige Blumen verteilen darin ihre bunten Tupfen. An einer Schafweide vorbei wandern wir leicht bergan, Obstbäume erfreuen uns je nach Jahreszeit mit feinen Blüten oder knackigen Früchten. Auf der Anhöhe des **Gummecks** genießen wir einen prächtigen Rundumblick: rechter Hand ins Glottertal, das Föhrental entlang und bis zum Wildtalereck (siehe Tour 9) auf der gegenüberliegenden Anhöhe, wo ein einzelner Kastanienbaum auf der Kuppe thront.

Wir stehen nun oberhalb des Ortes Föhrental und wollen dort hinunter. Die Wegführung dorthin ändert sich jeweils ein wenig, je nachdem wie die Landwirte ihre Viehweiden abstecken, ist aber immer mit einer gelben Raute gekennzeichnet. Es geht zunächst in nordwestlicher Richtung leicht bergab. Und auch wenn der Wiesenpfad vermeintlich auf einen Weidezaun zuführt, gibt es doch immer einen schmalen Durchlass für Wanderer. Wir schlendern an herrlichen Apfelbäumen vorbei ins Tal. Und treffen dabei auf die ein oder andere Kuh, die sich aber keineswegs durch uns Wanderer aus der Ruhe bringen lässt.

Bald erreichen wir die Föhrentalstraße und wandern rechter Hand bis zum Kapellenhof. Hier wenden wir uns noch einmal nach rechts und biegen gleich darauf links auf einen weiteren Wiesenweg ab. Im hohen Gras zieht sich der kleine Pfad sanft den Berg hinauf, die **Kapelle** ③ mit Glockentürmchen schmiegt sich an den Hang, in der Ferne blühen die Obstbäume. Und obwohl wir keine 10 Kilometer von Freiburg entfernt sind, fühlen wir uns wie auf den einsamen Höhen einer Schweizer Alm – so malerisch breiten sich die Weiden um uns herum aus und so weit weg ist die Hektik der Stadt. Der Fußpfad, den

Kapelle im Föhrental

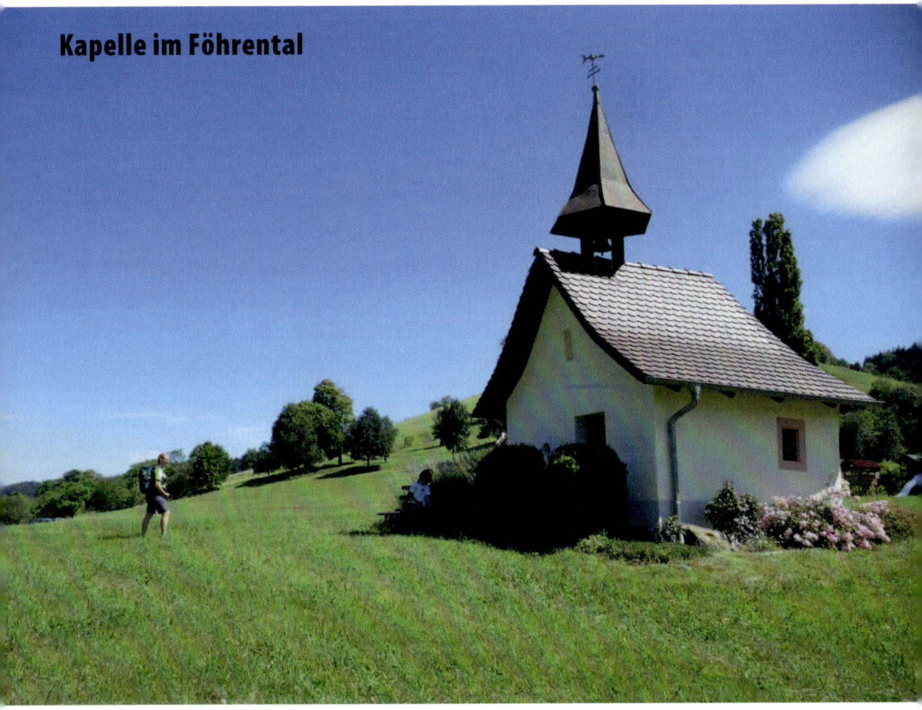

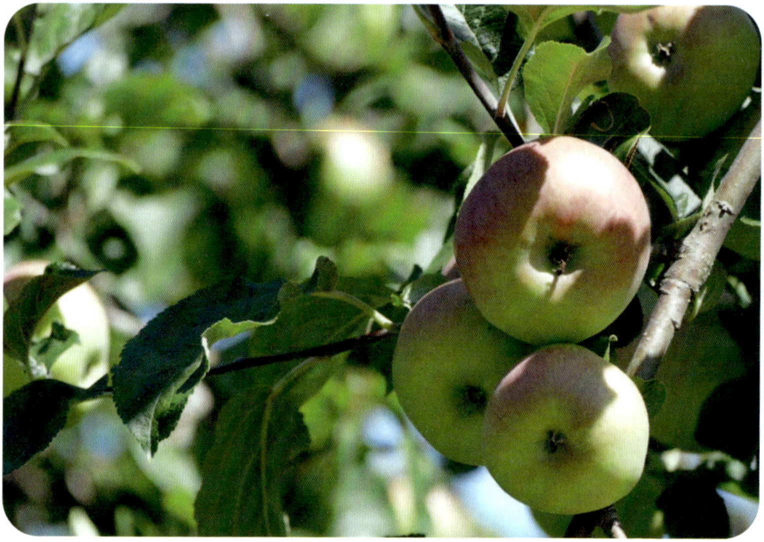

wir gerade begehen, wird bis heute auch Kirchweg genannt. Früher gingen die Familien aus dem oberen und mittleren Föhrental hier jeden Sonntag hinüber zum Gottesdienst in die Glottertäler Pfarrkirche.

Am Ende der Weide erreichen wir über einen schmalen Durchlass im Zaun einen breiten Schotterweg, dem wir in nördlicher Richtung folgen. Unterhalb grasen einige Pferde, der Blick weitet sich ins Glottertal und hinüber zu den Höhen des Schwarzwalds. Rechts und links des Weges blühen Wegwarten, Butterblumen, Wilde Möhre und Klee und verwandeln die Wiesen in einen grün-bunten Augenschmaus. Langsam wird der Aufstieg steiler, anstrengender – dafür umso schöner: Obstbäume säumen den Wegrand, strecken ihre grünen Zweige wie ein lichtes Dach über uns aus. Am Waldrand führt unser Wanderweg mit der gelben Raute nach links und erneut auf einen schmalen Pfad am Weidezaun entlang. Über diesen Pfad erreichen wir schnell das **Leimeneck,** wenden uns dort Richtung Ortsmitte Glottertal und wandern in einem Meer aus Löwenzahn der Kirche St. Blasius entgegen. Nach 300 Me-

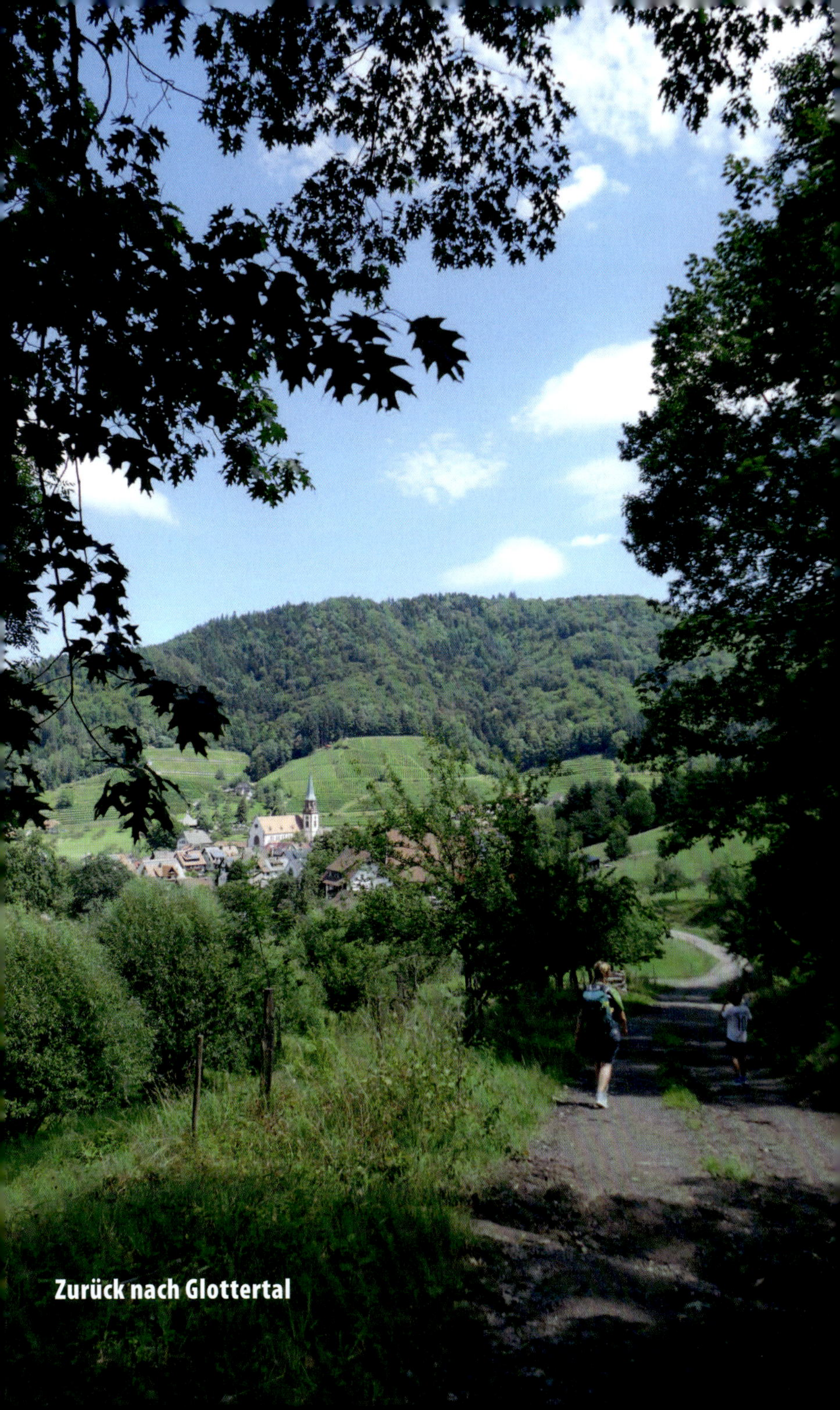

Zurück nach Glottertal

Auszeittour 2

tern biegen wir rechts ab und wandern nun mit herrlichem Blick auf den Kandel dem Tal zu.

Erneut an blumenbunten Wiesen, später an kräftigen Obstbäumen entlang erreichen wir wieder den Ortskern von Glottertal. Nun haben wir die Qual der Wahl bei der Auswahl eines Gasthauses zur Einkehr. Der Weg über die Leimeneckstraße führt uns direkt an der schönen Gartenterrasse des Restaurants Hirschen vorbei, aber auch zum Gasthaus zum Goldenen Engel mit der gemütlichen Schwarzwaldstube. Für Wanderer mit kräftigem Hunger bieten sich die Wirtschaften an, die auf der Talstraße etwas weiter oben liegen. Das **Buschstüble** 4 oder die **Vesperstube Haberstroh** 5 servieren herrliche Vespergerichte und feinen Glottertäler Wein.

Die Fernsehserie „Schwarzwaldklinik" hat den Carlsbau im Glottertal in den 1980er-Jahren berühmt gemacht. Die Fernsehärzte haben allerdings nie hinter der schönen Fassade operiert: Die Innenaufnahmen wurden in Hamburg gedreht.

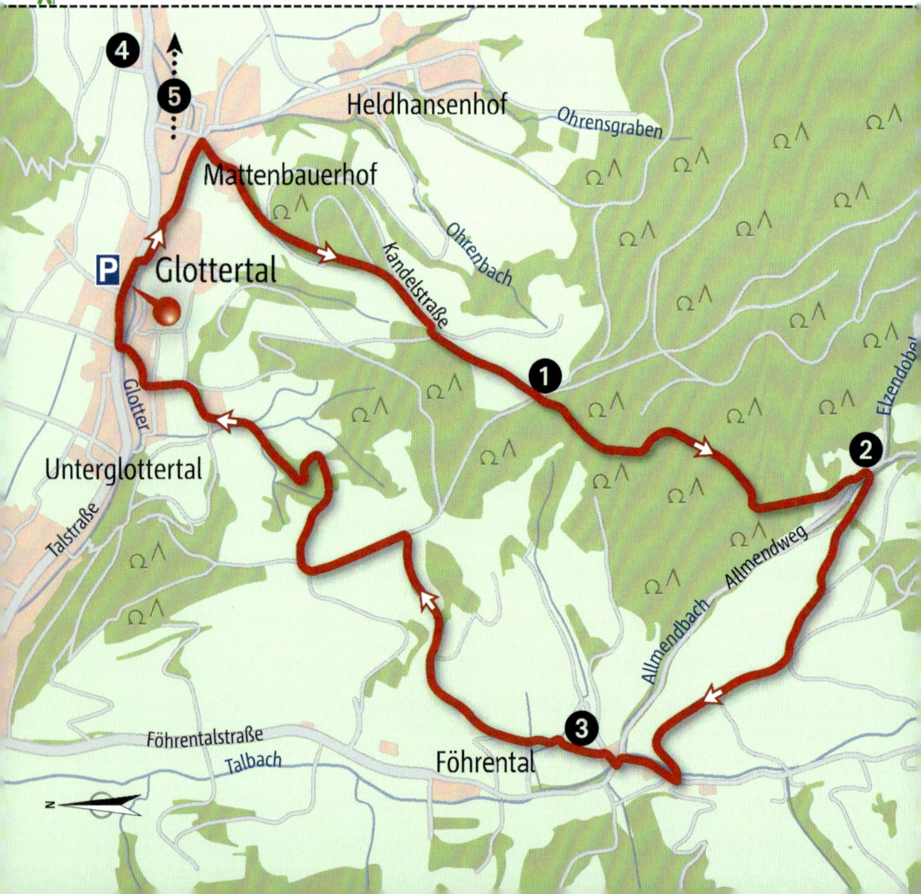

Entspannung ✱✱✱✱✱
Genuss ✱✱✱✱
Romantik ✱✱✱✱✱

WIE & WANN:
Leichte Wanderung auf gut begehbaren Wegen, auch als Familientour mit Kindern geeignet. Beste Wanderzeit von April bis Oktober.

HIN & WEG:
Auto: Parkplatz am Rathaus, Talstraße 47, 79286 Glottertal (GPS: 48.049299, 7.943028)
ÖPNV: Regionalexpress von Freiburg nach Denzlingen, dann Bus 7205 Richtung St. Peter bis Glottertal Schule

ESSEN & ENTSPANNEN:
Buschstüble ❹ Talstraße 89, 79286 Glottertal, Tel. (0 76 84) 2 43 (keine Internetseite)
Vesperstube Haberstroh ❺ Talstraße 115, 79286 Glottertal, Tel. (0 76 84) 3 16, www.haberstroh-glottertal.de

ENTDECKEN & ERLEBEN:
Silbergrüble ❶
Allmend ❷
Kapelle im Föhrental ❸

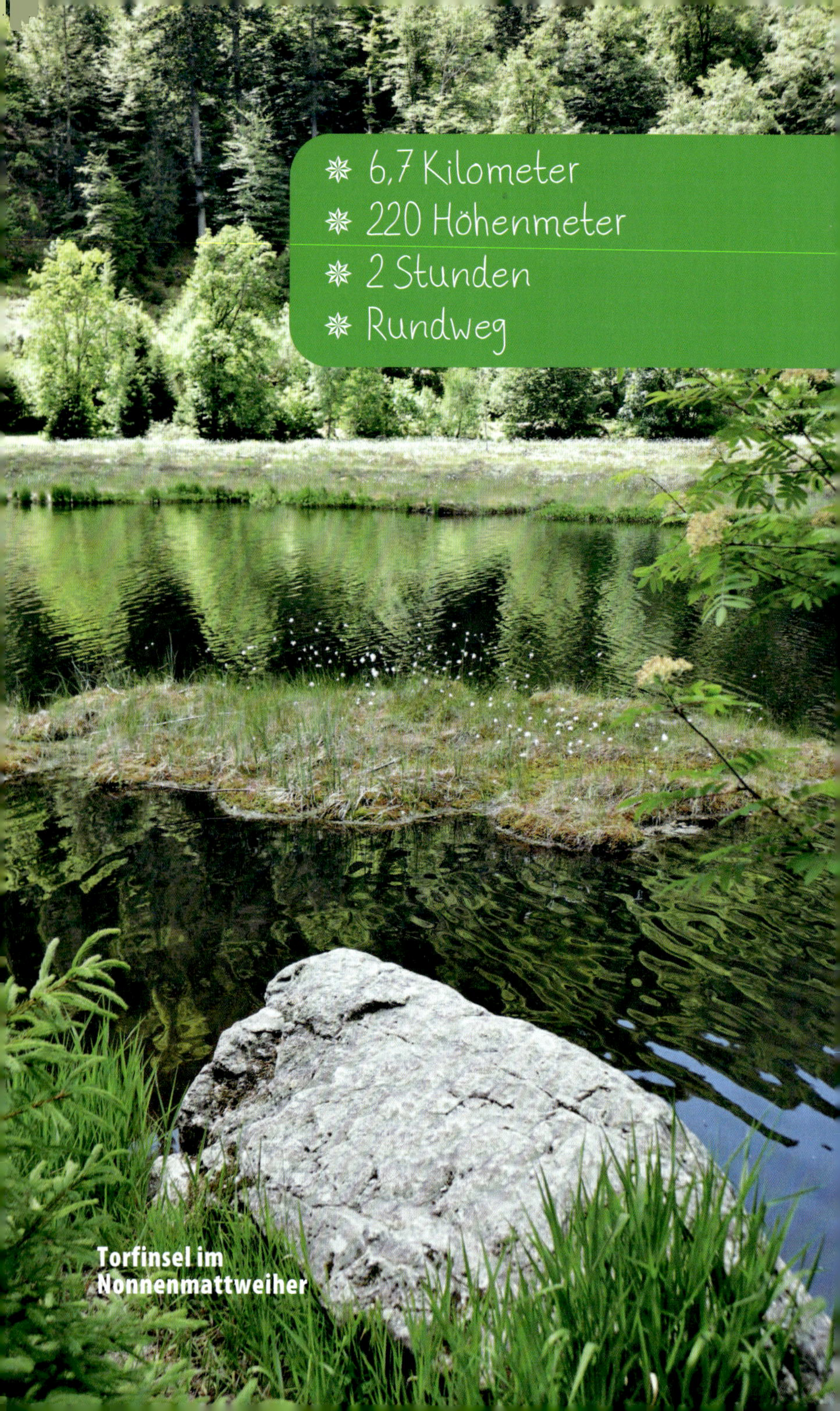

- 6,7 Kilometer
- 220 Höhenmeter
- 2 Stunden
- Rundweg

Torfinsel im Nonnenmattweiher

In die Eiszeit

Zum Nonnenmattweiher

Wir beginnen unsere kleine Tour am Wanderparkplatz **Heubronner Eck** an der Landesstraße 131. Am Waldrand verläuft in westlicher Richtung ein kleiner Weg zum **Haldenhof.** Diesen wählen wir und überqueren am Gasthaus die Straße. Hier finden wir die ersten Wegweiser zum Nonnenmattweiher: Unterhalb des Haldenhofs geht es an **Hinterheubronn** vorbei hinein in die Wiesen. Blumen in allen Farben säumen unseren Weg: Leuchtend blaue Lupinen strecken sich empor, sonnengelber Hornklee wächst in dichten Kissen am Wiesenrand, Butterblumen und Margariten sprenkeln mit ihren Blüten die saftigen Weiden. Am steilen Hang zu unserer Rechten grasen ein paar Ziegen und schon von

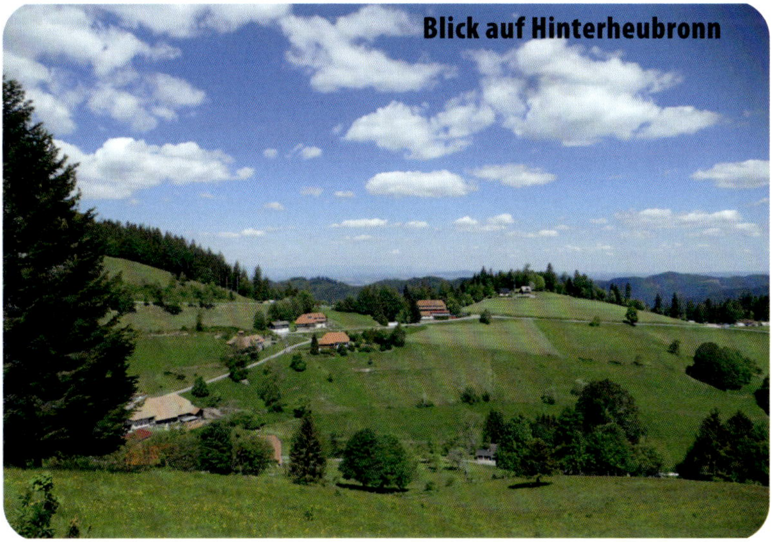

Blick auf Hinterheubronn

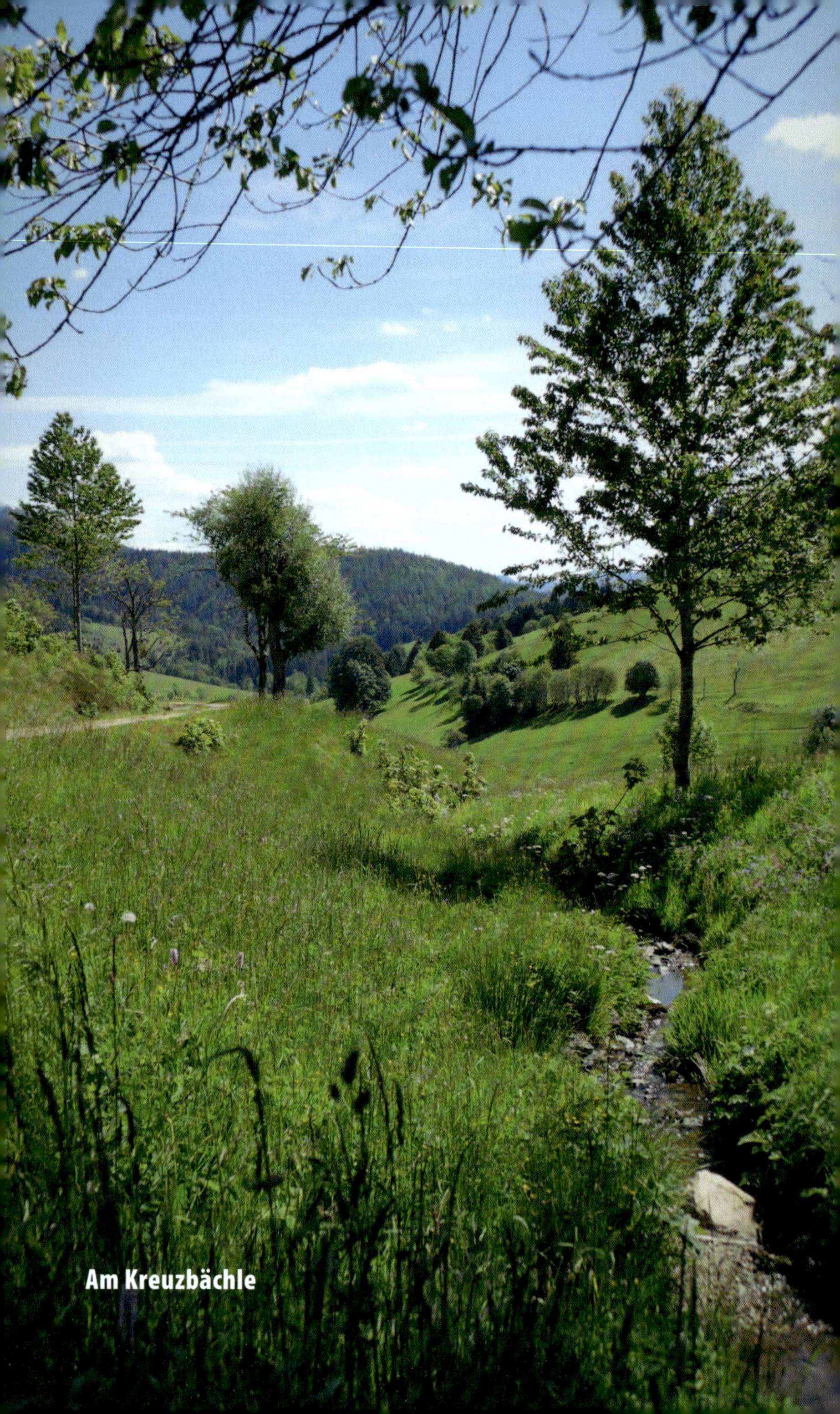

Am Kreuzbächle

Für die Seele

Im Naturschutzgebiet Nonnenmattweiher erleben wir die einzigartige Landschaft eines vor Millionen von Jahren entstandenen Karsees.

Weitem hören wir das kräftige Muhen einer Kuhherde. Das Kreuzbächle fließt mitten durch ihre Weide, murmelt leise dem Ort entgegen. Ein wirklich malerischer Anblick.

In einer weiten S-Kurve wandern wir dem See entgegen, mal führt der Weg etwas steiler bergauf, mal folgen flachere Abschnitte. Und immer gibt es etwas zu entdecken: den schmalen Bachlauf am Wegesrand, einen kleinen Wasserfall und herrliche Blüten, die Dutzende Bienen anlocken. Sumpf-Kratzdisteln und Wald-Storchenschnabel wachsen hier, und je höher wir kommen, desto mehr Heidelbeerkraut bedeckt den Boden.

Schließlich gelangen wir in einen lichten Wald. Sobald aber die Bäume den Blick nach links freigeben, genießen wir eine hinreißende **Aussicht** **1** hinunter nach Hinterheubronn, hinüber zum Haldenhof

Die Karseen im Schwarzwald entstanden vor rund 12.000 Jahren. An kalten Hängen gelegene Gletscher begannen – als es wärmer wurde – langsam zu schmelzen. Sie kamen in Bewegung, rutschten den Steilhang entlang und schürften so eine Mulde in den Hang, die sich mit der Zeit mit Regen, Schmelz- und Quellwasser füllte.

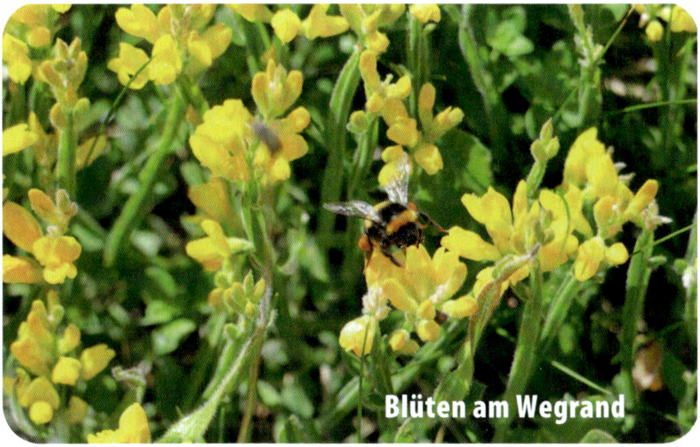

Blüten am Wegrand

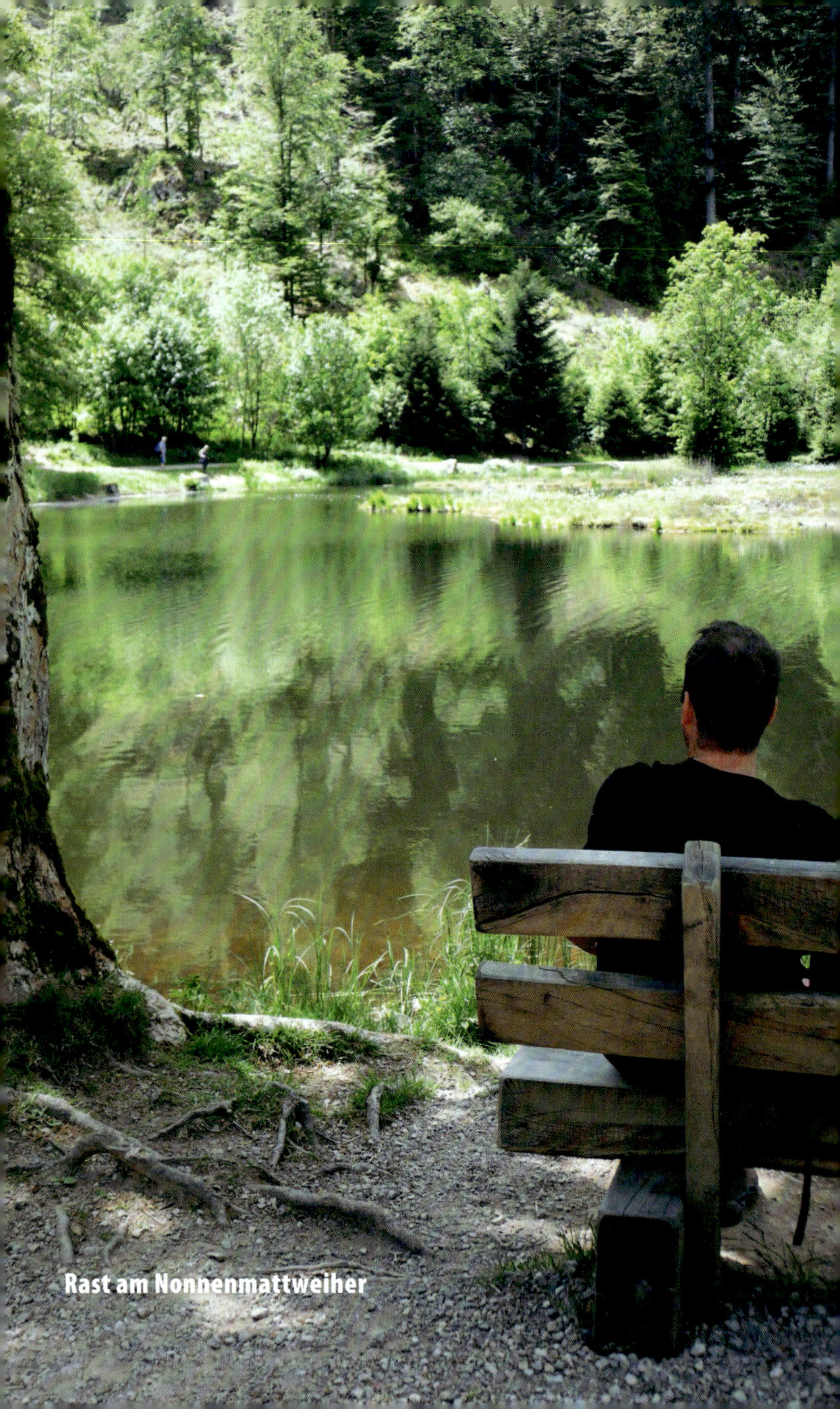

Rast am Nonnenmattweiher

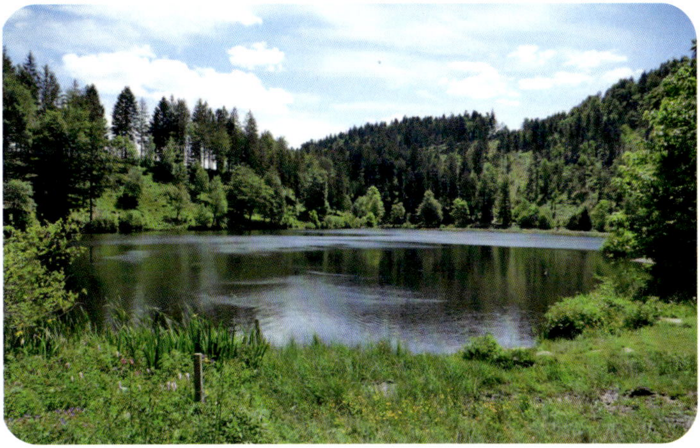

und darüber hinweg bis in die Weite des Rheintals. Eine Bank lädt ein, etwas länger zu verweilen. Eine Lehrstunde in Alemannisch gibt's noch dazu: „Chumm hogg e weng ane un rueh di us" ist in großen Buchstaben ins Holz eingeritzt.

Unser Weg führt nun leicht bergab und hinein ins **Naturschutzgebiet Nonnenmattweiher,** einer Landschaft von besonderer Schönheit und Einzigartigkeit. Auf der Infotafel am Wegrand wird uns erläutert, welch einmaliges Relikt aus der letzten Eiszeit wir erwandern: Unterhalb des westlich von uns gelegenen Köhlergartenmassivs haben gegen Ende der letzten Eiszeit langsam schmelzende Gletscher hier einen Kessel ausgeschürft. Das Geröll, das sie mitrissen, bildete am Ende der Mulde eine Moräne, die wie ein natürlicher Staudamm wirkte. Wasser sammelte sich dahinter – der Karsee entstand. In diese Senke wandern wir nun hinein, kantige Felsen säumen unseren Weg und zwischen Bäumen erkennen wir bereits die Wasseroberfläche des **Nonnenmattweihers ②.**

Auch der See selbst beherbergt ein seltenes und für den Schwarzwald einzigartiges Naturphänomen: schwimmende **Torfinseln,** die sich jetzt – auf der südlichen Seite des Sees – vor uns ausbreiten. Entstanden sind sie nicht auf natürliche Weise, sondern durch

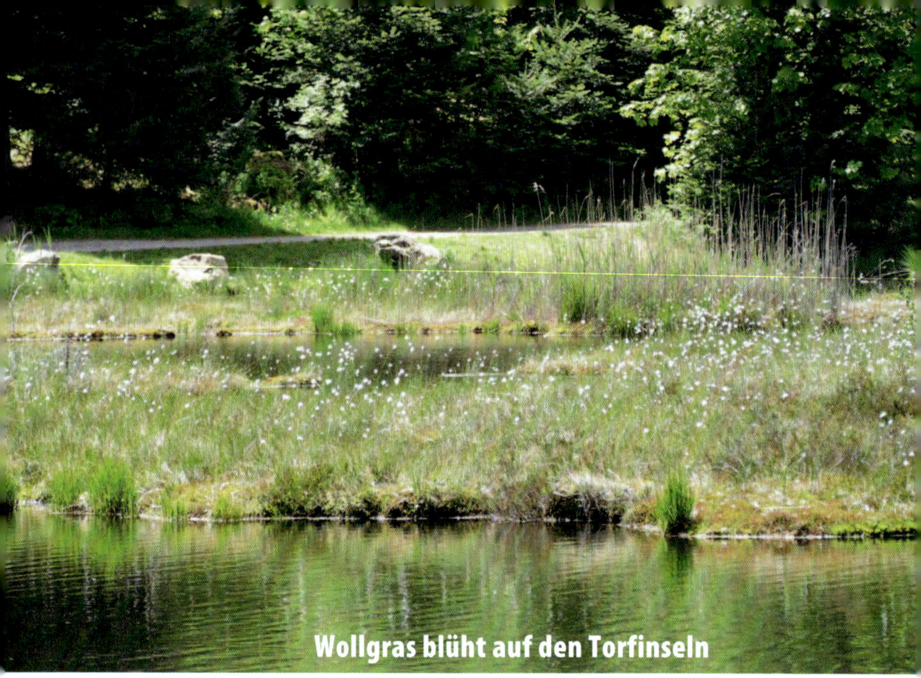

Wollgras blüht auf den Torfinseln

menschlichen Einfluss. Nachdem der See wohl schon im Mittelalter verlandete und ein Hochmoor entstanden war, staute man Anfang des 18. Jahrhunderts das Wasser hier oben, um tiefer gelegene Mühlen damit anzutreiben. Dadurch lösten sich Teile des vermoorten Bodens vom Untergrund, schwammen auf und die Torfinseln entstanden. Nachdem immer wieder in die Landschaft eingegriffen wurde, erklärte das Regierungspräsidium Freiburg 1987 den Nonnenmattweiher samt Umgebung zum Naturschutzgebiet. Die Torfinseln dürfen daher keinesfalls betreten werden, beherbergen sie doch eine einzigartige Hochmoorvegetation: unter anderem Torfmoosarten wie das Scheidige Wollgras und Besonderheiten wie die Moosbeere und den Rundblättrigen Sonnentau. Wir erkennen die zarten Blüten des Wollgrases. Schneeflockengleich scheinen sich die weißen Knäuel auf den dicht bewachsenen Torfinseln niedergelassen zu haben.

Der Name des Sees deutet nicht – wie oft vermutet – auf ein Nonnenkloster in der Umgebung hin. Vielmehr geht er auf die früher gebräuchliche Bezeichnung „Nunnen" oder „Nonnen" zurück. So nannte man zur Mast vorgesehene Kühe, die auf den Matten, also Wiesen, des Karbodens weideten.

Wir wandern nun einmal links um den See herum und gelangen auf dem Uferweg bald zum nördlichen Seeteil, in dem das Baden erlaubt ist. Wer mag und die Badehose im Rucksack hat, kann ein paar Bahnen durch den See ziehen. Andernfalls kann man auf einer der Bänke am Ufer herrlich sitzen, ausruhen und den Blick über den See und den Gletscherkar schweifen lassen.

Nach unserer Runde um den See folgen wir dem Wegweiser zur **Fischerhütte ③**, die wir nach nur 200 Metern erreichen. Das kleine Ausflugslokal mit Selbstbedienung besitzt eine hübsche Gartenwirtschaft im Grünen, an kälteren Tagen finden Besucher in der Stube Platz. Draußen wie drinnen servieren Rosi Eichin und Werner Schwald feinen Kuchen und gute Hausmannskost: Gulaschsuppe und Bauernwürste, Kürbiscremesuppe und Salatplatte, aber auch feine geräucherte Forellenfilets aus eigener Aufzucht. Überhaupt stammen fast alle Zutaten vom heimischen Bauernhof.

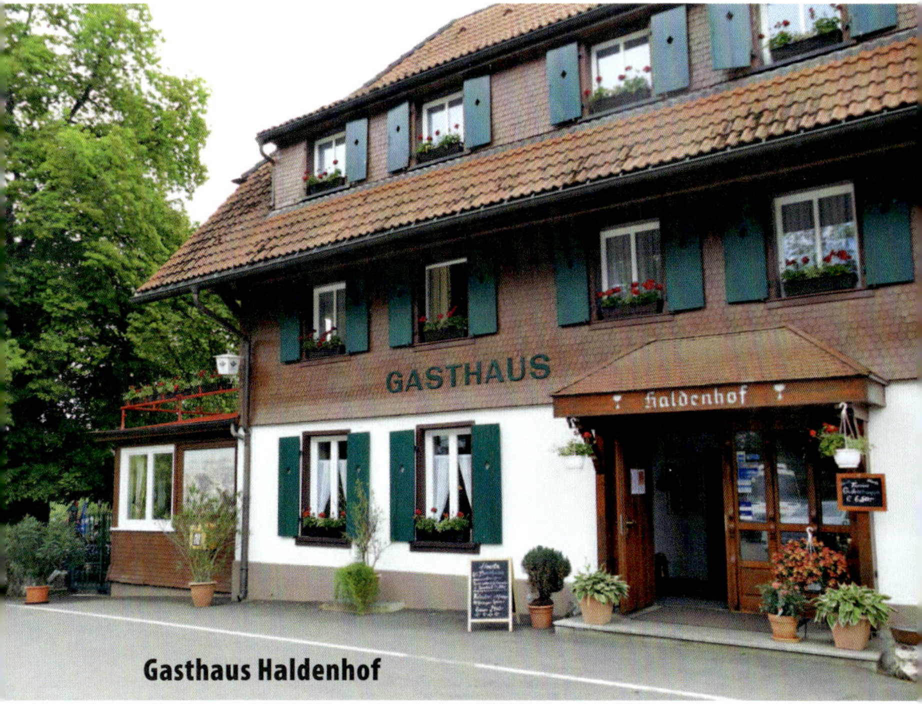

Gasthaus Haldenhof

Auszeittour 3

Auch die Mittags- und Abendkarte des Hotel-Restaurants Haldenhof ist äußerst reichhaltig und schmackhaft. Sehr lecker sind beispielsweise die Semmelknödel mit Pfifferlingen à la Creme.

Um von der Fischerhütte zurück an unseren Ausgangspunkt zu gelangen, orientieren wir uns am Wegweiser, der den Haldenhof in 1,8 Kilometern anzeigt. In weitem Bogen wandern wir durch eine schöne Wiesenlandschaft wieder auf den Wanderweg zu, den wir schon vom Aufstieg kennen. Und trotzdem genießen wir erneut die wunderbaren Aussichten, die uns der Weg oberhalb der Weiden von Hinterheubronn bietet. Angekommen am **Haldenhof** 4 können wir nicht widerstehen: Die Gartenterrasse ist so herrlich gelegen, dass wir noch einmal eine Rast einlegen und hier bei herrlichem Blick ins Tal Kaffee und eine Schwarzwälder Kirschtorte genießen. Schöner kann eine Wanderung nicht enden.

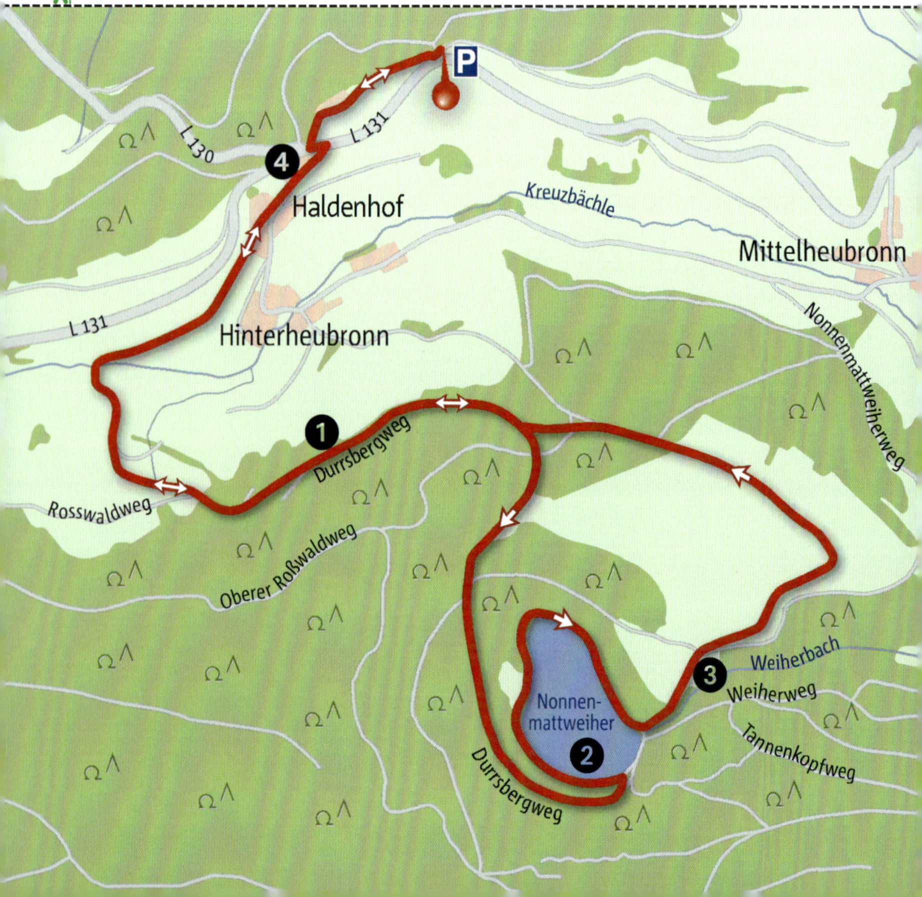

Entspannung ✱✱✱✱✱
Genuss ✱✱✱✱
Romantik ✱✱✱✱

WIE & WANN:
Leichte Wanderung auf gut begehbaren Wegen, auch als Familienwanderung mit Kindern geeignet. Beste Wanderzeit von April bis Oktober, eventuell Badesachen mitnehmen.

HIN & WEG:
Auto: Wanderparkplatz Heubronner Eck, 79244 Kleines Wiesental (GPS: 47.80507722972576, 7.795925051106224)
ÖPNV: Bus 7310 von Schopfheim bis Neuenweg Haldenhof

ESSEN & ENTSPANNEN:
Fischerhütte ❸ Nonnenmattweiher, 79692 Kleines Wiesental, Tel. (0 76 73) 93 23 81, www.fischerhuette-nonnenmattweiher.de
Berggasthof Haldenhof ❹ Haldenhof 1, 79692 Kleines Wiesental, Tel. (0 76 73) 2 84, www.haldenhof-schwarzwald.de

ENTDECKEN & ERLEBEN:
Aussichtspunkt ❶
Nonnenmattweiher ❷

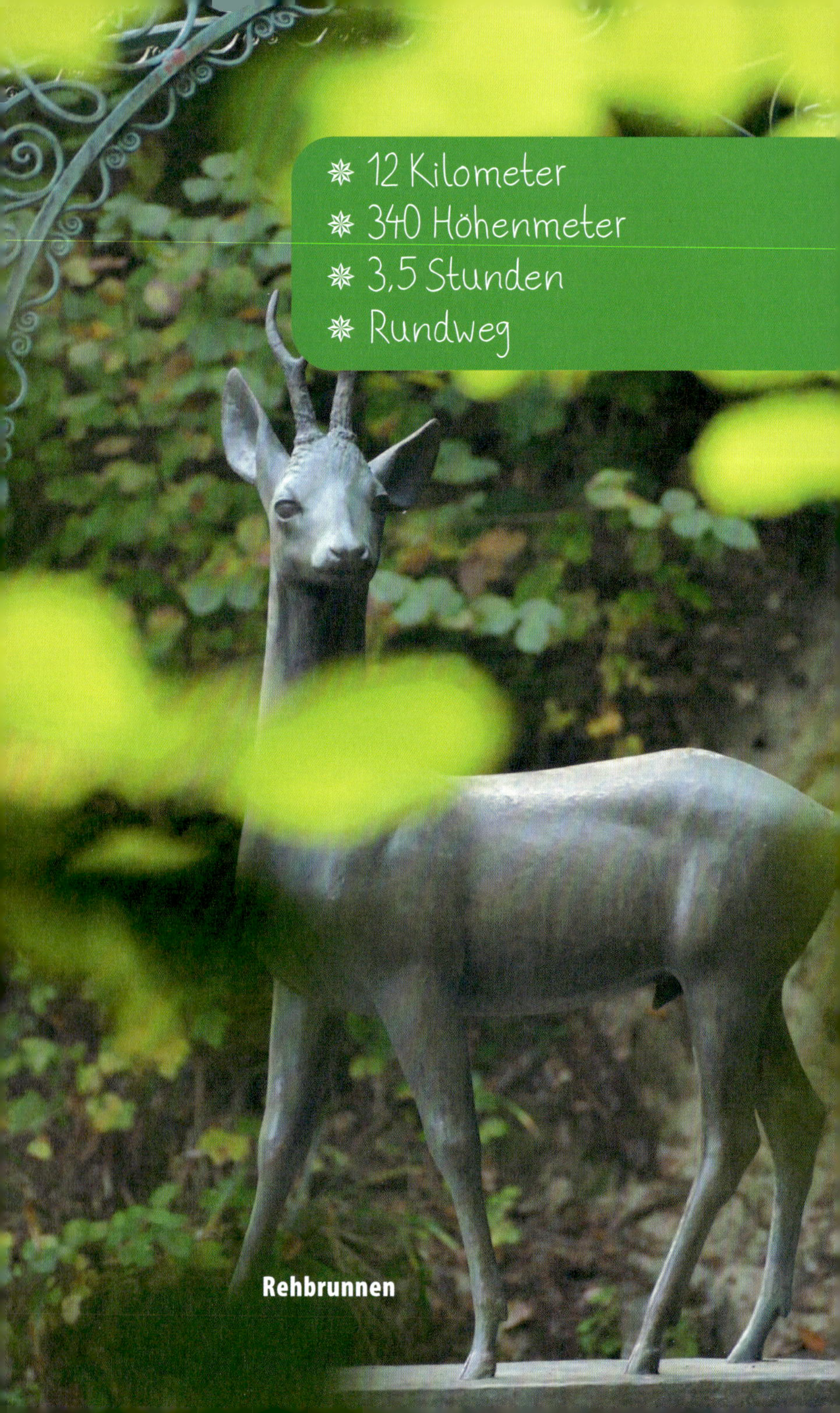

- 12 Kilometer
- 340 Höhenmeter
- 3,5 Stunden
- Rundweg

Rehbrunnen

Beim Rehbrunnen

Durch den Freiburger Stadtwald

Wir beginnen unsere Wanderung im Freiburger Stadtteil **Wiehre.** An der Ecke Loretto-/ Mercystraße führt uns der Bergleweg hinauf auf den **Lorettoberg** und vorbei an einigen der bestgelegenen Villen Freiburgs – ausgestattet mit einem herrlichen Blick über die Stadt. Manche der herrschaftlichen Bauwerke stammen noch aus der Gründerzeit: Ende des 19. Jahrhunderts war mit dem wirtschaftlichen Aufschwung des Großherzogtums Baden in Freiburg ein Großbürgertum entstanden, das sich in der Wiehre prächtige Stadthäuser und Vorstadtvillen bauen ließ. Viele dieser Bauwerke mit Wintergärten, Erkern und feinen Stuckelementen bewundert man noch heute. Immer öfter gesellen sich aber moderne geradlinige Villen dazu.

Die Lorettokapelle versammelt drei Kapellen unter einem Dach. Geweiht sind die Einzelkapellen der Gottesmutter Maria, der heiligen Anna und dem heiligen Joseph.

Sobald wir die Anhöhe erreicht haben, stehen wir

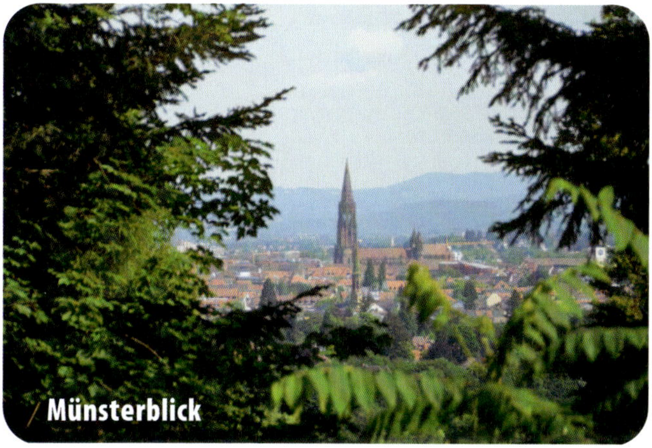

Münsterblick

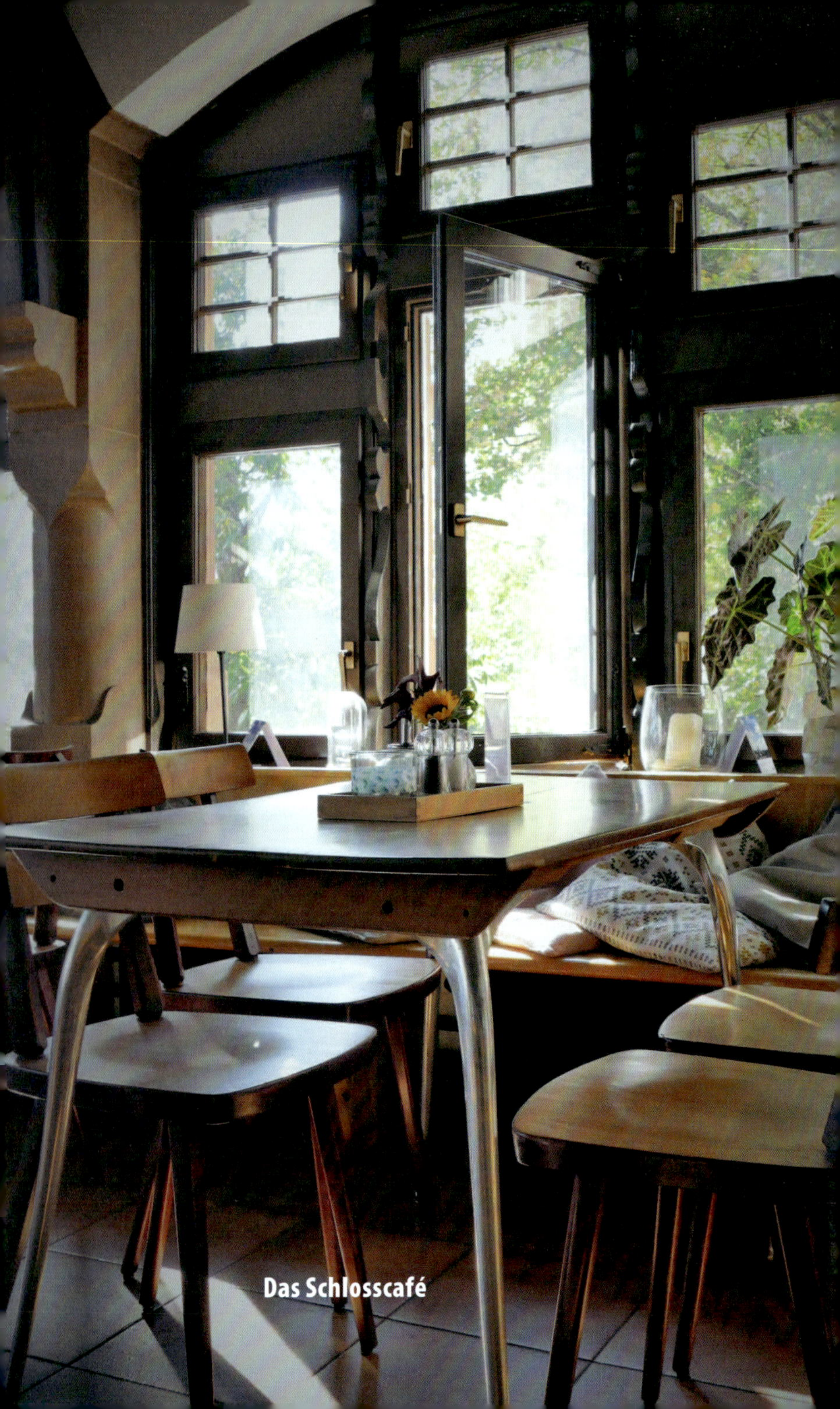

Das Schlosscafé

Für die Seele

Vorbei an den Villen des Lorettobergs wandern wir hinein in den Freiburger Stadtwald, an dessen dunkelster Stelle Waldtraud vom Mühlwald auf uns wartet.

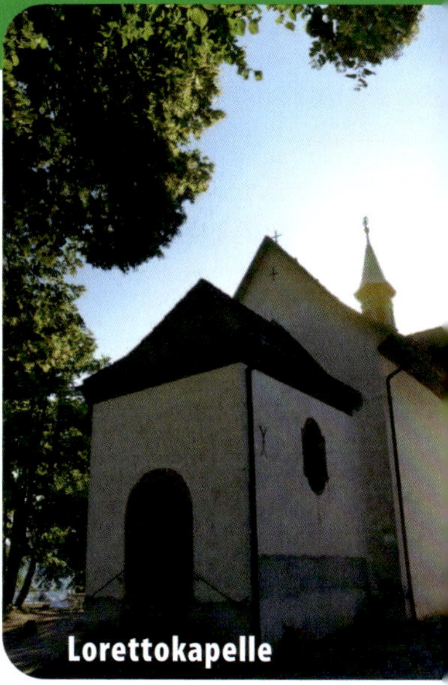

Lorettokapelle

vor der **Lorettokapelle** ❶. Sie ist eine von vielen Nachbildungen des Heiligen Hauses im italienischen Wallfahrtsort Loreto – daher ihr Name. Gestiftet und gebaut wurde sie von Freiburger Bürgern – aus Dankbarkeit darüber, in der Schlacht von Freiburg gegen die Franzosen gewonnen zu haben. Gegen Ende des Dreißigjährigen Krieges war an den Hängen des heutigen Lorettobergs ein blutiger Kampf ausgetragen worden. Tatsächlich gelang es den einheimischen Truppen mit bayerischer Unterstützung, die Franzosen zum Abzug zu zwingen – unter schweren Verlusten auf beiden Seiten.

Weil sich die Lorettokapelle rasch zu einem Wallfahrtsort und Ausflugsziel entwickelte, entstand im danebenliegenden Bruderhaus eine Gartenwirtschaft. Und auch heute noch können Spaziergänger hier oben herrlich sitzen und genießen – auf der Terrasse und in den historischen Räumen eines Jugendstilhauses. Das Team des **Schlosscafés** ❷ offeriert ein vielfältiges Frühstücksbuffet, eine ausgefallene Mittagskarte, herrliche Kuchen und raffinierte Abendessen – und das alles getoppt mit einem Ausblick auf die Freiburger Altstadt mit dem Münsterturm.

Weil wir ganz am Anfang unserer Tour sind, pausieren wir nicht, sondern heben uns eine Einkehr für den Rückweg auf. Stattdessen wandern wir den **Kapellenweg** und später die Kreuzkopfstraße weiter Richtung Süden – vorbei an herrlichen Gärten und weiteren Villen, die hier hoch über der Stadt thronen und einen weiten Ausblick hinüber zum Schönberg freigeben. Schließlich erreichen wir den **Spemannplatz** und damit den Waldrand. Wir orientieren uns an der Beschilderung zum Rehbrunnen und wandern auf einem breiten Waldweg hinein ins Freiburger **Arboretum –** einer Sammlung von Baum- und Straucharten aus aller Welt. Schon seit Ende des 19. Jahrhunderts werden im Stadtwald Baumarten von verschiedenen Kontinenten gepflanzt. Aus dieser Zeit stammen unter anderem die imposanten Douglasien aus Nordamerika, die im Verlauf unserer Tour noch eine Rolle spielen werden.

Ein Freiburger Bürger hat den Rehbrunnen um die Jahrhundertwende gespendet. Gefertigt wurde die Bronzefigur vom badischen Stuckateur und Bildhauer Ludwig Kubanek, dessen Kunst in Freiburg an verschiedenen Orten zu finden ist.

Bereits nach wenigen Minuten erreichen wir einen der märchenhaftesten Plätze im Freiburger Wald: den **Rehbrunnen 3.** Schon zu Beginn des 20. Jahrhunderts war dies ein Ort, an dem das Bürgertum seine Sehnsucht nach der Natur stillte, frische Waldluft atmete und die Kutschpferde am Brunnen tränkte. Und auch heute noch ist der Rehbrunnen ein beliebtes Ziel von Spaziergängern aus den umliegenden Stadtteilen. Der bronzene Rehbock und der filigrane Jugendstil-Baldachin, unter dem er steht, haben über die Jahrzehnte nichts von ihrem Charme verloren und fügen sich unter ihrer feinen Patina perfekt ins Grün des Waldes ein.

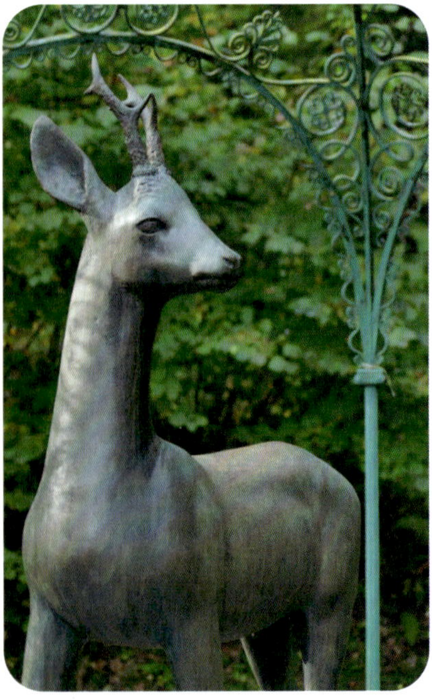

Nach einer kleinen Auszeit am Brunnen wählen wir den Pfad, der oberhalb in den Wald hinaufführt, gekennzeichnet mit einer blauen Raute. Auch der Weg zum höchsten Baum ist immer wieder ausgeschildert. Wir erreichen den **Predigerplatz** und genießen eine herrliche Aussicht auf den Schönberg (siehe Tour 15) und hinein ins darunterliegende Hexental. Von hier aus geht es weiter in Richtung Kunacker – und das mitunter ganz schön steil und kräftezehrend. An der folgenden Gabelung wählen wir den gegenüberliegenden Weg, folgen weiter der blauen Raute. Wir gelangen zu einem Aussichtspunkt mit Bänkchen, der einen herrlichen Blick hinunter in die Stadt und auf das Münster bietet. Farne und Roter Fingerhut säumen jetzt den Wegrand, Vögel singen ringsum in den Bäumen und wir genießen die Einsamkeit des Waldes.

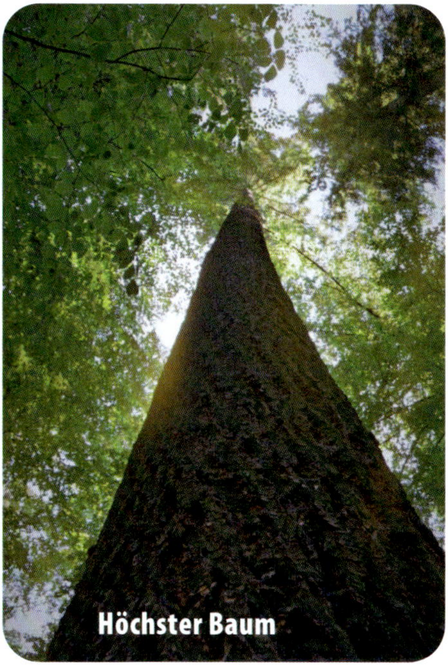
Höchster Baum

Der Kunacker ist eine große Weggabelung. Hier ist es nicht ganz leicht, den richtigen Pfad einzuschlagen: Wir gehen gar nicht erst bis zu den Schildern, die gegenüber am Wald stehen, sondern wenden uns schon zuvor nach links. Während wir den eingezäunten Bereich links neben uns haben, erreichen wir so einen hübschen grasbewachsenen Pfad. An der nächsten Weggabelung steigen wir links einen schmalen Pfad hinunter und entdecken bald wieder eine gelbe Raute als Wegweiser am Baum. Wir sind auf einem engen Pfad unterwegs, der Bewuchs rechts und links des Weges schließt sich über uns wie ein Dach. Schließlich erreichen wir den Wegpunkt **Am Sägendobel** und halten uns dort rechts. Nun müssen wir achtgeben, denn wir biegen bald von diesem breiten Forstweg nach links ab. Hier gibt es kein Schild, nur ein etwas zugewachsenes Weglein bergab. Dieses führt uns erneut auf einen breiten Forstweg, dem wir nach rechts folgen. Vorbei an einer Hütte geht es nun dem höchsten Baum entgegen. Nach etwa 1 Kilometer weisen uns die Schilder nach links, nun sind es nur noch 500 Meter bis zu Waldtraud vom Mühlwald – die mit gut 67 Metern der **höchste Baum Deutschlands** ❹ ist. Um ehrlich zu sein: Wären nicht die Tafeln, die Waldtraud eindeutig ausweisen – wir hätten sie nicht als höchste erkannt. Dicht ist der Wald hier und neben Waldtraud ragen einige ähnlich alte und hohe Douglasien-Damen in die Höhe. Wir setzen uns auf der Bank zu ihren Füßen nieder und lassen den Blick den mächtigen Stamm hinauf in die Krone wandern, die sich weit über uns vom Blau des Himmels abzeichnet. Wie klein wir uns doch fühlen angesichts der Größe und Mächtigkeit dieser Baumriesen.

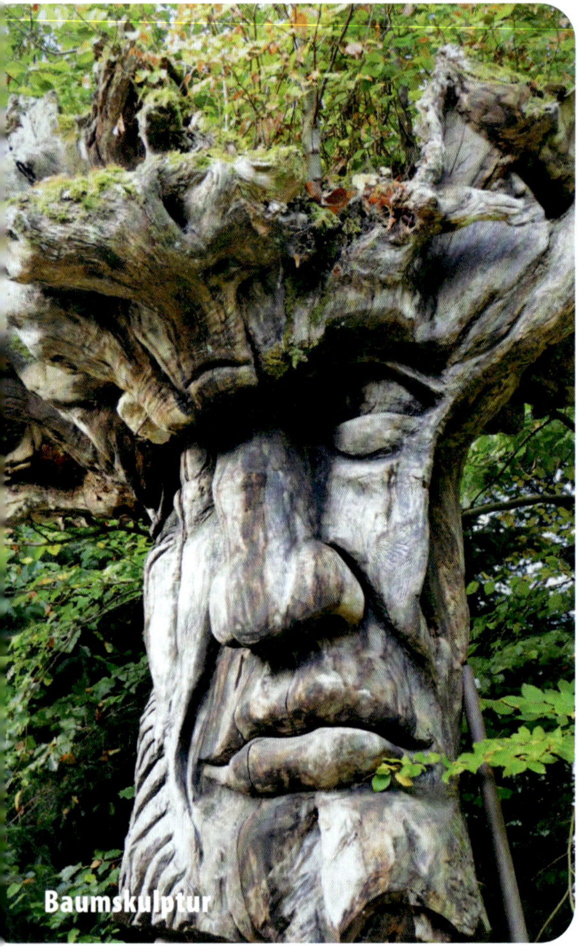
Baumskulptur

Ausgeruht wandern wir zunächst den gleichen Weg zurück. Wenn wir die Hütte erreichen, bleiben wir aber auf dem breiten, gut ausgebauten Waldweg. Nun folgt eine Strecke, an der immer wieder Brunnen am Weg liegen, an denen wir uns erfrischen können. Wir wandern dem Waldhaus entgegen, passieren ein Ziegengehege und können von dort aus einen schönen Blick nach Günterstal erhaschen. Nun erreichen wir wieder das Arboretum und werden dank der vielen Informationstafeln mit viel Waldwissen versorgt. Bald aber säumen nicht nur besondere Bäume unseren Weg, sondern auch allerlei wunderliche **Waldfiguren ⑤**, die der Künstler Thomas Rees geschaffen hat. An ihnen vorbei erreichen wir das **Waldhaus,** einen Ort der Bildung, an dem kleine und große Waldbesucher mit Workshops, Vorträgen und Exkursionen den Wald ganz praktisch und sinnlich erleben können.

Unterhalb des Waldhauses folgen wir am Bach entlang der Straße und biegen dann in die **Gartenanlage Wonnhalde** ein. Mit Blick auf den Lorettoberg wandern wir durch die wunderbaren Schrebergärten, in denen Obstbäume, Gemüse und Blumen – unter ihnen herrliche Rosen – liebevoll gepflegt werden. Wenn wir am Ende der Gärten den Bach erreichen, gehen wir nach rechts und gelangen zum **Holbeinpferd ⑥.** Die Betonfigur wurde im Jahr 1936 vom Bildhauer Werner Gürtner geschaffen. Berühmt und geliebt ist sie in Freiburg aber für die unzähligen Umgestaltungen, die des Nachts an ihr vorgenommen werden. Das Holbeinpferd ist ein wahrer Chronist dessen, was die Stadt bewegt. Es wird bemalt und beschriftet, beklebt und bestrickt. Mal nutzen Verliebte das „Pferdle" für eine emotionale Nachricht an die oder den Liebsten, mal bezeugen Fans hier ihre Unterstützung für den Freiburger Sportclub – und ganz oft kommt das Holbeinpferd mit einer politischen

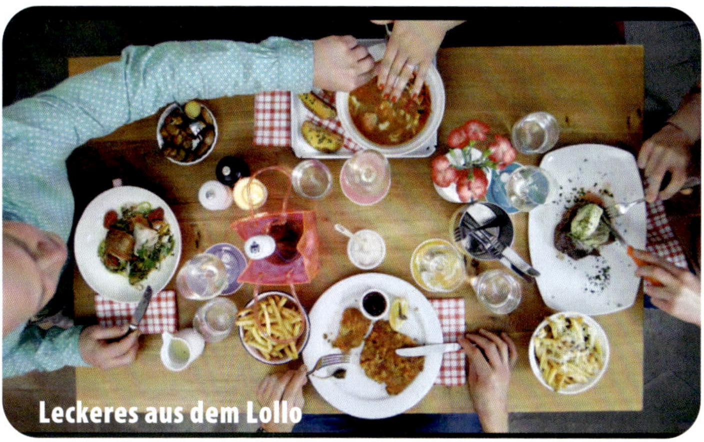

Leckeres aus dem Lollo

Botschaft daher. Es ist also immer wieder spannend, ihm einen Besuch abzustatten.

Wir wandern nun entlang der Holbeinstraße an den wunderschönen Wiehre-Villen vorbei und erreichen über Goethe- und Lorettostraße den Ausgangspunkt unserer Tour. Hier können wir bei Stefanie und Frédéric Zindler in der Wein-, Kaffee- und Speisekneipe **Lollo** ⑦ einkehren und deren ausgefallene und unglaubliche Küchenkreationen genießen. Auf der Karte stehen Pizzetta und Pasta, Bagels und Burger und herrliche hausgemachte Pommes – wahlweise mit Rote-Beete-Hummus, Sauerrahm oder Trüffelöl. In dem hellen und gemütlichen Lokal können wir wunderbar ausruhen und Revue passieren lassen, was wir heute alles erlebt haben.

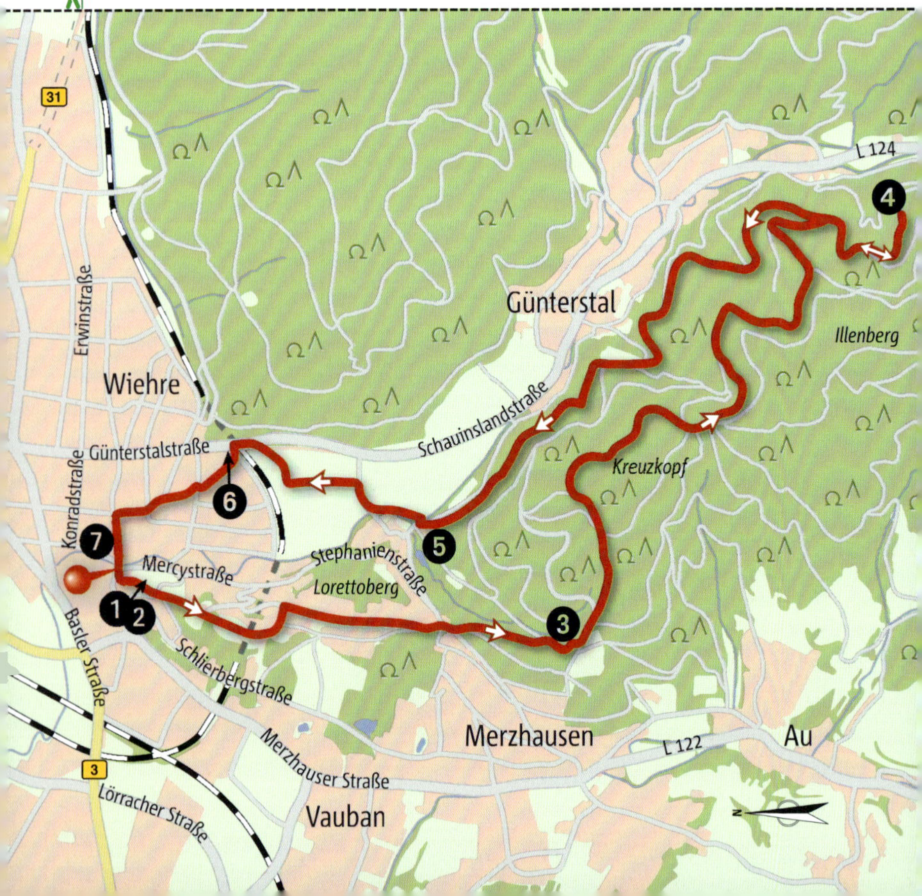

Entspannung ★★★☆☆
Genuss ★★★★★
Romantik ★★★★☆

WIE & WANN:
Mittelschwere Wanderung auf gut ausgebauten Waldwegen. Ganzjährig empfehlenswert.

HIN & WEG:
Auto: Keine öffentlichen Parkplätze am Startpunkt
ÖPNV: Straßenbahnlinie 3 bis Reiterstraße

ESSEN & ENTSPANNEN:
Schlosscafé auf dem Lorettoberg ❷ Kapellenweg 1, 79100 Freiburg im Breisgau, Tel. (07 61) 40 38 40, www.schlosscafe-freiburg.de
Lollo ❼ Schwimmbadstraße 46, 79100 Freiburg im Breisgau, Tel. (97 61) 70 75 99 33, www.lollo-freiburg.de

ENTDECKEN & ERLEBEN:
Lorettokapelle ❶ Kapellenweg 1, 79100 Freiburg im Breisgau
Rehbrunnen ❸
Höchster Baum Deutschlands ❹
Waldfiguren von Thomas Rees ❺
Holbeinpferd ❻

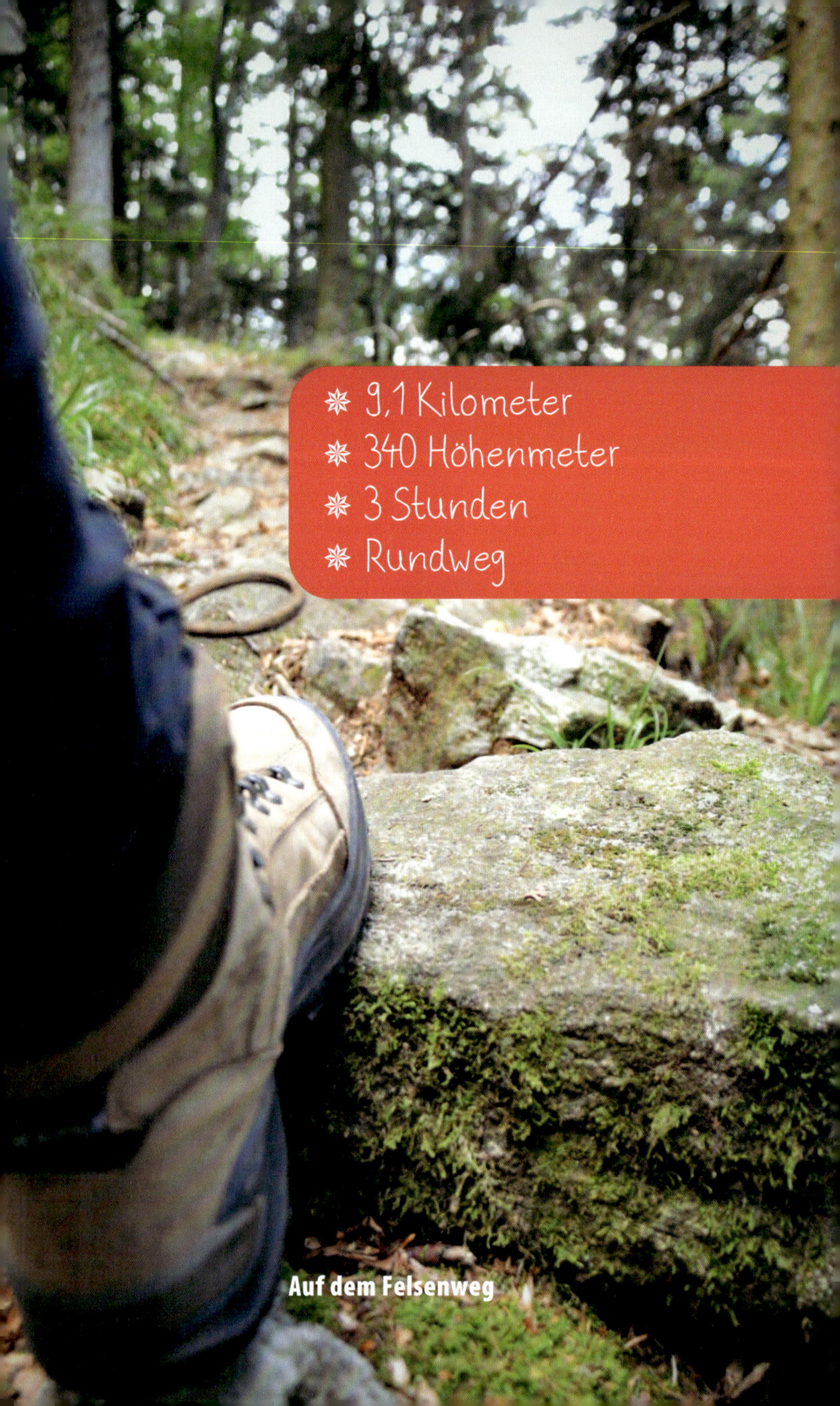

* 9,1 Kilometer
* 340 Höhenmeter
* 3 Stunden
* Rundweg

Auf dem Felsenweg

Zwar gehört die Gemeinde Oberried zum weiten Dreisamtal, ihre Ausläufer aber erstrecken sich bis zu den höchsten Erhebungen des Schwarzwaldes: Feldberg und Toter Mann, Hinterwaldkopf und Schauinsland. Ganz so hoch wollen wir auf dieser Wanderung nicht hinauf. Dennoch werden wir einige Höhenmeter überwinden.

Wilder Wald

Auf dem Felsenweg bei Oberried

Wir beginnen die Tour am Wanderparkplatz am Eingang des **Brendenwaldwegs,** wo wir schon die Wegweiser zum Felsenweg finden. Zunächst folgen wir dem Weg in westlicher Richtung, er zieht sich relativ eben durch den Wald. Wir überqueren den Vörlinsbach, der zum Ort hinunterfließt, treten bald aus dem Wald heraus und erreichen eine Rinderweide. Weit ist die Aussicht ins Dreisamtal, das sich nun rechts unter uns ausbreitet.

An der Weggabelung am Ende der Weide biegen wir links ab und orientieren uns weiter an der Beschilderung „Felsenweg". Wir betreten den Wald und wandern nun in südlicher Richtung. Die ersten mächtigen Steinbrocken säumen den Pfad und kündigen schon die wilde Landschaft an, in der wir uns wiederfinden, sobald wir den eigentlichen **Felsenweg** (1) erreichen. Der Weg wird steiler. Jetzt umgeben uns Felsblöcke in allen Größen und Formen – manche von dünnen Schichten aus Moos und hellgrünen Flechten bedeckt, andere lassen ihre adrige Struktur deutlich erkennen. Oberhalb unseres Pfades ragen senkrechte Wände aus Stein auf. Der grau-braune Gneis, aus dem

!

Wer mit dem Bus anreist, geht von der Haltestelle Sternen/Post die Hauptstraße nach Süden, biegt links in den Klosterweg ein und wandert dann die Vörlinsbachstraße hinauf bis zum Wanderparkplatz. Das sind für Hin- und Rückweg weitere 4,4 Kilometer und 220 Höhenmeter.

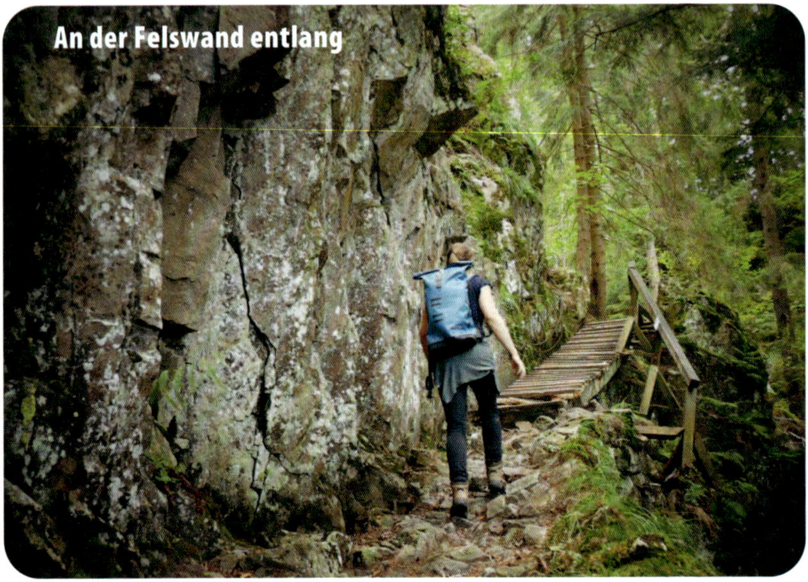

sie bestehen, ist ein widerstandsfähiges Gestein, das hohe Wände bildet. Und die sind auch bei Kletterern sehr beliebt und bekannt. Sie finden hier an den **Gfällfelsen** ein echtes Kletterparadies vor. Zahlreiche Felsen sind mit Absicherungen versehen, viele Kletterrouten führen über die Wände oberhalb des Wanderweges. So kann es an den Wochenenden bisweilen etwas voller werden.

Unser Weg schlängelt sich durch die Felstrümmer auf beiden Seiten des Weges, wir übersteigen Steinbrocken und gelangen an einen herrlichen Aussichtspunkt, wo ein Plateau aus dem Wald herausragt und einen Blick bis hinüber zum Schauinsland freigibt. Wir lassen uns zu einer kurzen Rast nieder.

Dann folgen wir weiter dem steinigen Pfad, der sich eng an die Hangkante schmiegt. Kräftige Buchen, die sich in den steilen Berg krallen, breiten ihre Zweige weit über den Weg aus – wahre Überlebenskünstler auf diesem felsigen Grund. Irgendwann erreichen wir die mächtigste Felswand, die direkt neben dem Weg senkrecht emporwächst. Der Weg ist zunächst in den

Einer der Höhepunkte im Dorfleben von Oberried ist der Viehabtrieb von der Sommerweide bei der Erlenbacher Hütte – jährlich Anfang Oktober. Dann ziehen die Landwirte der Weidegenossenschaft mit ihren blumengeschmückten Kühen die Erlenbachstraße hinunter und werden im Dorf mit einem Fest empfangen.

Stein gehauen, später steigen wir über einen Holzsteg an der Kante entlang. Hier müssen wir gut achtgeben, da das Geländer leider zerstört wurde.

Bald biegt unser Pfad nach links ab, wir folgen weiter dem Felsenweg, der sich nun in Serpentinen den steilen Geröllhang hinaufzieht. Wir überwinden hier einige Höhenmeter, genießen dank der Höhe aber ei-

Für die Seele

An senkrechten Wänden aus Gneis entlang erobern wir den Felsenweg und genießen oberhalb von Oberried Ausblicke bis zum Schauinsland und zum Kandel.

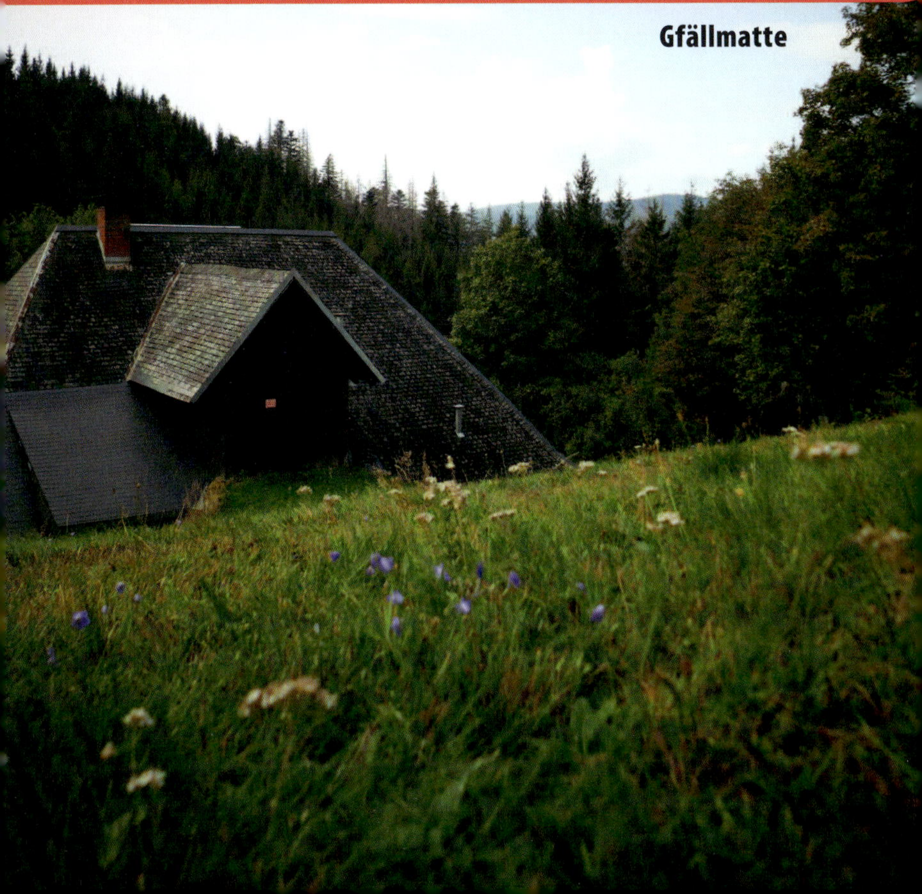

Gfällmatte

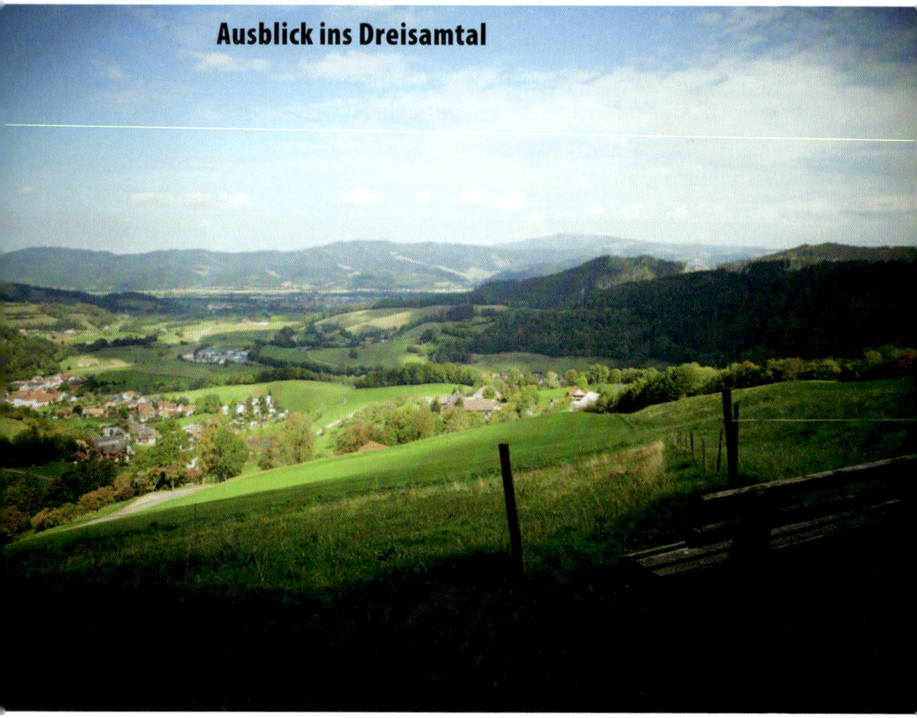

nen noch weiteren Blick. Nun ist der Eugen-Keidel-Turm auf dem Schauinsland mit seiner dreieckigen Plattform deutlich zu erkennen (siehe Tour 6). Wir wandern durch einen hochstämmigen Wald weiter bergan. Die langen Wedel des Farns strecken sich über den wurzeligen Weg, im Unterholz leuchten die roten Köpfe von Fliegenpilzen auf, erneut treffen wir auf mächtige Felsblöcke. Dann aber wird der Weg flacher und wir treten hinaus auf die **Gfällmatte ❷**, eine weite Wiese, an die ein Bauernhof grenzt. Die bunten Blüten der Wiesenblumen säumen unseren Weg, der quer über die Matte verläuft. An ihrem Ende halten wir uns links, erreichen die **Erlenbachstraße** und folgen dieser etwa 350 Meter geradeaus. Dann biegen wir links auf den **Stollenwaldweg** ab. Er führt uns bergab und beschert uns zwischen den Bäumen immer wieder schöne Ausblicke ins Dreisamtal.

Der Rotmilan ist im Schwarzwald häufig zu beobachten. Hier findet er offenes Kulturland, Grasland und Viehweiden zum Jagen sowie genügend Brutplätze. Er bevorzugt Tannen als Horstbäume.

Bald gelangen wir auf den **Oberen Winterbergweg** und mit ihm auf eine große Weide. Hier können wir nun hinüber zum Jockeleshäusle und auf die Hänge des Häuslebergs sehen, rechts davon erstreckt sich der bewaldete Roteck (siehe Tour 8). Wie um unser Wanderglück perfekt zu machen, zieht nun auch noch ein Rotmilan seine Kreise über uns. Sanft führt der Weg bergab, unterhalb weiden Kühe. Dies ist das Quellgebiet des Vörlinsbachs, der sumpfige Boden ist deutlich erkennbar. Eine Bank am Wegrand kommt gerade recht. Wir setzen uns und lassen die Augen über das Dreisamtal schweifen: Die Häuser von Oberried sind zu erkennen, dahinter Kirchzarten und Stegen und darüber die Anhöhen von Rosskopf und Kandel.

Unser Weg führt uns nun erneut auf die geteerte **Erlenbachstraße,** der wir talwärts folgen. Nach einer Spitzkehre erreichen wir unseren Ausgangspunkt. Wer hier sein Auto geparkt hat, kann nun über die Vörlinsbachstraße hinunter in den Ort fahren. Dort warten zahlreiche Gasthäuser auf hungrige Wande-

Am Rande des Ortes liegt der Oberrieder Kräutergarten. Umgeben von historischen Rosen wachsen hier an die 200 verschiedene duftende Kräuter – für Insekten und Besucher ein Genuss.

Blindschleiche

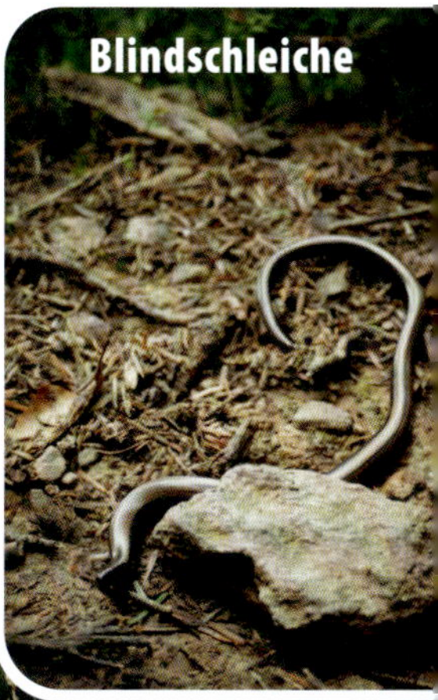

Gräser am Wegrand

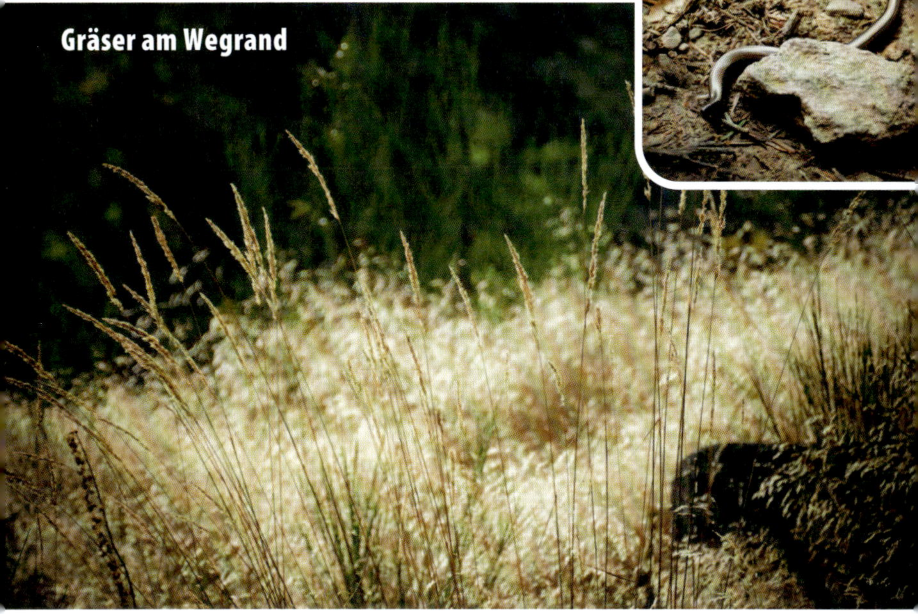

rer. In tollem Ambiente lässt es sich im **Gasthaus Sternen Post** ③ essen – egal ob auf der Terrasse oder in der liebevoll eingerichteten Stube im Landhausstil. Patron Bernd Lutz kreiert eine frische Küche aus regionalen Zutaten. Gemüse und Obst stammen von Landwirten aus der Umgebung, es gibt Fisch aus heimischen Gewässern und Wild von örtlichen Jägern.

In der **Dorfschänke** ④ wird in entspannter Atmosphäre gutbürgerliche Küche serviert – von Badischem Dreierlei über Schnitzel zu feinen Salaten. Und im Schwarzwaldgasthof **Zum Goldenen Adler** ⑤ zaubern Bernd Maier und sein Team Klassiker wie saure oder geröstete Leberle mit Brägele, Rahmschnitzel vom Milchkalb mit hausgemachten Spätzle oder Wildpfännle.

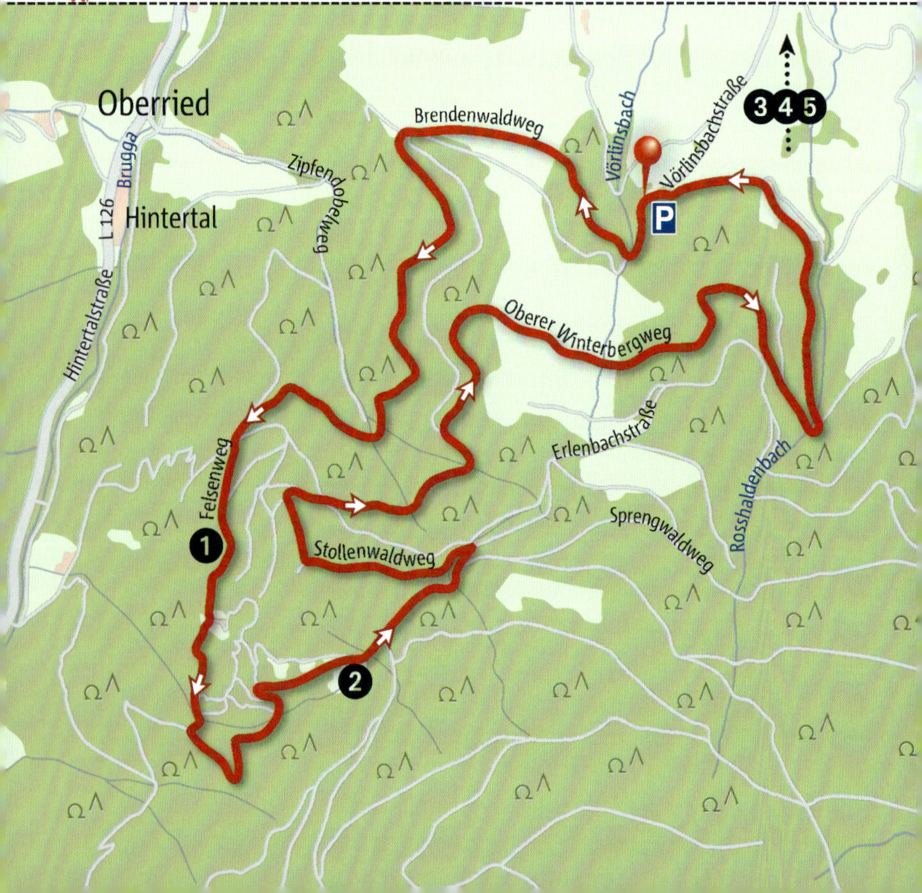

Alles auf einen Blick

WIE & WANN:
Mittelschwere Wanderung. Auf dem Felsenpfad schmale und steile Abschnitte, feste Schuhe und Trittsicherheit sind unbedingt erforderlich.
Beste Wanderzeit von April bis Oktober.

HIN & WEG:
Auto: Wanderparkplatz, Vörlinsbachstraße, 79254 Oberried
(GPS: 47.92305747673167, 7.958512942788819)

Entspannung ★★★☆☆
Genuss ★★★★★☆
Romantik ★★★★★

ÖPNV: Bus 7215 von Bf. Kirchzarten in Richtung Notschrei bis Oberried Sternen/Post, dann zu Fuß die Vörlinsbachstraße hinauf bis zum Wanderparkplatz

ESSEN & ENTSPANNEN:
Gasthaus Sternen Post ❸ Hauptstraße 30, 79254 Oberried,
Tel. (0 76 61) 98 98 49, www.gasthaus-sternen-post.de
Dorfschänke Oberried ❹ Hauptstraße 25, 79254 Oberried,
Tel. (0 76 61) 9 04 85 20, www.schaenke-oberried.de
Zum Goldenen Adler Oberried ❺ Hauptstraße 58, 79254 Oberried,
Tel. (0 76 61) 6 20 17, www.goldener-adler-oberried.de

ENTDECKEN & ERLEBEN:
Felsenweg ❶
Gfällmatte ❷

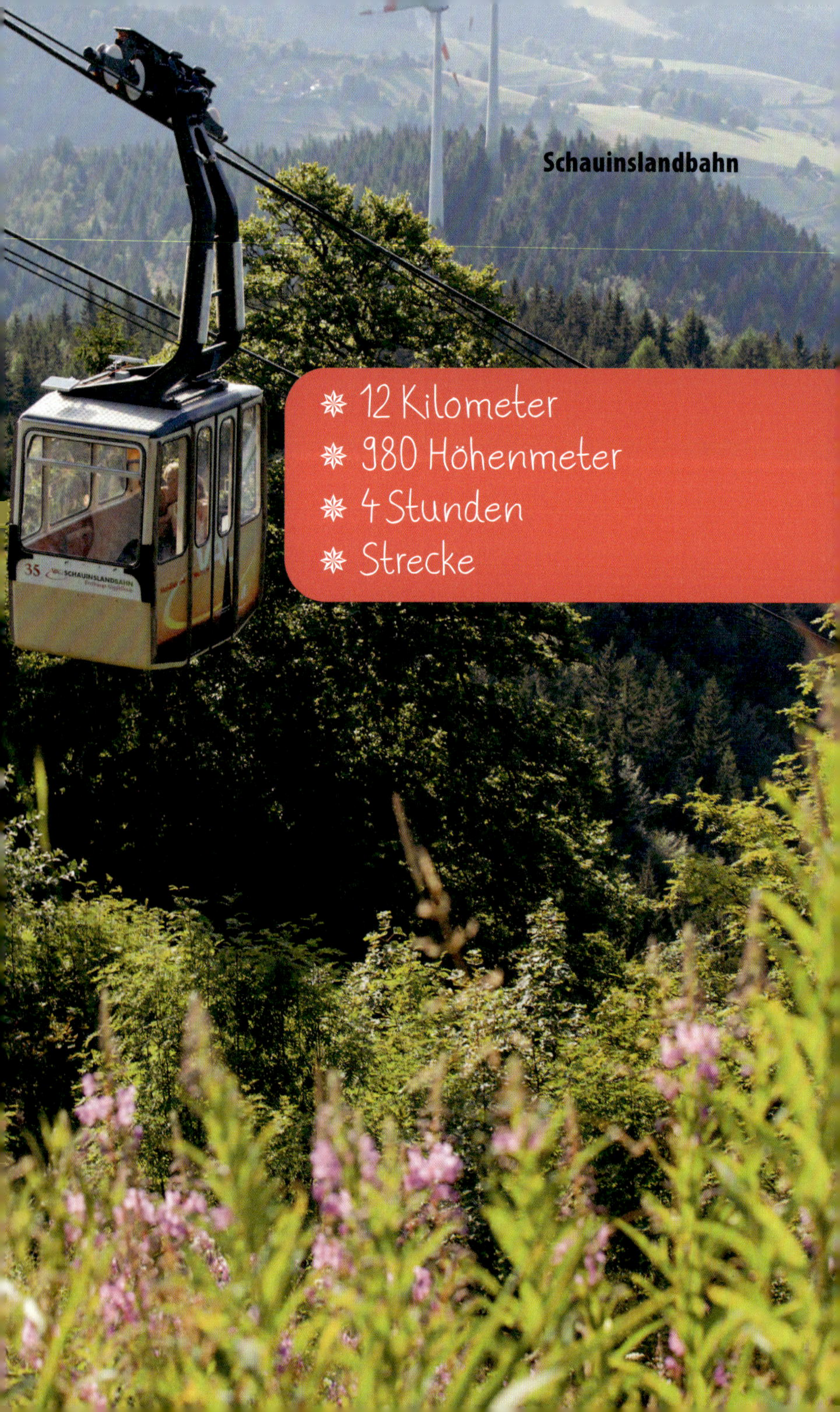

Schauinslandbahn

- 12 Kilometer
- 980 Höhenmeter
- 4 Stunden
- Strecke

Entspannter können wir eine Wanderung kaum beginnen: In einer Gondel der **Schauinslandbahn** ❶ entschweben wir dem Alltag. Ausgangspunkt dieser Tour ist die **Talstation** der Schauinslandbahn in **Horben.** Hierher gelangen wir mit dem Auto oder mit Straßenbahn und Bus über Freiburg-Günterstal. Wir lösen

Schau ins Land!

Vom Hausberggipfel ins Tal

am Schalter eine Bergfahrt, steigen in die Kabine und lassen uns von ihr auf den 1284 Meter hohen Schauinsland tragen. Die Bahn ist die längste nach dem Umlaufprinzip konzipierte Seilbahn Deutschlands. Einzigartig aber ist der Blick, den wir schon in der Gondel genießen: Zunächst steigen wir aus dem Bohrertal auf, sehen auf die Anhöhe von Horben hinunter, auf den Schönberg, dann breitet sich die Rheinebene unter uns aus. Wenn wir einen Tag mit klarer Sicht erwischt haben, erkennen wir bald in der Ferne das breite Band der Vogesen. Es gibt so viel zu entdecken, dass wir – an der **Bergstation** angekommen – auf die Panoramaterrasse hinaustreten. Von hier aus schweift der Blick weiter: über die Stadt, bis zum Kandel im Norden und manchmal bis zur Hochkönigsburg, die stolz auf dem Vogesenkamm thront. Wer noch nicht gefrühstückt hat, kann sich im **Restaurant Bergstation** ❷ niederlassen und die fabelhafte Aussicht mit einem kräftigen Bergbüffet verbinden.

Das Café-Restaurant Die Bergstation bietet gemeinsam mit der Freiburger Verkehrs-AG Kombitickets an. So fährt man mit der Seilbahn zum Frühstück, zur Kuchenzeit oder zum Käsefondue nach oben und – je nach Gusto – auch wieder hinunter.

Nun aber wollen wir zum Schauinslandturm. Oberhalb der Panoramaterrasse geht es los. Wir steigen die Stufen hinauf zum Wanderweg und folgen

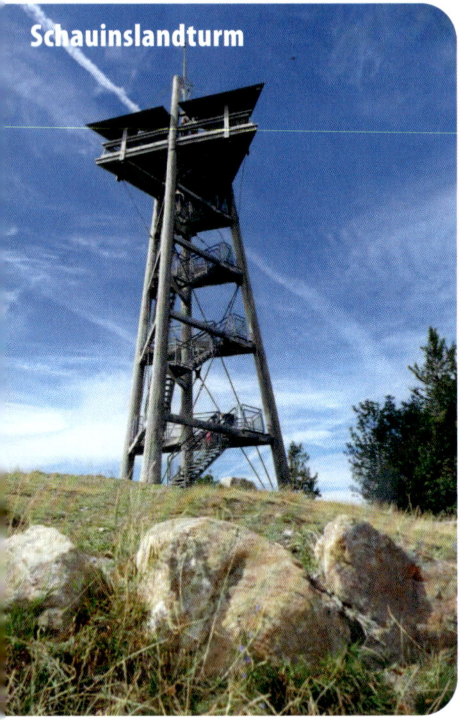
Schauinslandturm

den Schildern mit der blauen Raute nach links in den Bergwald. Buchen und Tannen, Bergahorn und Fichten säumen unseren Weg. Schilder weisen darauf hin, dass wir nicht über die Absperrungen hinwegsteigen sollten. Der Schauinsland ist nämlich nicht nur Freiburgs höchster Punkt, sondern beherbergt auch das größte Natur- und Landschaftsschutzgebiet der Stadt. Hier wachsen Pflanzen, die es in Deutschland nur in den Gebirgslagen gibt: Büschelgras oder Alpen-Milchlattich, Arnika oder das streng geschützte Katzenpfötchen.

Nach 500 Metern wählen wir rechts die Abkürzung, steigen ein kurzes Stück steil bergauf und stehen gleich darauf unter dem mächtigen **Schauinslandturm** ❸. Drei Douglasienstämme aus dem Freiburger Stadtwald tragen die dreieckige Plattform, eine offene Stahltreppe führt 85 Stufen hinauf. Die klettern wir empor und genießen einen umfassenden Rundumblick: Unter uns drehen sich die Windräder auf der Holzschlägermatte, im Norden breitet sich Freiburg aus, die Stadtmitte liegt nur 10 Kilometer Luftlinie entfernt. Im Osten erkennen wir den Feldberg, und im Süden reicht der Blick an klaren Tagen bis zu den Alpen. Besonders bei Inversionswetterlage im Herbst bietet der Schauinsland diese grandiose Aussicht: Dann scheinen die Alpengipfel über dem Nebelmeer schwebend ganz nah: Tödi und Titlis, Eiger und Jungfrau, Grand Combin und Mont Blanc.

Wir wenden uns nach allen Richtungen, umrunden die Plattform des Turms immer wieder, und genießen diesen erhabenen Blick. Schließlich aber steigen wir hinab und machen uns auf den Weg ins Tal. Zunächst wandern wir nördlich des Turms schnurge-

Nebel in Freiburg, Sonnenschein auf dem Schauinsland: Grund für dieses im Herbst häufige Phänomen ist die Inversionswetterlage. Normalerweise nimmt die Lufttemperatur mit steigender Höhe ab. Anders ist es, wenn sich in der Tallage über lange Zeit Nebel hält. Das passiert, wenn es abkühlt und viel Feuchtigkeit in der Luft ist.

rade in Richtung **Scheitel.** An der T-Kreuzung knickt unser Weg links Richtung Kohlerhau ab. Auf wurzeligem Pfad geht es zum Berghotel Schauinsland. Um das ehemalige Gasthaus kümmert sich heute ein Verein, der es für kulturelle und private Veranstaltungen verpachtet. Wir wandern bis zum Wegweiser und steigen dort in einen schmalen Pfad ein. Er führt – eng

Für die Seele

Mit der Seilbahn schweben wir auf den Schauinsland, genießen einen tollen Panoramablick und steigen durch den herrlichen Bergwald hinab in die Stadt.

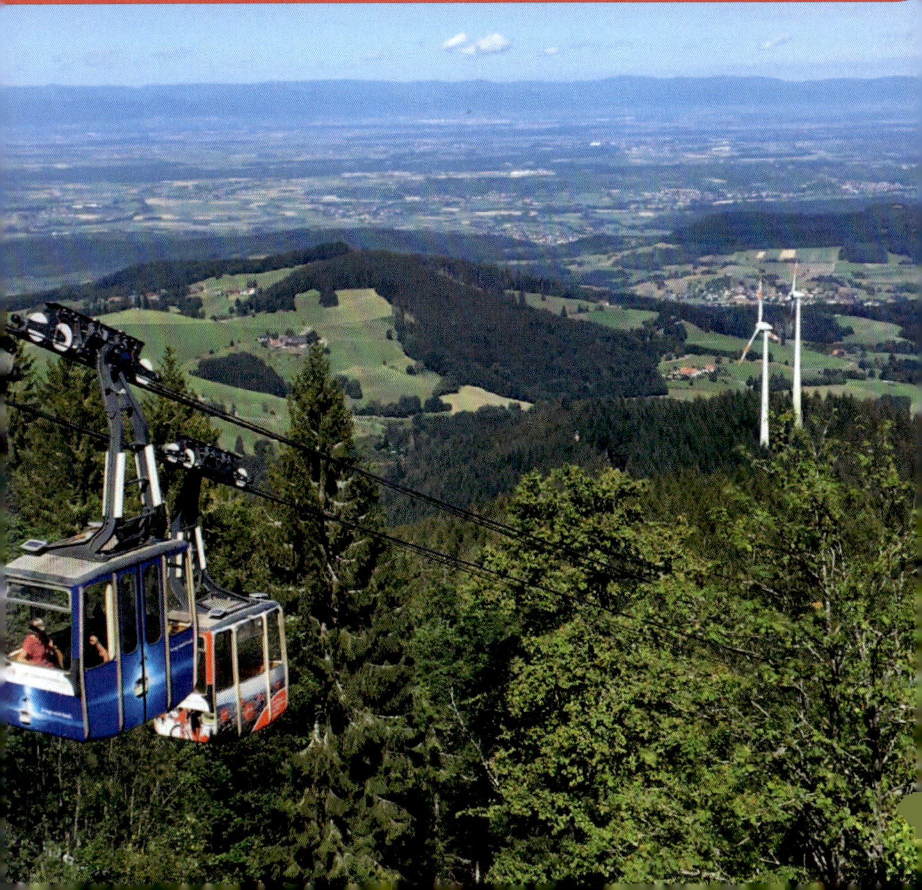

an den Hang geschmiegt – bergab und bringt uns bald zum wunderbaren Aussichtspunkt am **Luisenfelsen.** Hoch über der Holzschlägermatte und ihrer Hütte genießen wir einen Blick bis zum Kamm der Vogesen. Weiter geht es in nördlicher Richtung. Vom breiten Weg biegen wir bald auf einen schmalen Pfad links in den Wald. Heidelbeerbüsche säumen ihn, die Sonne wärmt den Hang und die Tannennadeln verströmen ihren würzigen Duft. Der Pfad führt uns direkt auf die Straße zum Schauinsland. Wir überqueren sie vorsichtig und finden auf der gegenüberliegenden Seite den Einstieg in den Wanderweg, der uns erneut zu einem Aussichtspunkt führt. Noch einmal müssen wir die Straße überqueren, tauchen dann aber wieder in einen von Vogelgezwitscher erfüllten Wald ein. Während wir bisher im Sonnenschein unterwegs waren, wird der Bewuchs nun dichter und der Weg schattiger. Manchmal ragen schroffe, flechtenüberzogene Felsen aus dem Hang heraus. Wir erreichen den **Ramselendobelweg,** folgen ihm nach rechts, biegen nach einer Aussichtsbank aber auf einen schmalen Pfad ein, der uns im Zickzack zum **Unteren Stäpfelefelsen** ❹ führt. Hier sind wir umgeben von mächtigen Steinformationen. Über uns kraxeln ein paar Kletterer die steile Wand hinauf. Den unteren Stäpfelefelsen können wir selbst besteigen, einige steile Steinstufen führen hinauf. An dieser Stelle lohnt sich vor allem der Blick zurück auf die Felslandschaft im Wald.

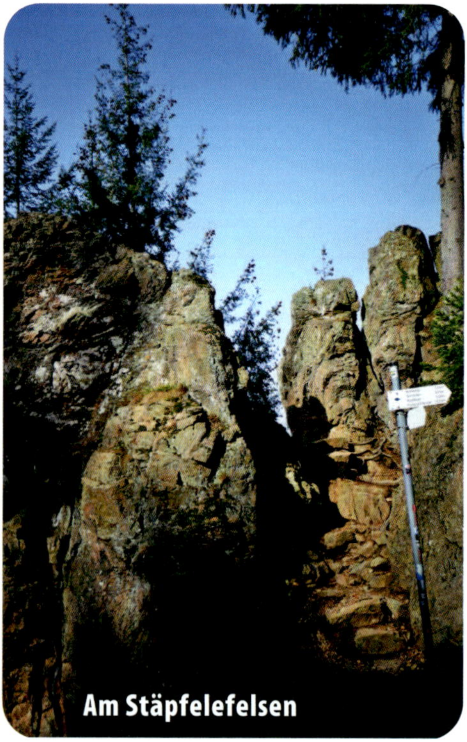
Am Stäpfelefelsen

Nach einer kurzen Rast wandern wir auf steinigem Pfad Richtung **Kohlerhau** und schlagen dort den Weg zum Sohlacker ein. Von hier an verlaufen Wanderweg

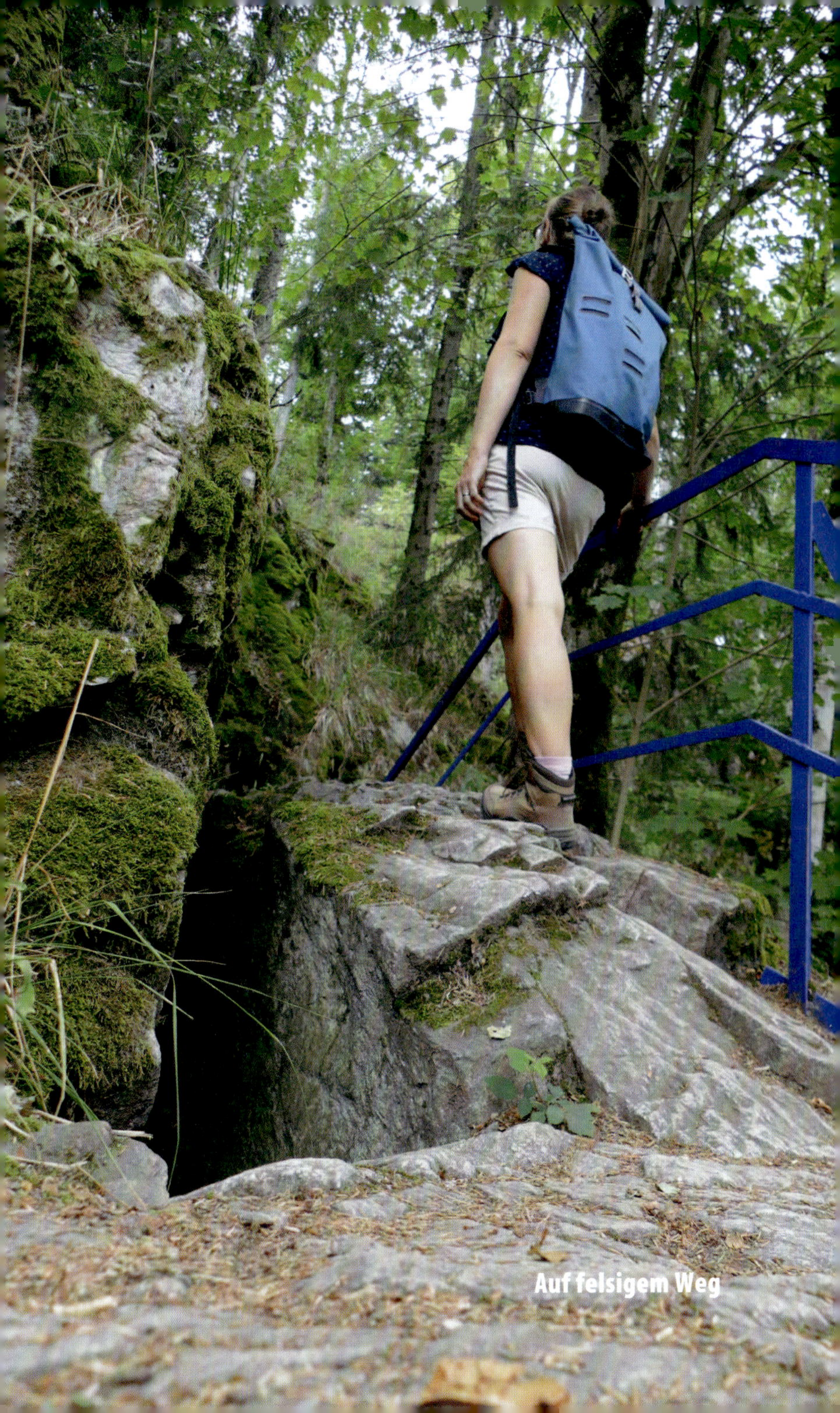

Auf felsigem Weg

und Mountainbiketrail getrennt voneinander. Der Wanderpfad passiert eine hölzerne Absperrung und

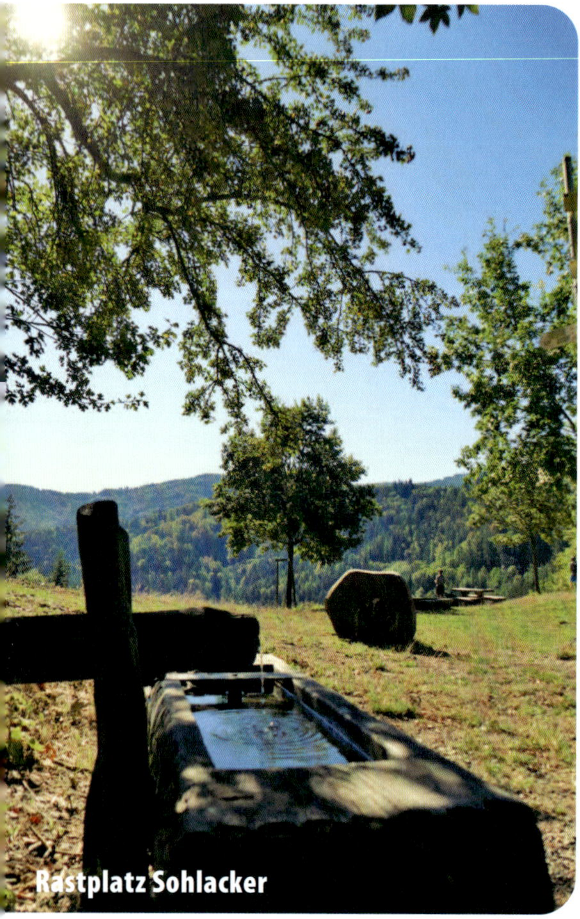
Rastplatz Sohlacker

führt direkt am steilen Hang entlang. Wunderbare Felsformationen begleiten uns, mal schroff und steil aufragend, mal von weichem Moos rund geformt. Immer steiler fällt die Felskante rechts von uns ab. Wo es senkrecht bergab geht, finden wir am Geländer Halt.

Irgendwann wird der Weg sanfter, Nadeln bedecken den Waldboden, machen ihn weich. Und das ist nach so vielen Höhenmetern, die wir schon in den Knien haben, eine echte Wohltat. Rechter Hand öffnet sich jetzt ein herrlicher Blick ins Dreisamtal. Auf dem Weg queren wir regelmäßig breite Forstwege, biegen aber schnell erneut in schmale Pfade ein. Ab und zu müssen wir die Wegzeichen suchen, entdecken die blaue Raute aber doch immer wieder an den Baumstämmen. Eingehüllt vom Grün der Bäume wandern wir talwärts, begleitet vom fernen Läuten der Kuhglocken. Frisch geschlagene Stämme verströmen ihren süßlichen Duft. Zwischen den Bäumen erhaschen wir nun linker Hand ab und zu einen Blick nach Horben, zum Eckhof und auf die Eduardshöhe (siehe Tour 12).

Wo der Wanderweg den Trail fast berührt, lassen wir uns vom Schild, das Günterstal nach links ausweist, nicht verwirren. Wir bleiben auf dem rechten Weg und erreichen bald den **Sohlacker** mit der Grillstelle. Und weil das viele Bergabgehen recht anstrengend ist, legen wir hier eine kleine Pause ein, erfrischen uns am Brunnen, legen die Beine hoch und genießen die Aussicht ins Tal.

Der Weiterweg verläuft nun auf der Route mit der gelben Raute. Wir wählen die Strecke, die Freiburg-Günterstal in 3,5 Kilometern ausweist und wandern den breiten **Sohlackerweg** bergab. Schon wenige Minuten später biegen wir rechts in einen kleinen Pfad ab. Wir schlendern durch das Tal des Maienbachs und hören sein leises Gluckern immer wieder aus dem feuchten Grund aufsteigen. Unser Weg beschreibt eine S-Kurve, wir erreichen die Waldstraße nach **St. Valentin** und gelangen bald an den Parkplatz des **Waldrestaurants 5**. Weil wir nach einer so langen Tour ordentlich Hunger haben, steigen wir nun rechts hinauf zum romantischen Lokal mitten im Wald, nehmen in der herrlichen Laube Platz und lassen uns die leckeren Pfannkuchen schmecken. Es ist so schön hier, dass wir ein bisschen länger verweilen, bevor wir uns auf die

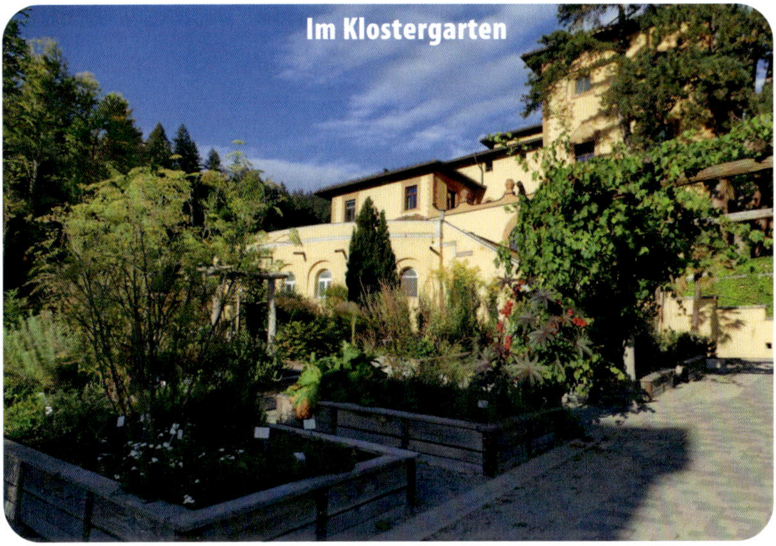
Im Klostergarten

letzten Meter hinunter nach Günterstal machen. Am Wanderparkplatz finden wir die Beschilderung und steigen auf schmalen Pfaden bergab. Schnell erreichen wir die ersten Häuser und wandern auf der Riedbergstraße dem **Klostergarten von St. Lioba** 6 entgegen. Der Heilkräutergarten ist ein wunderbarer Ort, um nach einem ereignisreichen und anstrengenden Wandertag zur Ruhe zu kommen. Die gelbe Fassade der toskanischen Villa reflektiert die Abendsonne, Zypressen ragen empor und wir schlendern zwischen den bunten Blüten von Ringelblumen, Eisenkraut und Schmuckkörbchen umher. Gestärkt gehen wir dann hinunter zur Straßenbahnhaltestelle Wiesenweg und fahren mit Bahn und Bus zur Talstation der Schauinslandbahn oder direkt zurück in die Stadt.

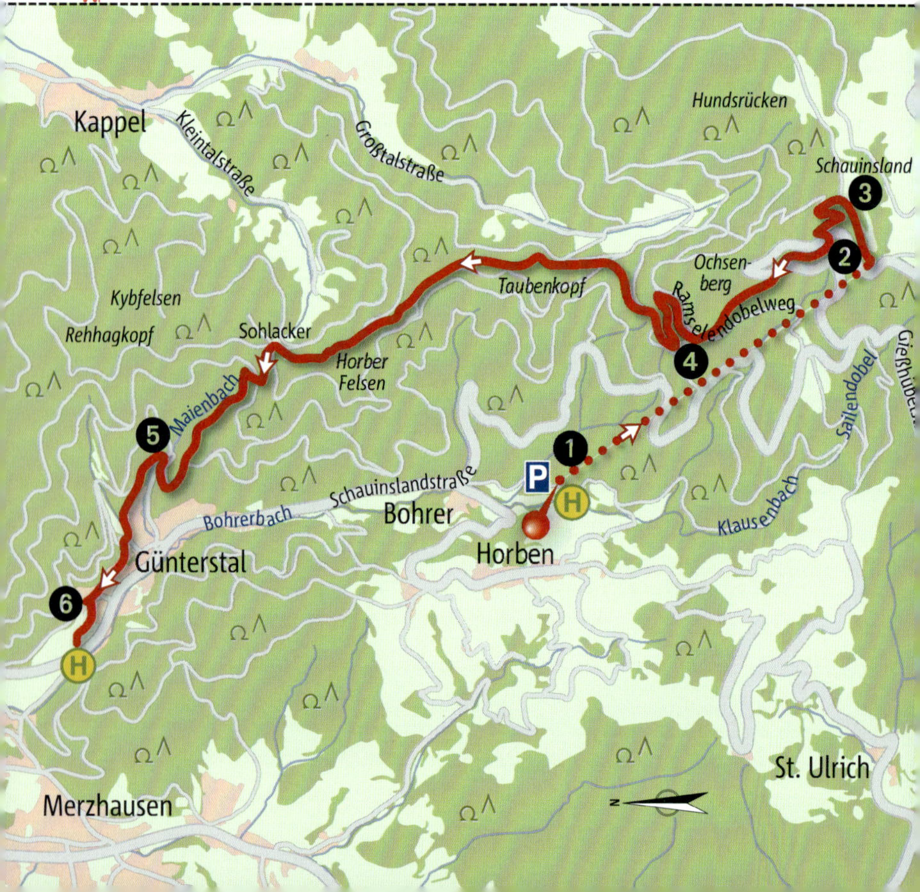

Alles auf einen Blick

WIE & WANN:
Schwere Wanderung. Gute Kondition und Trittsicherheit erforderlich, Wanderstöcke können hilfreich sein. Beste Wanderzeit von Mai bis Oktober.

HIN & WEG:
Auto: Parkplatz an der Talstation Schauinslandbahn, Bohrerstraße 11, 79289 Horben (GPS: 47.937251, 7.865289)

Entspannung ★★☆☆☆
Genuss ★★★★★
Romantik ★★★★★

ÖPNV: Straßenbahnlinie 2 bis Freiburg-Günterstal Dorfstraße, dann Bus 21 bis Talstation Schauinslandbahn

ESSEN & ENTSPANNEN:
Café & Restaurant Die Bergstation ❷ Schauinslandstraße 390, 79254 Oberried, Tel. (0 76 02) 7 71, www.diebergstation.de
Waldrestaurant St. Valentin ❺ Valentinstraße 100, 79100 Freiburg im Breisgau, Tel. (07 61) 7 07 77 48, www.sanktvalentin.eu

ENTDECKEN & ERLEBEN:
Schauinslandbahn ❶ Bohrerstraße 11, 79289 Horben
Schauinslandturm ❸
Unterer Stäpfelefelsen ❹
Klostergarten St. Lioba ❻ Riedbergstraße 1, 79100 Freiburg

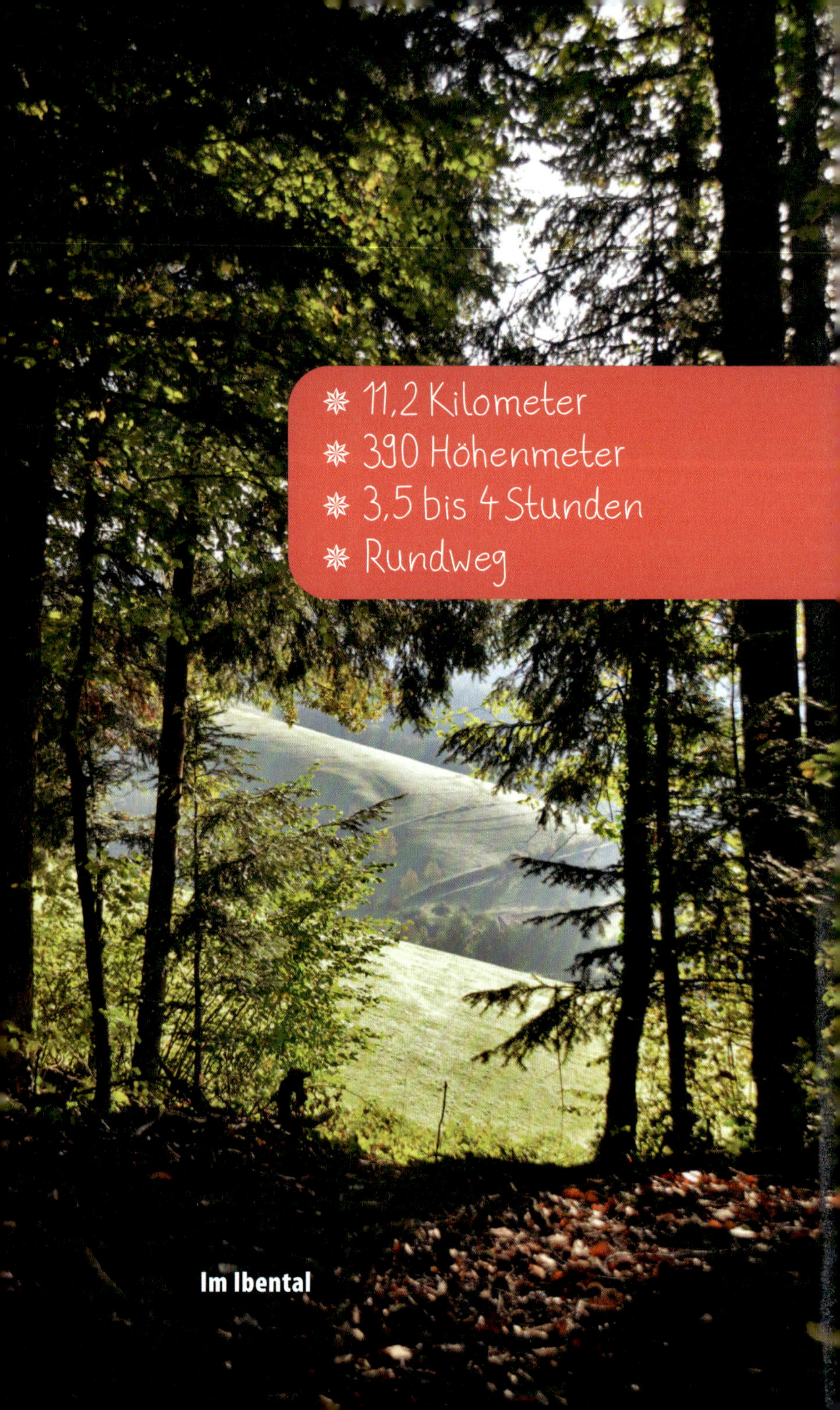

Im Ibental

Wir starten unsere Rundtour am großzügigen **Wanderparkplatz Gummenwald.** Hier finden wir schon die Wanderwegweiser und folgen der Beschilderung zur **Wickenhofsiedlung** – zunächst zurück zur Hauptstraße und darüber hinweg in die Wohnsiedlung. Die gelbe Raute führt uns durch das Gelände der Firma SIKO,

Zauberhaftes Tal

Von Buchenbach zum Lindenberg

anschließend über den **Ibenbach** und hinein in den Wald. Sobald wir unter dem Blätterdach sind, geht es stetig bergauf. Wir folgen der Beschilderung nach links, kraxeln eine kräftige Steigung empor und erreichen einen schönen Weg zwischen Weide und Waldrand.

Mit herrlichem Schwarzwaldblick wandern wir in südlicher Richtung und tauchen bald darauf in einen **zauberhaften Wald** ❶ ein. Die belaubten Zweige bilden ein Dach über unseren Köpfen, der Waldboden ist mit einem dicken Teppich aus Moos bedeckt, Eichelhütchen liegen darauf verstreut. Durch die Bäume scheint die Sonne und taucht den Wald in warmes Licht. Ein schmaler Pfad zieht sich den Hang hinauf, macht einige Kehren und entlässt uns schließlich weiter oben auf einen breiten Weg. Ihm werden wir nun einige Kilometer nach Nordosten folgen und dabei langsam, aber stetig an Höhe gewinnen. Die Entdeckungen am Wegrand und die Ausblicke sind aber so bezaubernd, dass uns der Weg nicht schwerfällt.

Zunächst durch den **Wickenwald,** später durch den **Hauriwald** wandern wir bergan. Immer wieder aber ge-

Schwarzwaldblick

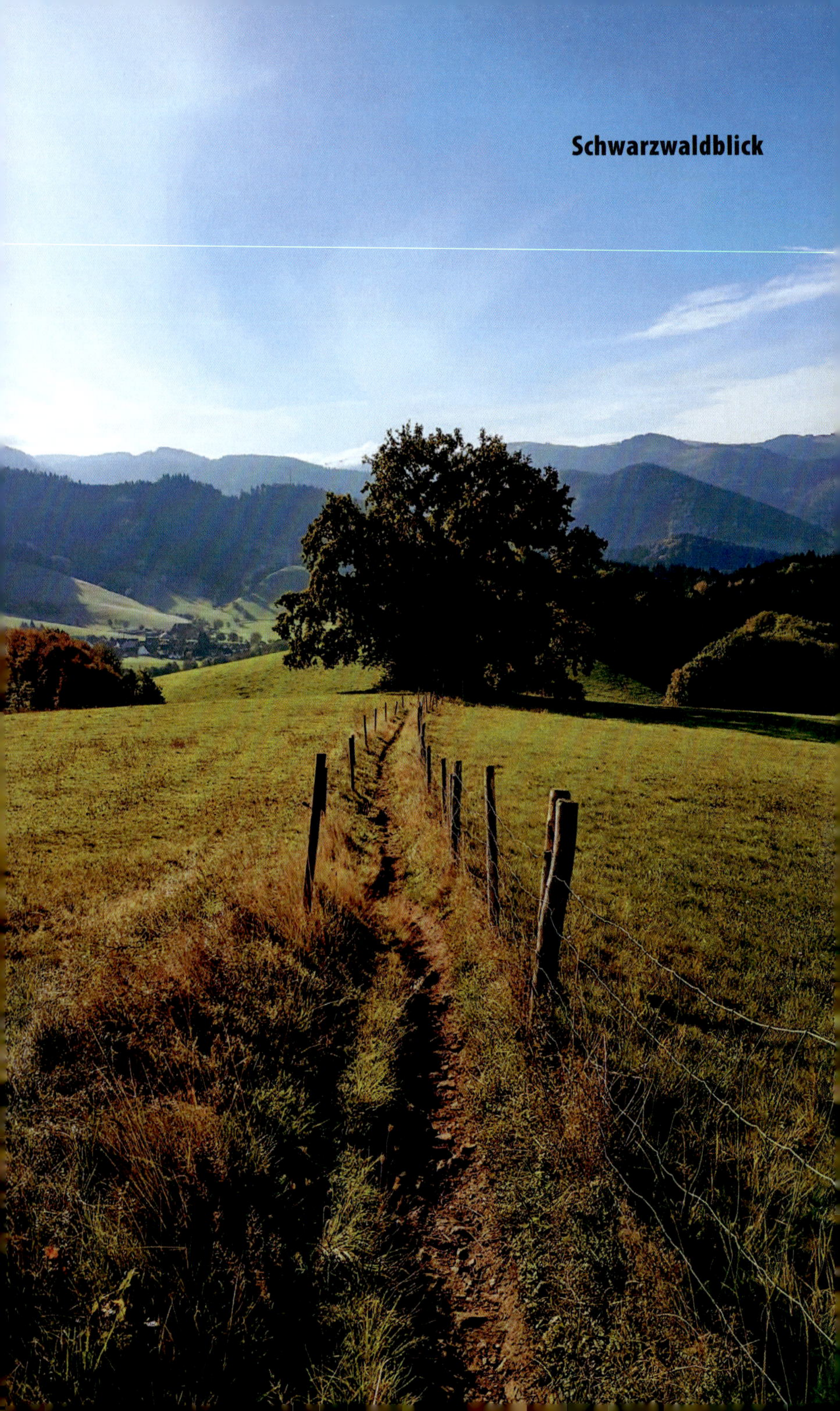

ben die Bäume den Blick nach Südosten frei und es ergeben sich neue Perspektiven: Über das Dreisamtal hinweg sehen wir die Höfener Hütte unter dem Roteck (siehe Tour 8), später erkennen wir immer mehr Höhenzüge des südlichen Schwarzwalds. Irgendwann öffnet sich der Wald zu einer Weide hin, an deren Rand wir weiterziehen und bald die kleine **Schneiderhofkapelle** erreichen. Daneben die Holzliege unter Bäumen kommt uns gerade recht, um zu verschnaufen und die Aussicht ins westliche Dreisamtal zu genießen.

Für die Seele

Durch märchenhafte Wälder und weite Wiesen wandern wir hoch auf den Lindenberg und genießen einen sagenhaften Blick auf die Höhen des Südschwarzwaldes.

Weiter geht es über den **Klingeleberg** dem Lindenberg entgegen, nun erkennen wir die kleine Wallfahrtskirche an seinem Südwesthang bereits. Unsere Motivation steigt, kraftvoll wandern wir weiter. Unser Weg verläuft durch malerisches Weideland. Rechts und links des Pfades breiten sich weite Wiesen aus, wir wandern zwischen den Weidezäunen leicht bergan. Und wir bleiben regelmäßig stehen und wenden uns um – so zauberhaft ist der **Blick auf den Südschwarzwald ②.** Unter uns liegen die Höfe im unteren Ibental. In der Ferne erkennen wir den bewaldeten Roteck und den Hinterwaldkopf mit dem markanten Denkmal, rechts den Schauinsland.

Je höher wir steigen, desto weiter reicht unser Blick. Bald taucht hinter der ersten Kette der Schwarzwaldhöhen auch der Feldberg auf. Ihn überblicken wir von hier oben in seiner ganzen Breite: Links erhebt sich auf dem Seebuck der heutige Aussichtsturm,

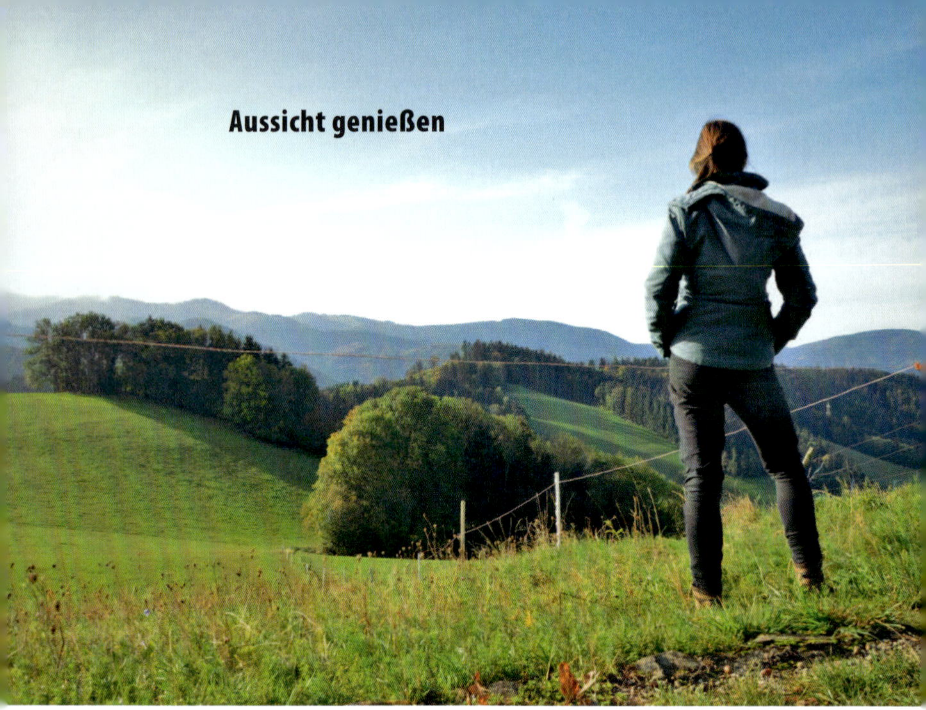

rechts – auf dem eigentlichen Feldberggipfel – reckt sich der neue Fernsehturm in den Himmel.

Auf unserem Weg nach oben wechseln sich Weiden und Wald immer wieder ab, es geht über flachere und steilere Abschnitte stetig bergauf – bis wir schließlich den Höhepunkt der Tour erreichen: die **Wallfahrtskirche Maria Lindenberg ③**. Seit mehr als 500 Jahren ist der Lindenberg Wallfahrts- und Gebetsstätte. Die erste der Maria geweihte Kapelle an dieser Stelle soll der Bauer Pantaleon Mayer errichtet haben – und zwar nachdem Maria einem seiner Hirtenjungen erschienen war. Nach einer weiteren Marienerscheinung erweiterte er sie. Diese beiden Ereignisse sind der Ursprung der Wallfahrt auf den Lindenberg. Und obwohl die Kapelle im Laufe der Jahrhunderte immer wieder zerstört wurde, blieb der Lindenberg als Wallfahrtsort erhalten.

Eine Besonderheit ist die Eucharistische Anbetung in der Wallfahrtskirche Maria Lindenberg: Seit 1955 beten hier bei Tag und Nacht Männer für den Frieden und die Erneuerung der Kirche. Jährlich nehmen um die 1000 Männer an der Gebetswache teil.

Auf 725 Metern am Südwesthang des Lindenbergs gelegen, bietet die Kirche einen umwerfenden Panoramablick: über das Ibental auf die Gipfel des Südschwarzwalds, weit hinein ins Rheintal und bei guter

Fernsicht bis zu den Vogesen ganz im Westen. Um diese einzigartige Naturkulisse ausgiebig zu betrachten, lassen wir uns auf der Aussichtsplattform nieder. Wer mag, kann sich in der **Pilgergaststätte** stärken, die Wanderer ebenso wie Gäste des Tagungshauses unter anderem mit reichhaltigen Suppen oder feinen Kuchen verwöhnt – garniert mit der herrlichen Aussicht aus dem Gastraum.

Für den Rückweg schlagen wir zunächst den gleichen Weg ein, biegen am Kreuzweg unterhalb des Waldes aber links Richtung Gallihof ab. Nun wandern wir in Serpentinen einen befestigten Weg bergab. Wir passieren Kuhweiden, wunderbare kräftige Nussbäume und Streuobstwiesen. Im Tal treffen wir auf die Ibentalstraße, der wir nach Süden folgen. Schon nach wenigen Minuten erreichen wir das **Gasthaus zum Hirschen** ④. Hier setzen wir uns auf der sonnigen Terrasse nieder und lassen uns mit einem herzhaften Vesper verwöhnen. Es gibt leckere Rösti, Kratzete und Brägele, im Frühjahr feine Spargelvariationen, im Herbst frische Wildpilze und kräftige Wildgerichte. Und weil wir so herrlich im Grünen sitzen und so herzlich bedient werden, bleiben wir noch ein wenig und probieren zum Nachtisch einen leckeren hausgemachten Kuchen. Nach einer solchen Wanderung dürfen wir uns doch was gönnen!

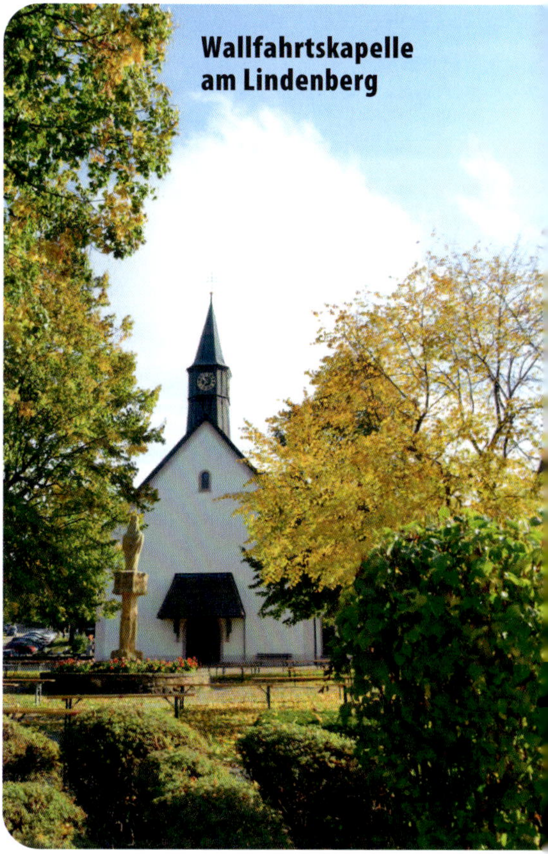
Wallfahrtskapelle am Lindenberg

Unser Weiterweg beginnt unmittelbar neben dem Gasthaus. Hier verlassen wir die

Straße und wandern links dem Wald entgegen. Im Schatten der Bäume geht es nun nach Süden. Bald treten wir aus dem Wald heraus und überqueren eine Ziegenweide, deren vierbeinige Bewohnerinnen uns neugierig, aber freundlich mit der Nase anstupsen. Wieder taucht unser Weg in den Wald ein, Tafeln am Wegrand erläutern uns die verschiedenen Baumarten.

Irgendwann führt uns der Weg zurück an die **Ibentalstraße.** Da diese wenig befahren ist, wandern wir auf dem Weg neben der Straße gemütlich weiter – bis uns die Schilder links zur Gummenwaldhütte schicken. Über Wiesen erreichen wir den **Wanderparkplatz** und kehren beseelt von der zauberhaften Wanderung mit den herrlichen Ausblicken zurück nach Hause.

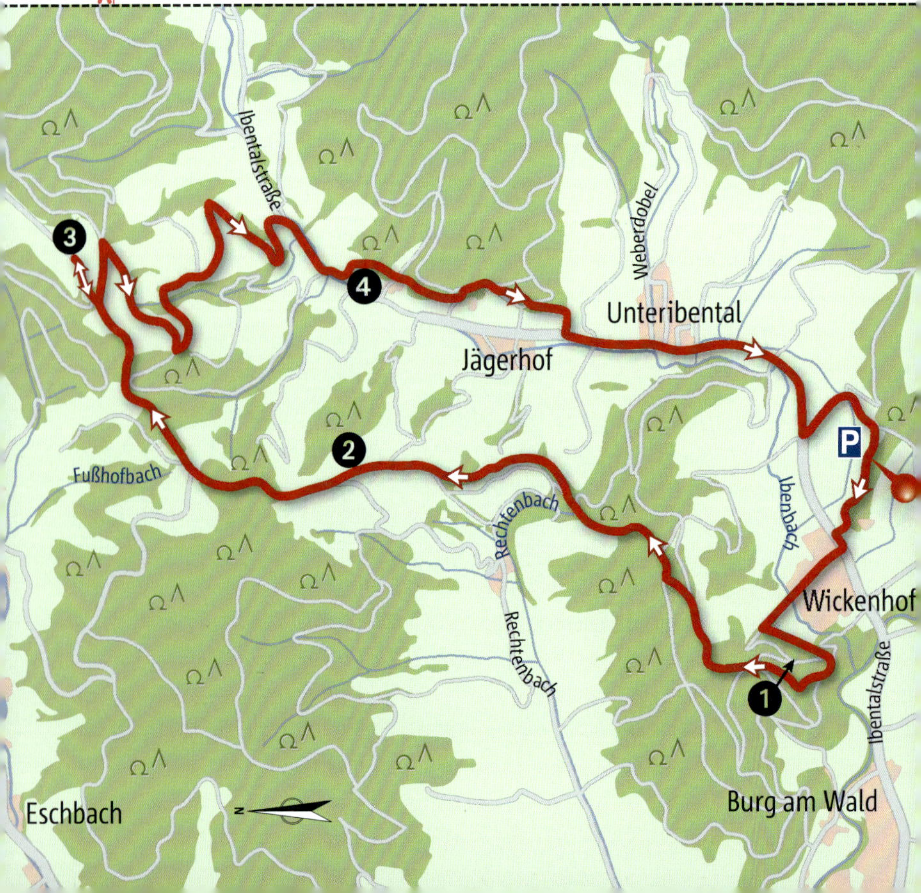

Alles auf einen Blick

WIE & WANN:
Mittelschwere Wanderung auf weichen Wald- und Wiesenwegen.
Beste Wanderzeit von April bis November.

HIN & WEG:
Auto: Wanderparkplatz Gummenwald bei Unteribental,
79256 Buchenbach (GPS: 47.97279053440689, 8.000306177777661)

Entspannung ✸✸✸✸✸ (3 von 5)
Genuss ✸✸✸✸✸ (4 von 5)
Romantik ✸✸✸✸✸ (5 von 5)

ÖPNV: Höllentalbahn von Hbf. Freiburg bis Kirchzarten,
dann Bus 221 bis Unteribental Wickenhof

ESSEN & ENTSPANNEN:
Gasthaus zum Hirschen ❹ Ibentalstraße 38, 79256 Buchenbach,
Tel. (0 76 61) 42 04, www.wirtshisli-hirschen.de

ENTDECKEN & ERLEBEN:
Zauberwald ❶
Schwarzwaldblick ❷
Wallfahrtskapelle Maria Lindenberg ❸ Lindenbergstraße 27, 79271 Stegen

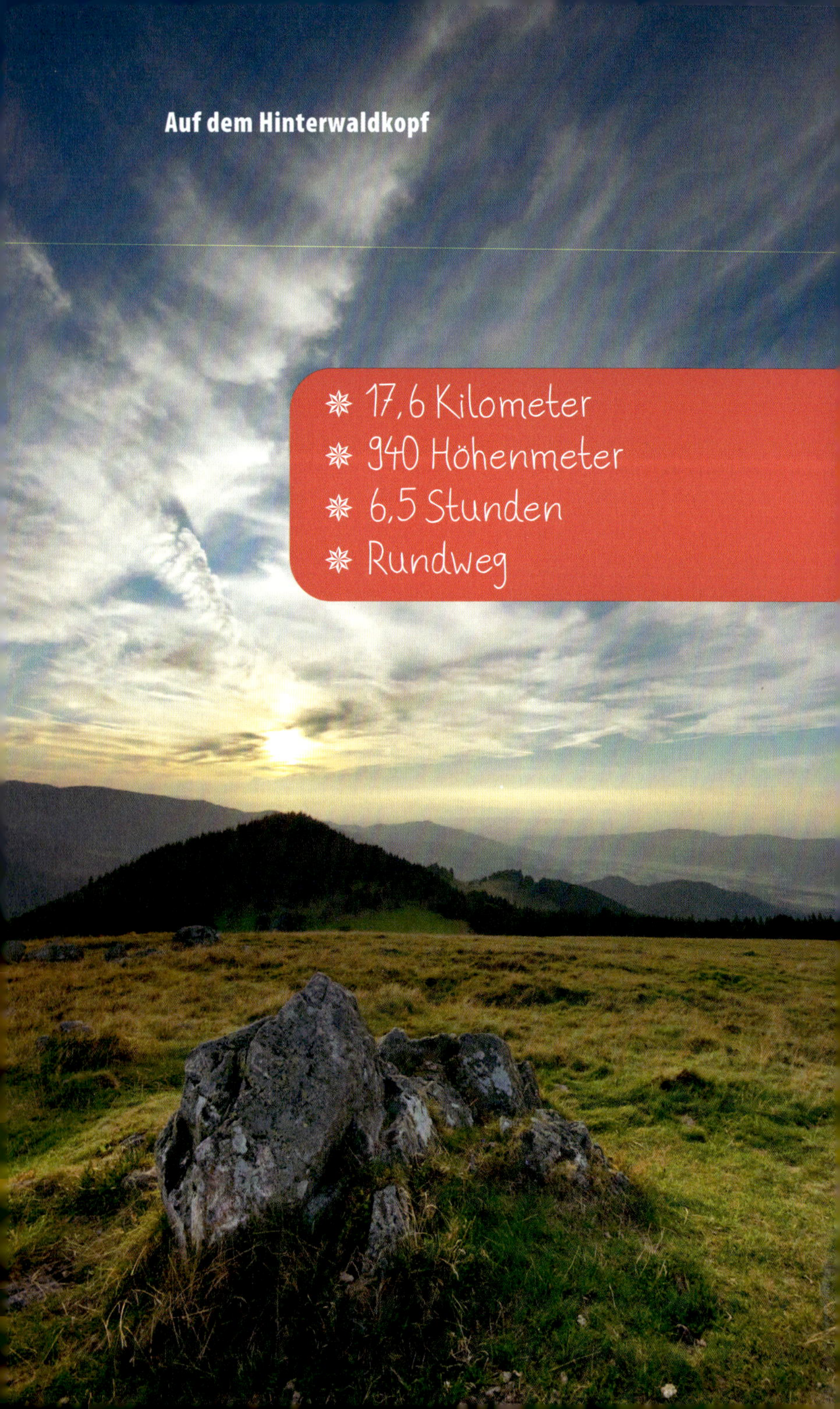

Auf dem Hinterwaldkopf

- 17,6 Kilometer
- 940 Höhenmeter
- 6,5 Stunden
- Rundweg

Wir beginnen unsere Wanderung am **Bahnhof Himmelreich,** den wir mit dem Zug von Freiburg aus in 15 Minuten erreichen. Himmelreich? Warum eigentlich Himmelreich? So bezeichnete man früher Flurstücke, die besonders sonnig lagen und damit außergewöhnlich ertragreich waren. So richtig himmlisch ist es heu-

Gipfelglück

Hoch auf den Hinterwaldkopf

te neben der viel befahrenen Bundesstraße aber nicht. Darum folgen wir schnell den Schildern, die schon die Höfener Hütte und den Hinterwaldkopf ankündigen, und gehen rasch durch die Unterführung, die uns auf die andere Seite der Straße bringt.

Himmel und Hölle liegen an dieser Stelle sehr nah beieinander: Wir erreichen den **Höllenbach,** gehen nach links, einige Meter an ihm entlang und überqueren ihn dann. Bald flankiert eine Weide rechts unseren Weg, an deren Ende ein Tor angebracht ist. Der Wanderweg führt uns hindurch und dann in Serpentinen den steilen Hang hinauf. Wir schließen die Tore gewissenhaft, damit die hier heimischen Ziegen nicht ausbüchsen. Und nun kommen wir dem Himmel schon ein wenig näher: Am Ende der Weide nehmen wir den schmalen Pfad, der eng an der Hangkante entlang in einen herbstlichen Wald führt. Buchen und Ahornbäume strecken ihre Zweige über den Weg, haben den Waldboden mit einem bunten Bett aus Laub bedeckt, Efeuranken säumen das farbenfrohe Bild ein. Je höher wir steigen und je weiter wir uns von der Straße entfernen, desto leiser wird auch das Geräusch der

Wer möchte, kann die Tour auch als Streckenwanderung gehen. Dazu wandert man über den Hinterwaldkopf hinaus nach Hinterzarten weiter und nimmt von dort den Zug zurück nach Himmelreich. Unterwegs lohnt eine Rast in der Hinterwaldkopfhütte.

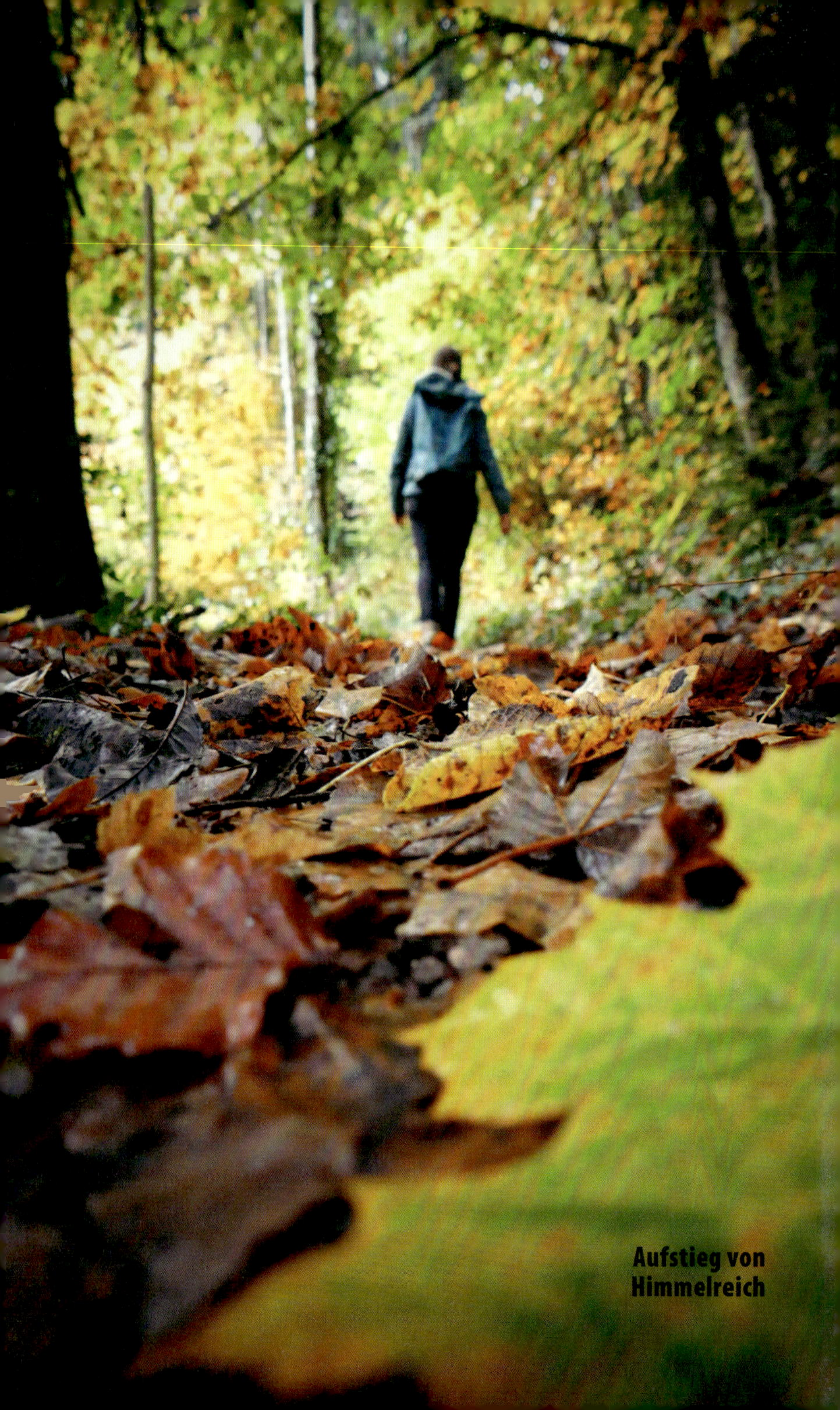

Aufstieg von Himmelreich

Fahrzeuge. Unser Pfad führt uns kurz auf einen breiten Forstweg, biegt aber schon nach wenigen Metern rechts davon ab und führt uns abermals hinein in den Wald, immer den Wegweisern zum Hinterwaldkopf folgend. Die Schilder zeigen uns, wie viele Kilometer wir noch zu laufen haben. Welche Steigungen wir dabei überwinden müssen, geben sie allerdings nicht an:

Für die Seele

Waldpfade und Weidenwege führen uns auf die Rundkuppe des Hinterwaldkopfs, mit wunderbaren Weitblicken wandern wir zur Einkehr in die Höfener Hütte.

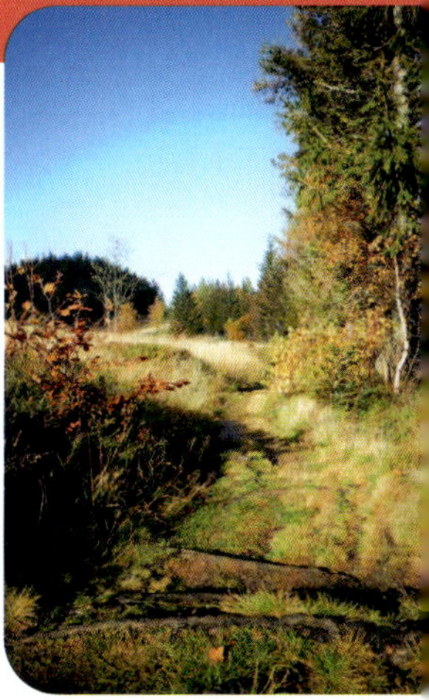

Gut 700 Höhenmeter sind es. Und die gehen ganz schön in die Beine.

Irgendwann endet der Pfad auf einem ausgebauten Forstweg, nach wenigen Metern sind wir an der großen Weggabelung am **Holzeck.** Von nun an folgen wir der blauen Raute und der Beschilderung Höfener Hütte. Wieder geht es hinein in den Wald und im Schatten der Bäume weiter bergauf – bis wir irgendwann durch ein kleines Gatter die Weiden unterhalb der **Höfener Hütte** betreten. Nun breitet sich linker Hand ein herrliches Panorama aus: An klaren Tagen können wir von hier aus bis zum Kandel, nach St. Peter und St. Märgen blicken.

Die Almgaststätte Höfener Hütte liegt auf einer Höhe von 1000 Metern – und damit oft über dem Nebelmeer, das sich in den Herbst- und Wintermonaten unten im Tal ausbreitet. Ein perfekter Ort, um den Alltag mal mit Abstand zu betrachten. Weil wir noch einige Kilometer an Strecke vor uns haben, rasten wir nicht – wir werden aber auf dem Rückweg hier Station machen.

Stattdessen wandern wir oberhalb der Hütte auf

schmalem Pfad weiter durch die ausgedehnten Weiden. Ziegenglockengebimmel klingt den Hang entlang, rechter Hand macht sich eine Rinderherde über das Grün der Alm her. 50 Tiere weiden über den Sommer hier oben – und sorgen dafür, dass die Weideflächen nicht zuwachsen und die ursprüngliche Landschaftsform erhalten bleibt. Wir weichen auf unserem Pfad dem ein oder anderen Kuhfladen aus und nähern uns dem Wald. Hier geht es über Wurzeln und zwischen mächtigen Baumriesen weiter bergan. Schließlich treten wir hinaus aus dem Wald und stehen auf einem weichen Wiesenweg, der linker Hand auf den höchsten Punkt unserer Wanderung, den **Hinterwaldkopf** ① führt. Jetzt heißt es nochmal Zähne zusammenbeißen, es geht kräftig bergauf. Aber wir ahnen schon: Es lohnt sich.

Spätestens jetzt sind wir dem Himmel ganz nah. Auf der baumlosen Rundkuppe nämlich empfängt uns ein unvergleichliches 360-Grad-Panorama: Der Himmel spannt sich wie eine blaue Kuppel über uns,

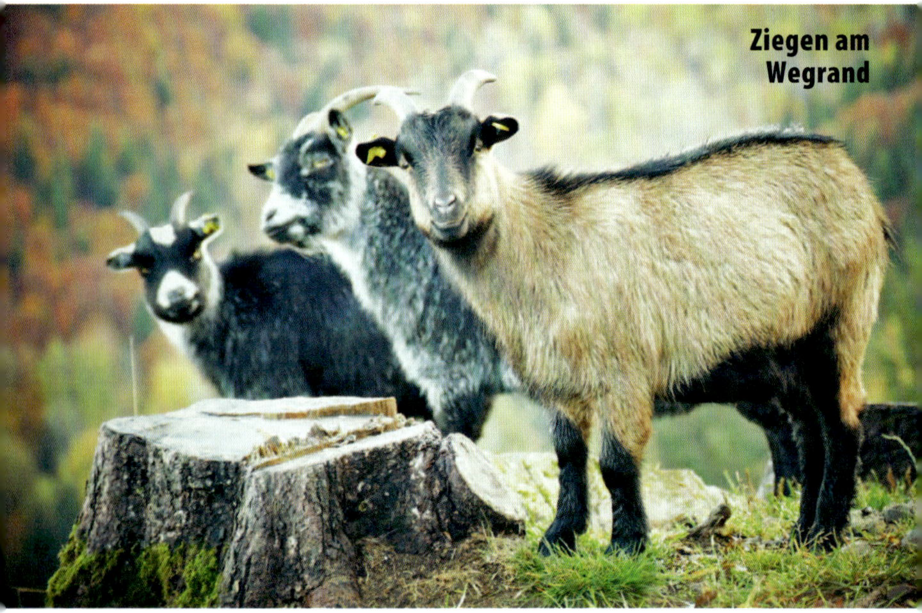

Ziegen am Wegrand

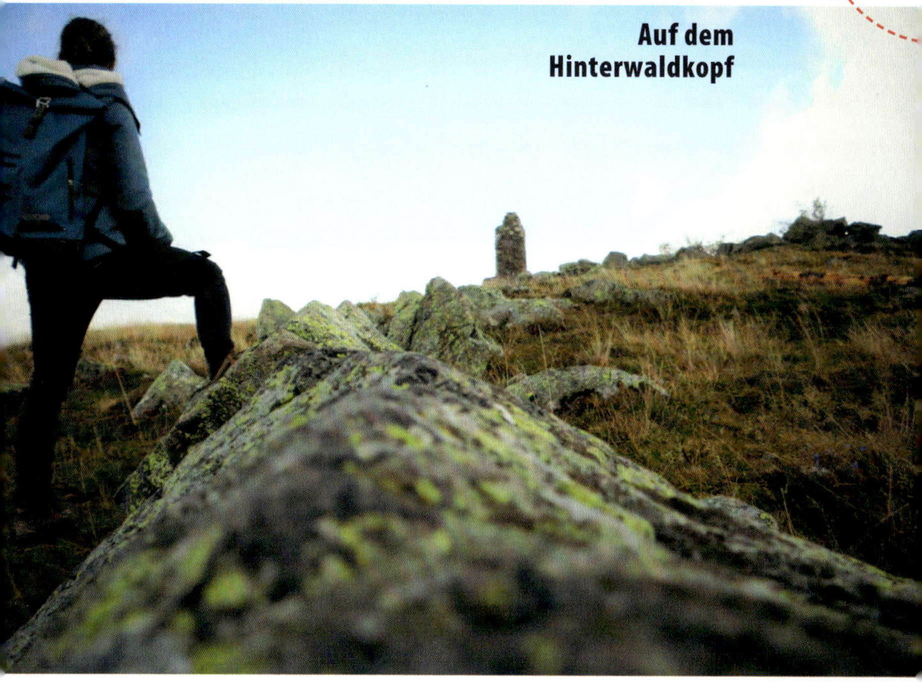

Auf dem Hinterwaldkopf

zu unseren Füßen breitet sich das weite Weideland aus und der Blick reicht über das Dreisamtal bis zum Kandel, in entgegengesetzter Richtung zum Feldberg und bei klarer Sicht bis zum blauen Band der Vogesen.

Nicht immer taucht der Herbst die Landschaft in goldenes Licht. Gar zu gerne pfeift einem hier oben ein kalter Wind um die Ohren, gar zu gerne hüllt sich der Feldberggipfel in einen Mantel aus Nebel. Beeindruckend ist der Hinterwaldkopf mit einer Höhe von 1199 Metern, dem steinernen Denkmal, den sich im Wind wiegenden Gräsern und den flechtenüberzogenen Felsblöcken gleichwohl.

Nachdem wir die grandiose Rundumsicht gebührend genossen haben, machen wir uns auf den Rückweg und wandern dazu zunächst den Wiesenweg an der Westflanke des Hinterwaldkopfs wieder hinab. Am Waldrand angekommen, wählen wir von den drei sich hier teilenden Wegen den linken (die beiden rechten Wege würden zurück zur Höfener Hütte führen) und wandern geradeaus dem **Roteck 2** entgegen. Links unter uns liegt nun ein Hof, durch eine baumlose Senke gelangen wir erneut in den lichten Wald hinein. Dort führt uns ein Pfad langsam bergab, schroffe Felsen ragen aus dem Hang, Flechten und Moose in allen Farben überziehen die Baumstämme und Steine. Der Roteck ist mit 1156 Metern nicht ganz so hoch wie der Hinterwaldkopf und komplett bewaldet. In engen Serpentinen wandern wir an seiner Westkante hinab und genießen zwischen den knorrigen Bäumen hindurch die Aussicht hinunter nach Oberried, ins Zastlertal und bis zum Schauinsland. Wir erreichen eine Spitzkehre, von der aus wir die Höfener Hütte erkennen, biegen aber links ab und steigen weiter auf schmalem steinigem Pfad bergab. Irgendwann wird der Wald dichter.

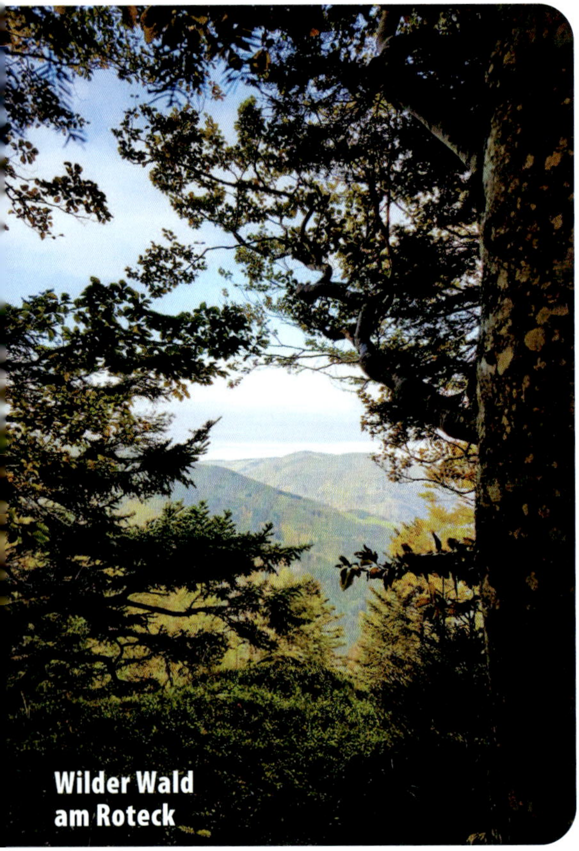

Wilder Wald am Roteck

Wir erreichen einen gut ausgebauten Weg, dem wir nach rechts folgen. Wir wandern weiter bergab und wählen an der bald folgenden Weggabelung den rechten Weg, der uns ein Stück bergauf und vorbei am **Jockeleshäusle,** einer Berghütte des Schwarzwaldvereins, führt. Der Weg verläuft an einer Weide vorbei, an deren Ende wir uns nach rechts wenden und wieder der Höfener Hütte entgegengehen. Zum einen wartet dort eine genüssliche Einkehr auf uns, zum anderen wandern wir hier noch einmal durch eine herrliche Weidelandschaft: die des Häuslebergs. Zunächst steigen wir durch den Wald bergauf – es ist ein steiniger, beschwerlicher Weg. Zum Glück erreichen wir nur wenig später erneut einen Weideweg, der uns durch die sanfte Graslandschaft des Häuslebergs auf die Anhöhe führt. Jetzt haben wir uns die Rast an der **Höfener Hütte** ③ wirklich verdient. Erschöpft lassen wir uns auf der Sommerterrasse der Almgaststätte nieder und erfrischen uns zunächst an einem hauseigenen Birnenschorle. Von der Speisekarte entscheiden wir uns für die leckeren hausgemachten Knödel mit Bergkäse, für die die Höfener Hütte berühmt ist.

Wie andere Hütten im Schwarzwald wurde die Höfener Hütte ursprünglich als Viehhütte und Obdach für den Herder errichtet, der den Sommer über das Jungvieh der Weidegenossenschaft versorgte. Auch heute noch gehört dies zu den Aufgaben von Hüttenwirt Markus Schroth, der sich hier oben einen Lebenstraum erfüllte. Mit großer Leidenschaft wid-

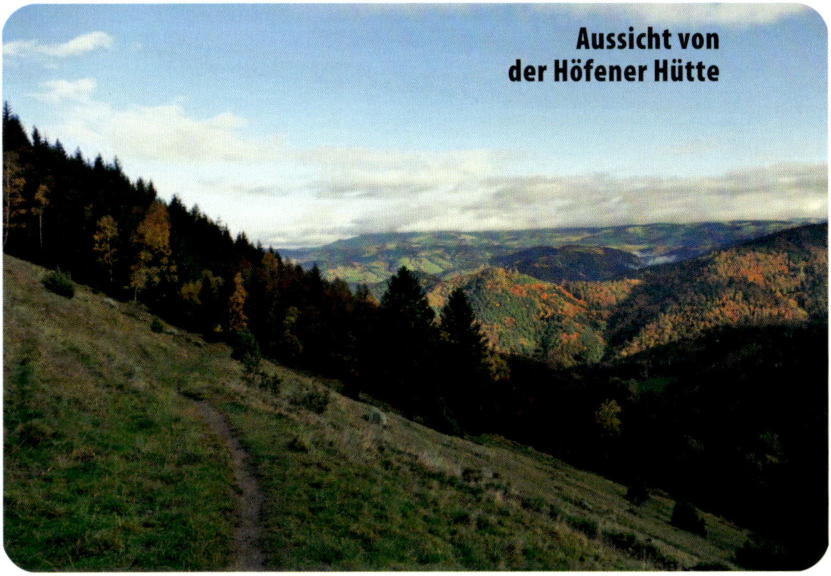

Aussicht von der Höfener Hütte

met er sich aber auch der Bewirtung der Gäste, serviert bodenständige Vespergerichte und feine Kuchen. Und der Genuss dieser einfachen, aber leckeren Gerichte wird begleitet von einer Aussicht, die schöner nicht sein könnte.

Frisch gestärkt machen wir uns nun auf den Weg zurück nach Himmelreich. Was für ein Glück, dass wir die verbleibenden 5,5 Kilometer auf den vom Hinweg bekannten Pfaden nur noch bergab steigen müssen. Am Holzeck wenden wir uns wieder nach rechts und erreichen schließlich den Ort und den Bahnhof Himmelreich. Und jetzt ahnen wir, warum der Ort so heißt: Wer die Wanderschuhe an den Füßen und ordentlich Kraft in den Beinen hat, kann von hier aus dem Himmel ganz nah kommen.

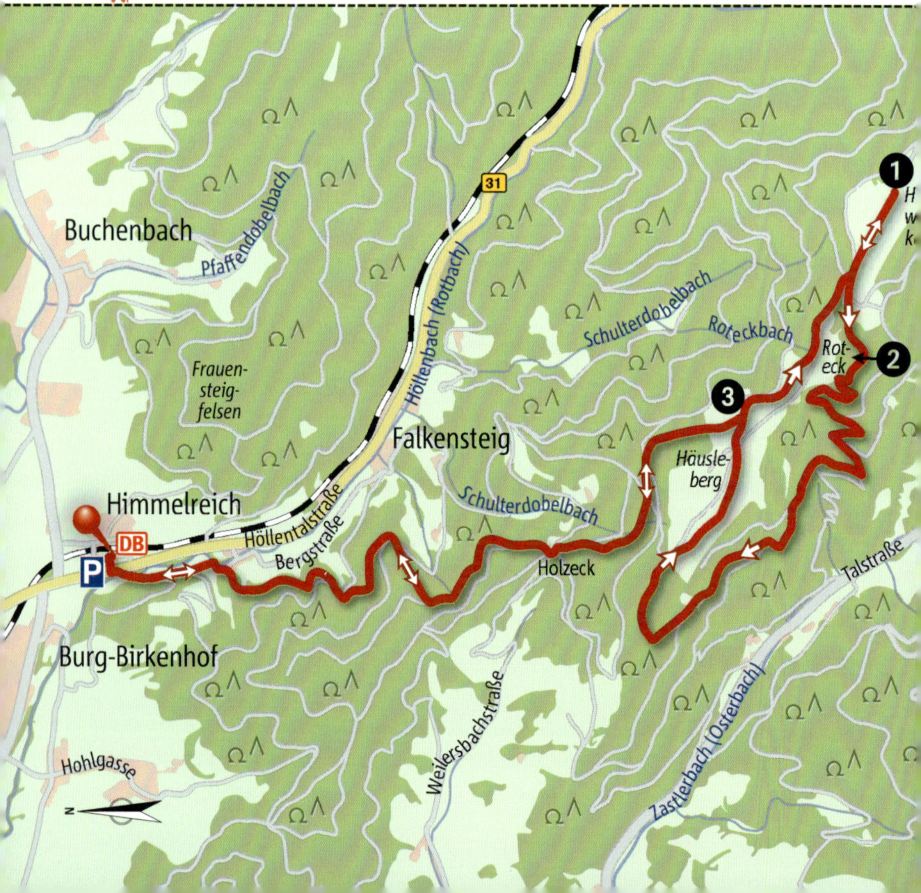

Alles auf einen Blick

WIE & WANN:
Schwere Wanderung über Waldpfade und Weidewege, Wanderstöcke empfehlenswert. Beste Wanderzeit von Mai bis Oktober.

HIN & WEG:
Auto: Parkplatz am Bahnhof Himmelreich, 79256 Kirchzarten (GPS: 47.95836012868839, 7.990670292228317)

Entspannung ✱✱✱✱✱
Genuss ✱✱✱✱✱
Romantik ✱✱✱✱✱

ÖPNV: Höllentalbahn von Hbf. Freiburg bis Himmelreich

ESSEN & ENTSPANNEN:
Höfener Hütte ❸ 79256 Buchenbach, Tel. (0 76 61) 33 24 oder (01 73) 9 06 89 45, www.hoefener-huette.de

ENTDECKEN & ERLEBEN:
Hinterwaldkopf ❶
Roteck ❷

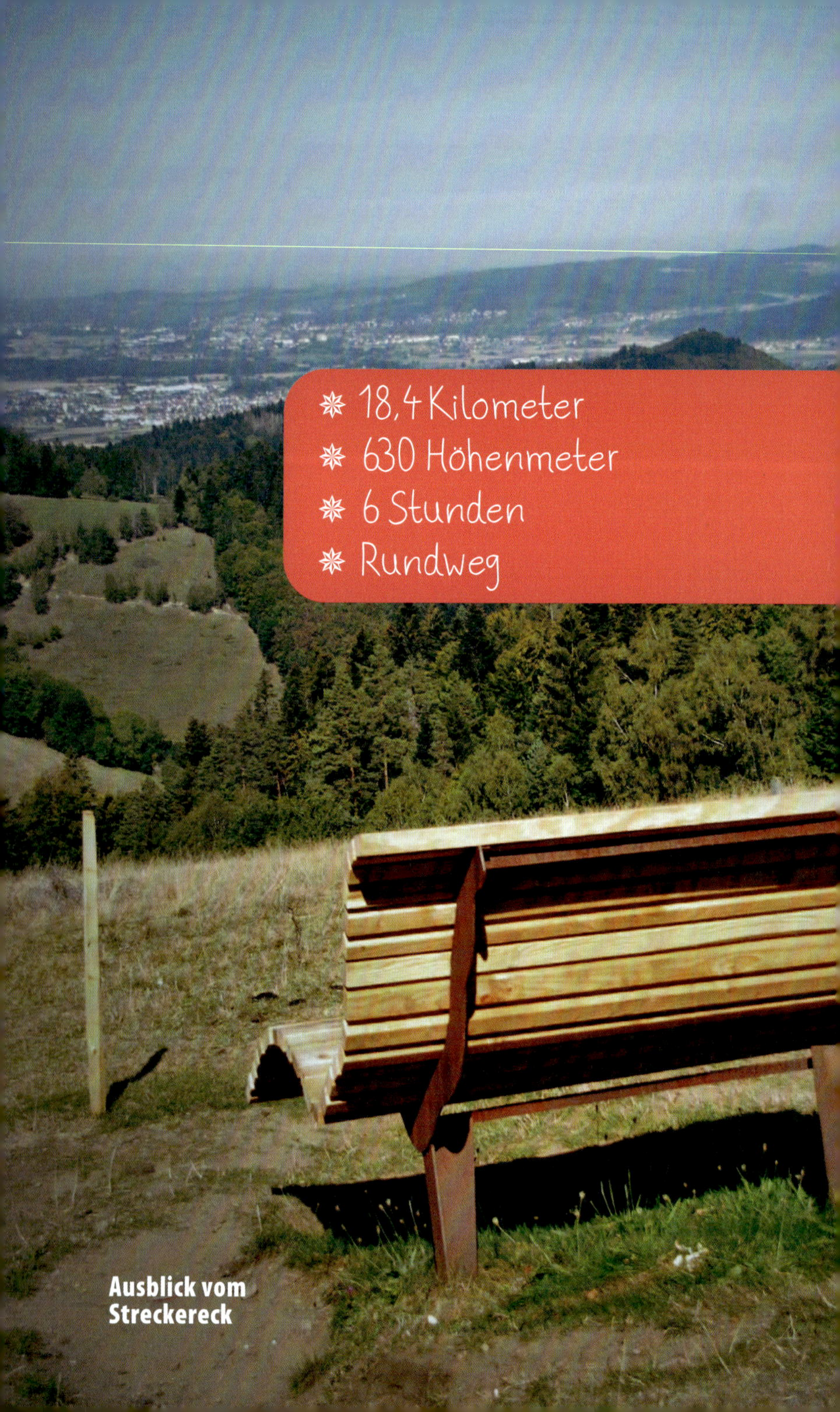

- 18,4 Kilometer
- 630 Höhenmeter
- 6 Stunden
- Rundweg

Ausblick vom Streckereck

Wir starten unsere Wanderung in **Wildtal.** Der kleine Ort gehört zwar zum nördlichen Gundelfingen, schließt aber direkt an den Freiburger Stadtteil Zähringen an. So können wir als Wanderer ruckzuck mit Straßenbahn und Bus anreisen. Autofahrer finden in der Nähe des Obermattenbades öffentliche

Himmlisch weit

Vom Wildtal zum Streckereck

Parkplätze. In beiden Fällen erreichen wir über den Gundelfinger Weg das Sträßlein **Im Rebberg** und biegen von hier aus links in den **Weiherweg** ab. Er führt uns an den Waldrand, wo wir den Wanderweg zum Leheneck finden – und einen schönen Blick bis zum Kaiserstuhl genießen: Der Totenkopf mit dem Fernmeldeturm ist deutlich zu sehen, rechts davon der Eichelbuck mit dem Aussichtsturm.

Zwischen Wald und Weinberg wandern wir bergauf, der Blick nach Süden reicht bis zum Schönberg und zur Schneeburg (siehe Tour 15) und vor uns taucht bald der **Rosskopf** auf, dessen bewaldeter Rücken vier Windräder trägt. Bald biegt unser Weg in den Wald hinein ab, an der großen Weggabelung wandern wir geradeaus. Am Wegrand stehen immer wieder alte Grenzsteine, sie markierten einst die Grenze zwischen Baden und Österreich, die hier zwischen Gundelfingen und Wildtal verlief. In einer Rechtskurve erreichen wir schließlich das freie Feld am **Leheneck.** Ein wunderschöner Fleck mit einer malerischen Aussicht über weite Wiesen und Äcker, nach Heuweiler und Wildtal, im Südwesten erken-

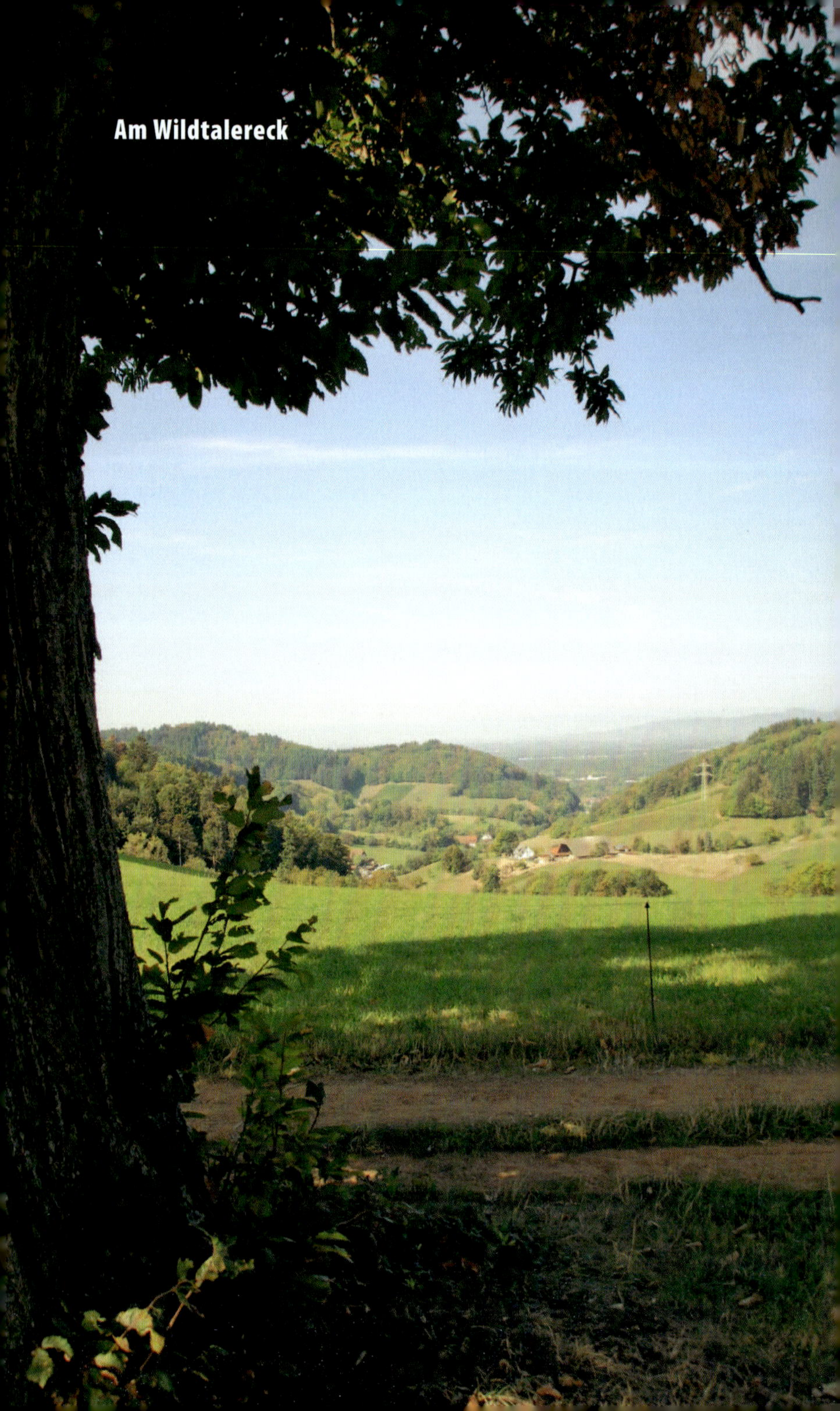

Am Wildtalereck

nen wir die Silhouette von Freiburg. Wir merken, wie nahe wir der Stadt eigentlich noch sind. Und trotzdem haben wir die Geschäftigkeit der Stadt weit hinter uns gelassen.

Vom Leheneck gehen wir geradeaus in Richtung Berghäusle, erreichen schnell den Wald und wandern an seinem Rand entlang. Zu unserer Linken

Für die Seele

Von der Höhenwiese am Streckereck reicht unser Blick über die Weite des Rheintals bis zum Vogesenkamm.

liegt nun Heuweiler, dahinter erkennen wir Denzlingen mit der Georg-Kirche, in der Ferne den Kandel. Im dichten Grün der Bäume zwitschern die Vögel, im Gebüsch raschelt es, ein Specht klopft. Unser kleiner Pfad schlängelt sich mal unter das Blätterdach der Buchen, mal sind wir am Rande der Wiesen unterwegs. Eine Bank lädt dazu ein, eine kleine Rast einzulegen und den Blick schweifen zu lassen. Von hier aus können wir sogar die Ruine der Hochburg Emmendingen erkennen. Dann geht es steil bergab. Wir müssen achtgeben, nicht auszurutschen, insbesondere wenn der Weg feucht ist. Wir erreichen die Weggabelung am **Berghäusle,** wo wir uns anhand der Schilder neu orientieren. Hier schlagen wir den Weg zum Wildtalereck ein, der zunächst durch den Wald führt. Bald aber treten wir erneut unter dem Blätterdach hervor und gehen oberhalb der Wiesen weiter – wieder mit Blick auf den Rosskopf mit seinen Windrädern.

Der Rosskopf mit einer Höhe von 737 Metern ist ein Paradies für Mountainbiker. Wanderer erreichen ihn über den Freiburger Schlossberg oder steigen vom Stadtteil Herdern hinauf zum Rossbergturm, der einen Blick bis zum Kaiserstuhl bietet.

Nun ist es nicht mehr weit zum **Wildtalereck** ❶. Ein herrlicher Wiesenweg bringt uns an den Aussichtspunkt, an dem eine wunderschöne alte Esskastanie steht. Ein Naturdenkmal ist sie – und ein echter Wohlfühlort. In ihrem Schatten setzen wir uns auf die Ruhebank und genießen den Blick das Schobbachtal hinab. Es ist gut, Kraft zu tanken, denn der Weg zum Streckereck ist steil. Am Waldrand angekommen, erkennen wir eine Schutzhütte, biegen aber schon zuvor links ab. Von nun an geht es in Serpentinen den Berg hinauf.

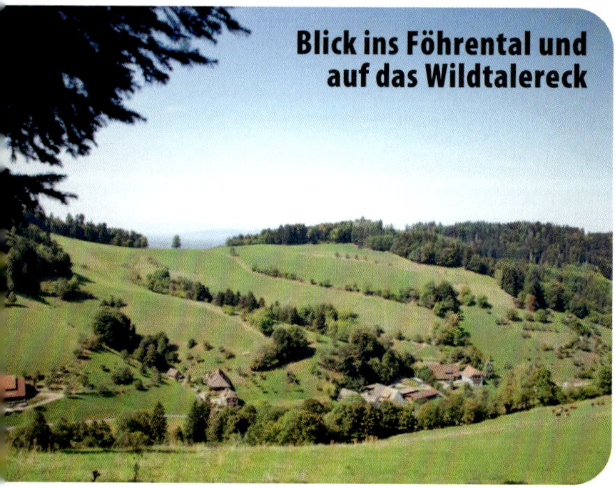
Blick ins Föhrental und auf das Wildtalereck

An der großen Weggabelung wählen wir den rechten Weg bergan. Gleich danach teilt sich der Weg erneut und wir nehmen den schmalen rechten Pfad, der mit der gelben Raute markiert ist. Es geht durch einen hellen Buchenwald. Das ist ein anstrengendes Stück, Äste liegen auf dem Weg, es kostet viel Kraft, darüber hinwegzusteigen. Wem dieser Pfad zu wild ist, der kann den Forstweg gehen, der linker Hand parallel verläuft.

Wir erreichen den **Kandel-Höhenweg,** der von Freiburg über den Gipfel des Kandels bis nach Oberkirch im Nordschwarzwald führt. Ihm folgen wir nun zum Streckereck. Und dieser Wegabschnitt ist wunderschön. Eng windet sich der Pfad durchs Dickicht der Bäume. Wo wir in die Sonne hinaustreten, schimmern die Gräser ringsum im Licht. An der großen Weggabelung folgen wir dem Kandel-Höhenweg noch ein Stück, bis wir auf der herrlichen Höhenwiese des **Streckerecks** ❷ angekommen sind. Der Blick ist fantastisch: Er reicht durch die gesamte Rheinebene bis in die fernen Vogesen. Ausgestreckt auf der Himmelsliege erholen wir uns von der Anstrengung des Weges. Uns erfüllt das stille Glück, den Gipfel erreicht zu haben.

Das Streckereck mit Grillstelle und Schutzhütte ist ein bei Wanderern und Mountainbikern gleichermaßen beliebter Fleck – insbesondere auch in den Abendstunden, wenn die untergehende Sonne die Wiesen und Wälder in goldenes Licht taucht.

Nun könnte man von hier aus auf einer nördlichen Runde ins Föhrental gelangen. Dieser Weg allerdings ist schlecht ausgeschildert und in keinem guten Zustand. Darum gehen wir zurück zur Weggabelung Streckereck und folgen dort der Beschilderung Föhrental. Der Weg führt uns durch den Wald zunächst zum **Weidberg** und dann erneut hinein in den Wald. Eng an den Hang geschmiegt windet er sich, die Sonne erreicht nur selten den Waldboden. Dann aber, wenn wir den Waldrand erreichen, öffnet sich uns erneut ein zauberhafter Blick. Unten im Tal liegen die Höfe von Oberföhrental und darüber thront die uns wohlbekannte Esskastanie am Wildtalereck. Ein wunderbarer Anblick, wie sich der Baum einsam und kraftvoll in den Himmel reckt. Nun wandern wir am Waldrand entlang. Irgendwann erreichen wir den Punkt, an dem unser Pfad scheinbar nur rechts in den Wald hinauf abbiegt. Wer genau hinsieht, erkennt aber die gelbe Raute,

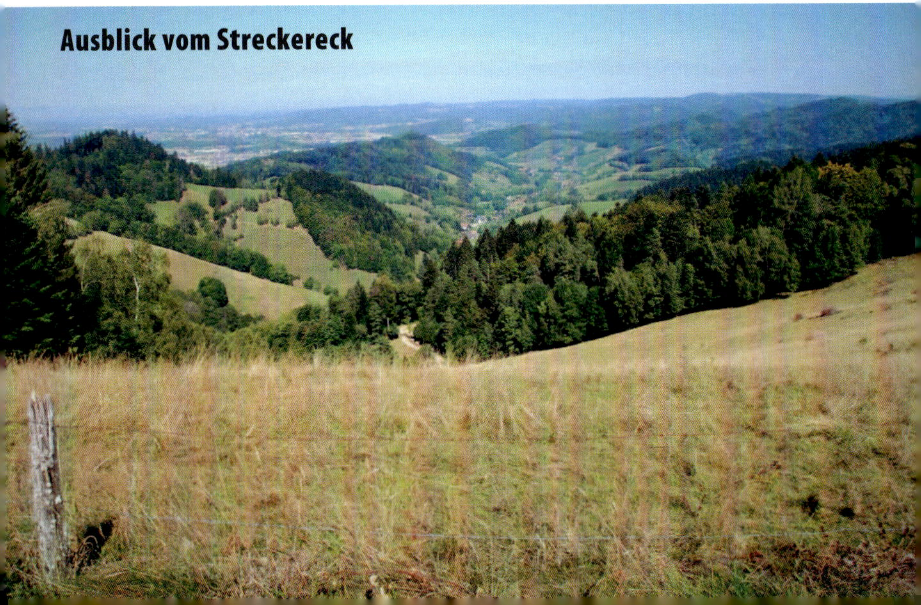
Ausblick vom Streckereck

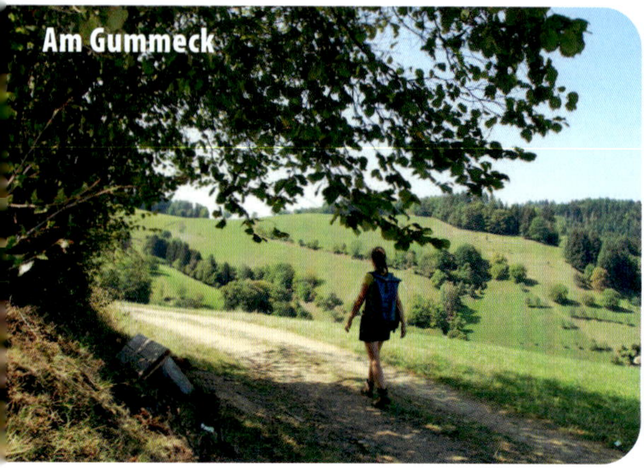
Am Gummeck

welche die Weide hinunterweist. Und das ist der Weg, den wir nun einschlagen. Je nachdem wie die Landwirte ihre Weidenzäune gesteckt haben, müssen wir hier über die Absperrung steigen. Wir folgen aber immer der gelben Raute und wandern nicht querfeldein.

Nun befinden wir uns auf den herrlichen Weiden von Föhrental (siehe Tour 2). Das Läuten von Kuhglocken klingt aus dem Tal herauf, ein paar Ziegen begrüßen uns neugierig über den Zaun hinweg, Silberdisteln wachsen am Wegrand. Es ist ein wirklich idyllisches Fleckchen Erde. Und obwohl wir schon einige Kilometer in den Beinen haben, fühlen wir uns beflügelt – so zauberhaft ist es hier.

Wir erreichen das **Gummeck** ③ und wählen hier erneut einen Weg über Wiesen und Weiden. Er führt – mit der gelben Raute gekennzeichnet – in nordwestlicher Richtung hinunter zum Würzburgerhof in Föhrental. Auch wenn wir manchmal den Eindruck haben, hier geht es nun wirklich nicht weiter, finden wir doch in den Weidezäunen immer einen Durchgang für Wanderer. An Kuhweiden und herrlichen Streuobstbäumen vorbei erreichen wir das Tal, überqueren die Straße und wandern gegenüber sogleich wieder hinauf zum **Wildtalereck.** Die Steigung hat es noch mal in sich. Oben angelangt aber haben wir es geschafft: Von nun an geht es nur noch bergab. Wieder schlendern wir unter dem Kastanienbaum hindurch und wandern auf dem vom Hinweg bekannten Wegabschnitt zurück in den Wald. Diesmal wählen wir die südliche Route und lassen den Wegpunkt Berghäusle rechts liegen. Der Weg führt uns an den Rebhängen des Weingu-

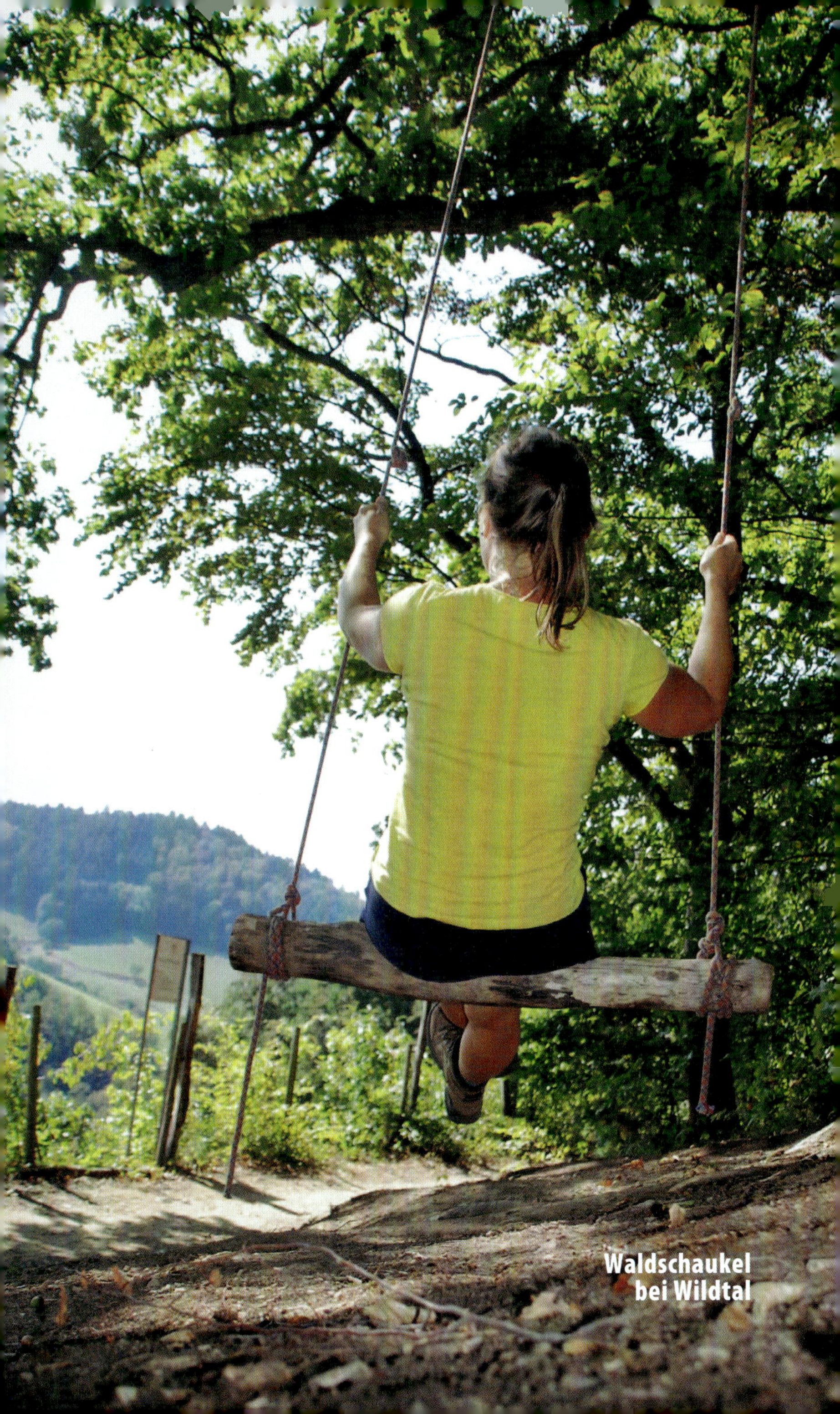

Waldschaukel
bei Wildtal

tes Kaltenbach vorbei zu einem ganz besonderen Kleinod – der **Waldschaukel** ❹. Ein kräftiger Ast, zwei Seile und ein starker Baum – mehr braucht es nicht für diesen kleinen Glücksort am Waldrand. Wir sitzen auf, lassen die Beine und die Seele baumeln – und fühlen uns beschwingt wie in Kindertagen.

Nun finden wir über den Abzweig Längenhardt und den **Leimenhof** den Weg zurück nach Wildtal – und haben uns eine Einkehr im **Restaurant Sonne** ❺ wirklich verdient. Das Restaurant mit badisch-französischer Küche serviert Feines für jeden Geschmack: von Wurstsalat und Schnitzel bis zu edlen Fischkreationen – unter anderem eine traumhafte Bouillabaisse. Auf der Sonnenterrasse am hübschen Dorfplatz genießen wir den wohlverdienten Feierabend.

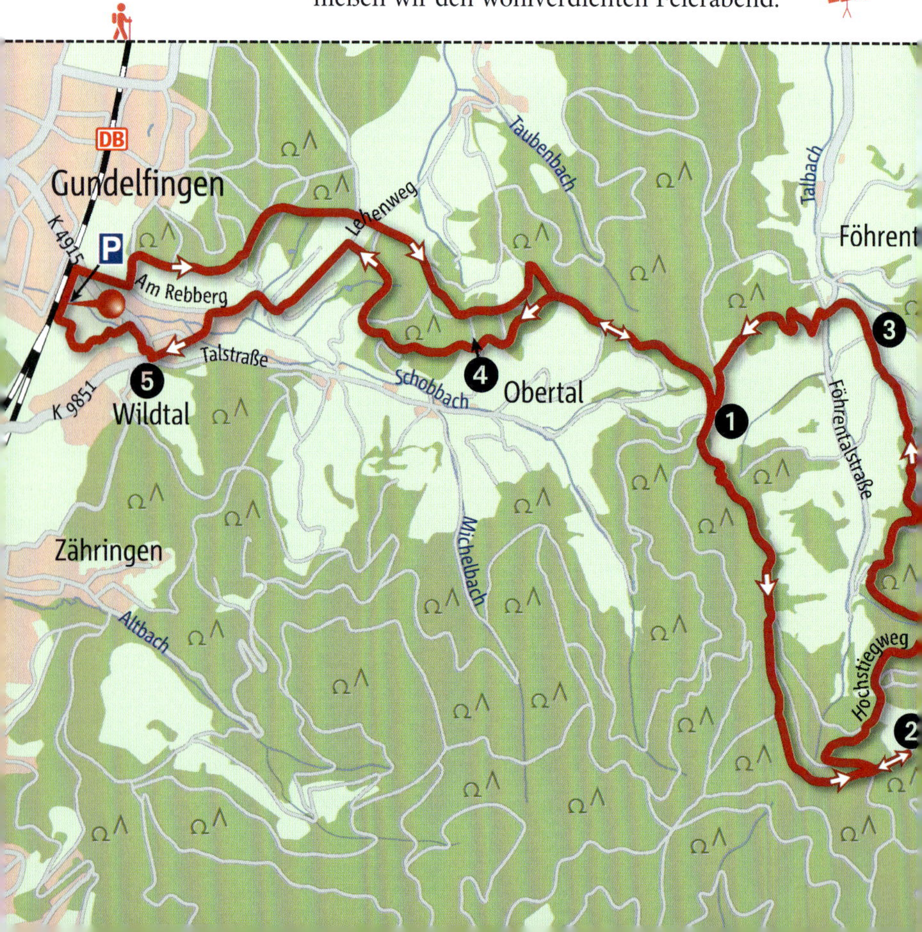

Alles auf einen Blick

WIE & WANN:
Schwere Wanderung über viele Höhenmeter, überwiegend gut begehbare Wege. Beste Wanderzeit von Mai bis Oktober. Tipp: Einen Tag mit guter Fernsicht wählen.

HIN & WEG:
Auto: Parkplatz Im Zollgarten, 79194 Gundelfingen (GPS: 48.03703671913395, 7.87121630172151)
ÖPNV: Straßenbahnlinie 4 bis Freiburg Berggasse, dann Bus 15 bis Wildtal Sonnenwiese

Entspannung ★☆☆☆☆
Genuss ★★★★★
Romantik ★★★★☆

ESSEN & ENTSPANNEN:
Restaurant Sonne Wildtal ❺ Talstraße 80, 79194 Gundelfingen,
Tel. (07 61) 61 25 70 60, www.sonnewildtal.com

ENTDECKEN & ERLEBEN:
Wildtalereck ❶
Streckereck ❷
Gummeck ❸
Waldschaukel ❹

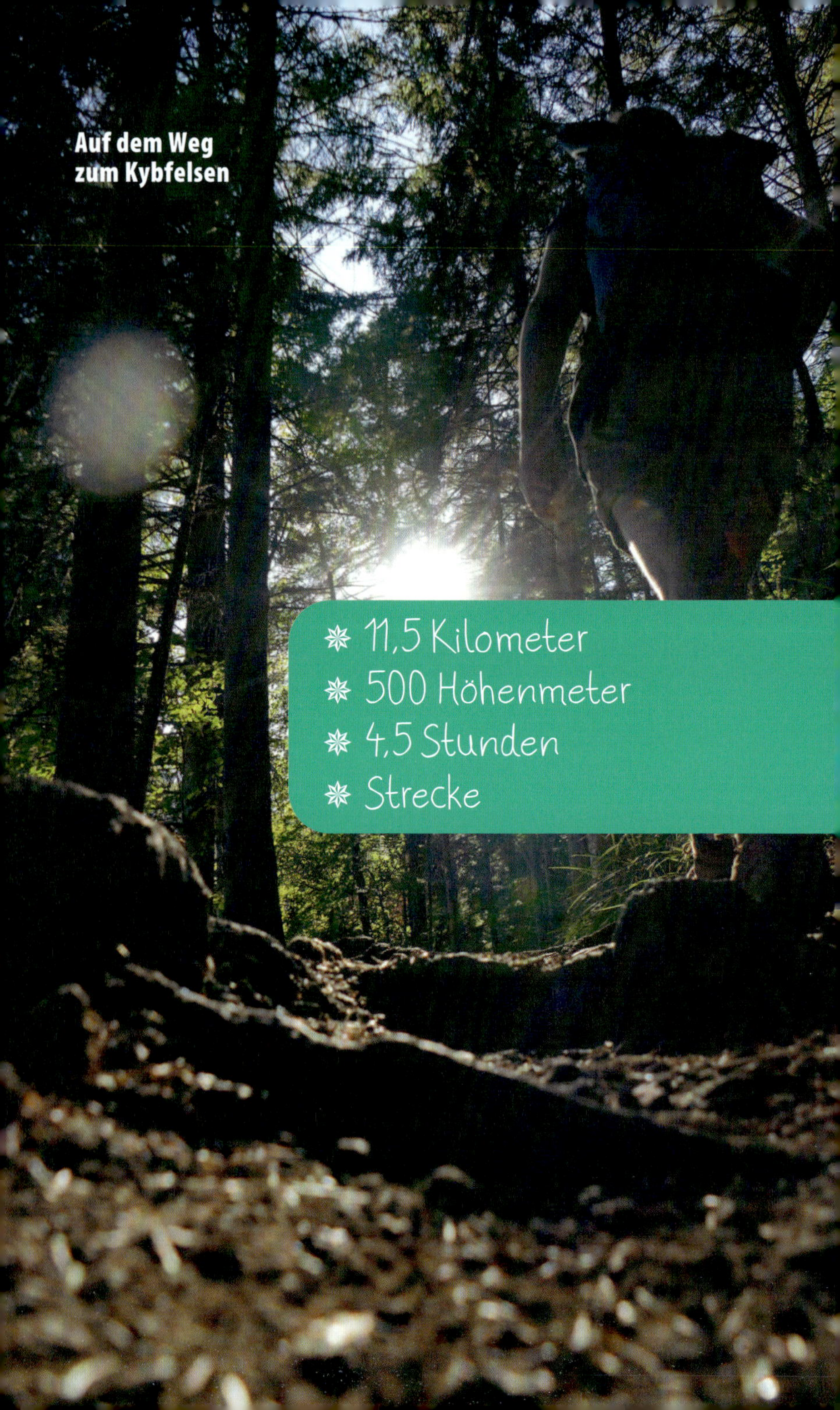

Auf dem Weg zum Kybfelsen

- 11,5 Kilometer
- 500 Höhenmeter
- 4,5 Stunden
- Strecke

Unsere Wanderung wird uns zu einigen der verträumtesten Orte von Freiburg führen. Aber wie das so ist: Solche Glücksorte offenbaren sich nicht einfach so. Wir werden viele Höhenmeter überwinden und einige Kraftreserven mobilisieren müssen, um diese besonderen Oasen im Wald zu erreichen. Los geht es am **Waldsee 1**, einem Naturparadies am Rande des gleichnamigen Stadtteils. Wer mit der Straßenbahn anreist, entdeckt an der Haltestelle Musikhochschule schon den Wegweiser zum See. Autofahrer finden an der Waldseestraße einen Parkplatz. Und von hier aus sind es nur ein paar Meter zu dem idyllischen See. Im Sommer zieht ein Bootsverleih die Freiburger hierher, in kalten Wintern kann man mit Schlittschuhen seine

Märchenhaft

Vom Waldsee nach St. Valentin

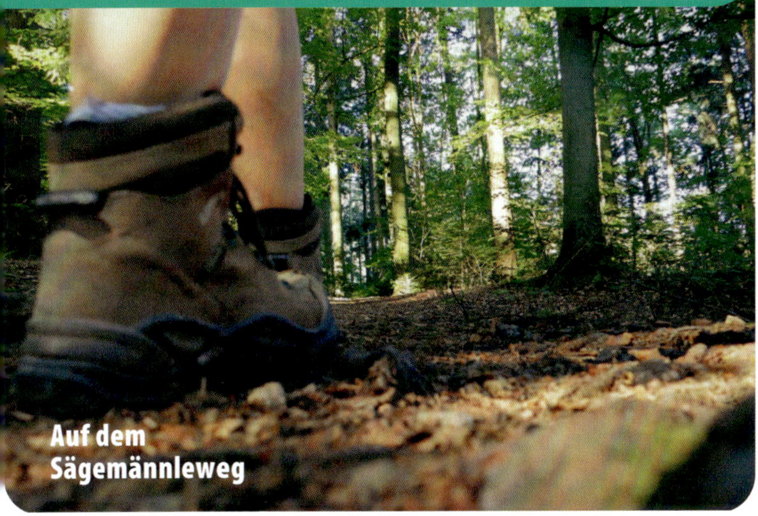

Auf dem Sägemännleweg

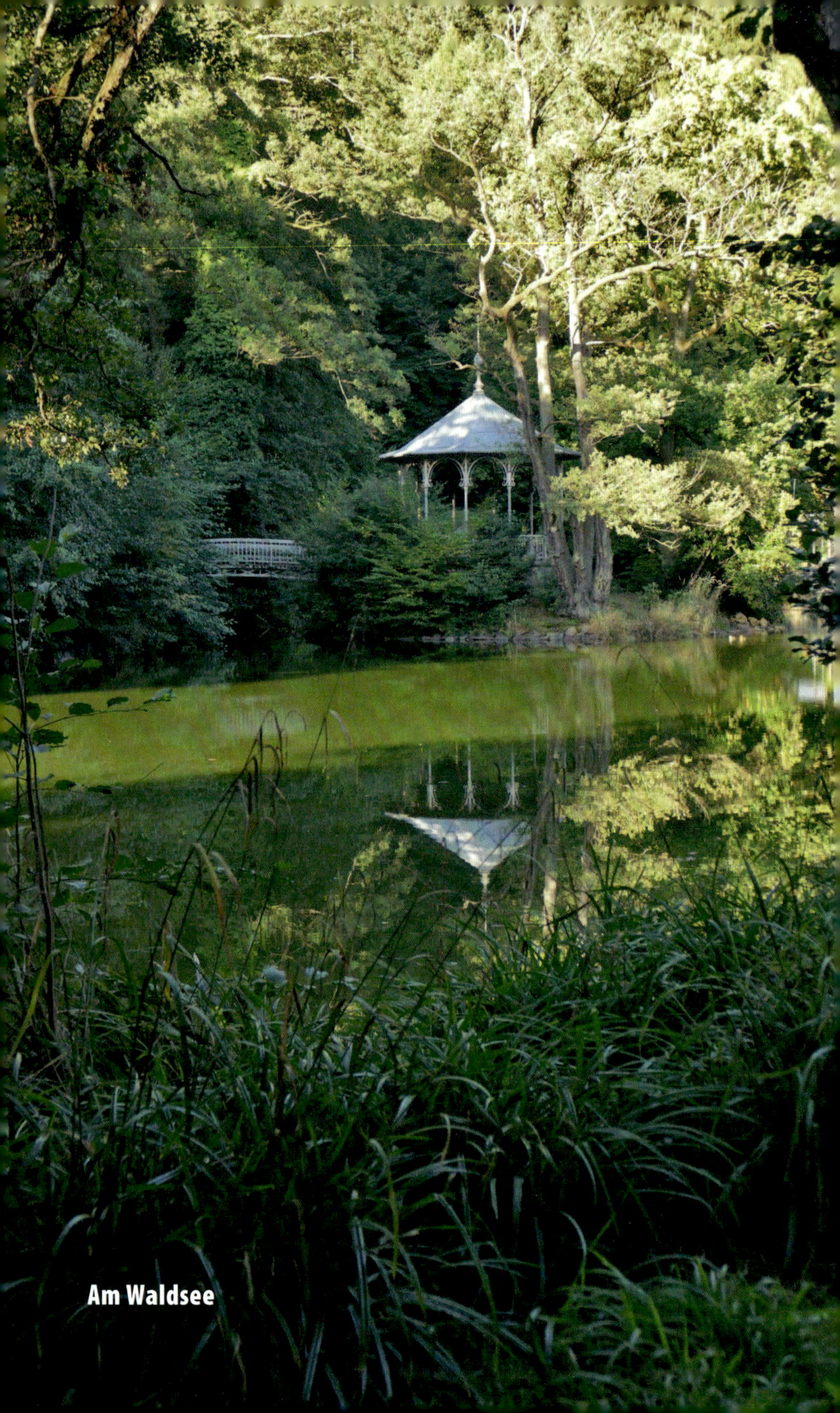

Am Waldsee

Runden über den gefrorenen See ziehen. Und ganzjährig lockt das **Restaurant Waldsee** 2 mit feinen Speisen und Konzerten an den Stadtrand. Wir wandern am Nordufer des Sees entlang, von wo wir einen schönen Blick über die Wasseroberfläche und hinüber zu dem hübschen Pavillon haben. Eigentlich ein herrlicher Ort zum Verweilen; weil wir aber noch einige Kilometer vor uns haben, gehen wir rasch zum Ende des Sees. Dort finden wir an den Bäumen die Schilder mit der gelben Raute und folgen ihnen auf einen breiten Waldweg, der uns nach Osten führt. Wir stoßen auf eine Wegkreuzung und steigen von hier aus den **Schützenhausweg** hinauf. An der nächsten Gabelung biegen wir

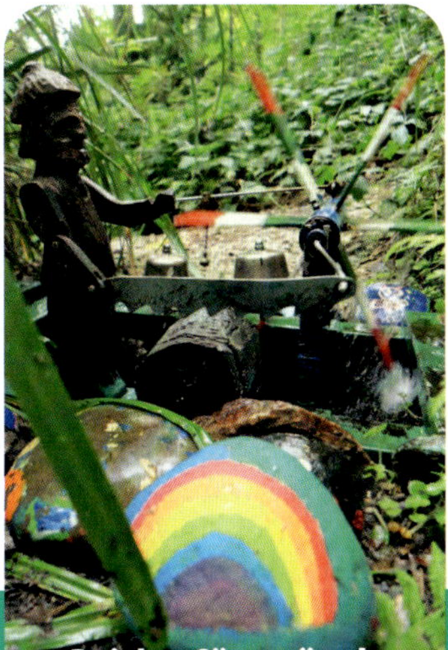
Bei den Sägemännle

Für die Seele

Vom Waldsee wandern wir auf steilen Pfaden hinauf zum Kybfelsen und belohnen uns nach dem Abstieg mit einem feinen Essen im Waldrestaurant St. Valentin.

nach links auf den **Engländerweg** ab und tauchen erneut ganz in den Wald ein. Richtig steil und anstrengend ist dieses Stück. Sobald wir aber den **Sägemännleweg** erreichen, können wir durchatmen. Eine imposante geschnitzte Holzfigur weist uns nach rechts auf einen schönen Waldpfad. Wir steigen über Wurzeln, freuen uns am frischen Grün der Bäume und lauschen dem Vogelgezwitscher. Und irgendwann erreicht noch ein anderes Geräusch unser Ohr. „Bingbingbing", klingt es durch den Wald. Bingbingbing. Zwischen Farnen und Gräsern entdecken wir sie schließlich: die drei kleinen **Sägemännle** 3, die im Wald unermüdlich ihre Arbeit tun. Die Kraft eines Baches treibt ein Wasserrad an, lässt die Männchen ihre Säge bewegen und

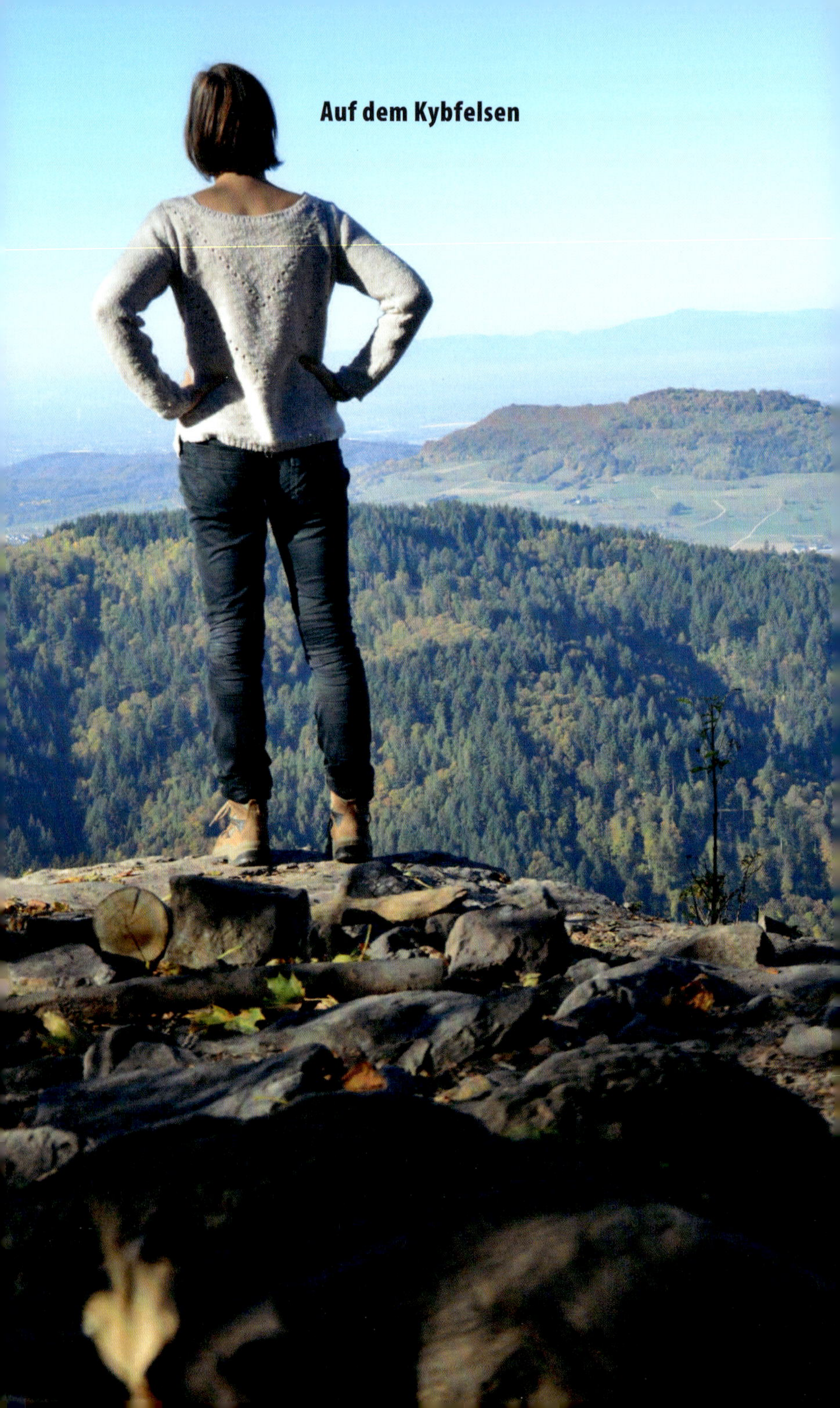

Auf dem Kybfelsen

gleichzeitig das helle Glöckchen erklingen. Eingefangen vom leisen Zauber dieses Ortes lassen wir uns auf der Bank nieder und lauschen in den Wald hinein. Seit mehr als 50 Jahren stehen die liebenswerten Männlein hier am Bach. Der Zahn der Zeit nagt an ihnen, jedoch finden sich immer wieder Liebhaber, die die fleißigen Sägemännle hegen und instand setzen.

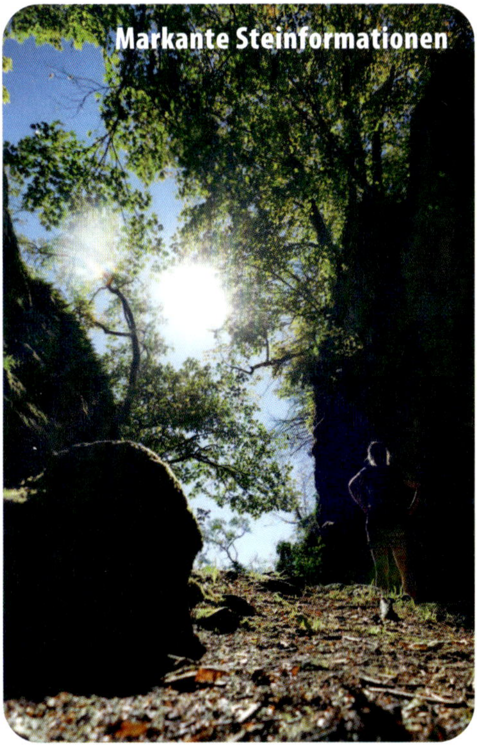
Markante Steinformationen

Auf weichem, nadelbedecktem Waldboden geht es weiter nach Westen. Der urige Sägemännleweg endet bald auf dem **Schützenhausweg,** dem wir nun linker Hand folgen. Jetzt müssen wir gut achtgeben, um nach etwa 400 Metern die Abzweigung auf einen schmalen Pfad nach links nicht zu verpassen. Die gelbe Raute versteckt sich ein wenig im Laub der Bäume. Ihr folgen wir auf traumhaften Waldpfaden und erreichen über das Schererbrünnele und die Schererbank den Wegpunkt „Über dem Ochsenlager". Inzwischen haben wir eine Höhe erreicht, die uns zwischen den Bäumen immer wieder eine weite Aussicht hinunter ins Dreisamtal und hinüber zum Rosskopf mit seinen Windrädern ermöglicht. Vom Ochsenlager steigen wir bergauf und kommen auf dem **Kybfelsensattel** heraus. Jetzt sind es nur noch 600 Meter bis zum Kybfelsen selbst. Der Wanderweg zieht sich gemächlich die letzten Höhenmeter hinauf.

Und dann stehen wir plötzlich vor den markanten Felsen aus Gneis, die fast wie eine Burganlage vor uns in die Höhe ragen. Im Mittelalter stand auf dem **Kybfelsen** ❹ tatsächlich eine Burg, wenige Mauerreste sind heute zu entdecken. Umso beindruckender aber sind

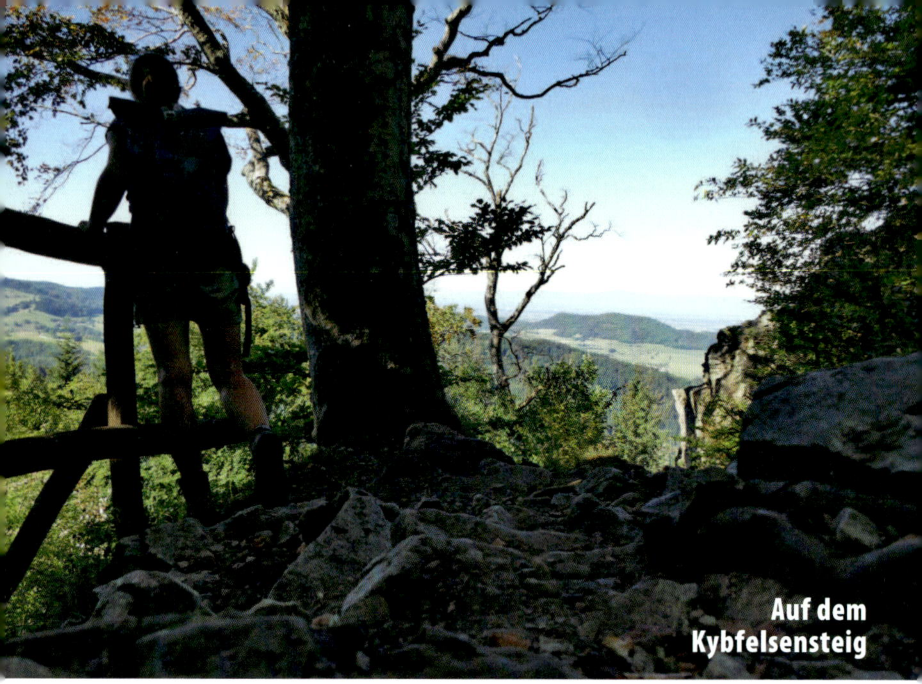

Auf dem Kybfelsensteig

die Steinformationen, die hier zutage treten. Wir bestaunen zunächst die gespaltenen Felsen, die den Blick nach Osten freigeben. Dann steigen wir die letzten Meter zum Plateau hinauf. Geschafft! Auf 820 Metern über dem Meer tut sich vor uns ein beeindruckendes Panorama auf: hinunter in die Stadt, hinüber auf die Schwarzwaldausläufer südlich von Freiburg und an klaren Tagen bis in die Vogesen. An den Wochenenden wimmelt es auf dem Kybfelsen bisweilen vor Wanderern und Mountainbikern. Wer unter der Woche und früh am Morgen vom Waldsee aus startet, hat die Holzliege mit etwas Glück ganz für sich allein.

Beflügelt von diesem erhabenen Ausblick machen wir uns auf den Weg hinunter nach Günterstal. Und der Weg bergab auf dem Kybfelsensteig ist nicht weniger atemberaubend. Immer wieder halten wir inne, um die Aussicht zu genießen. Felsformationen, Wurzelwerk und urige Baumstämme am Wegrand ziehen unsere Blicke auf sich. Trotz dieser Ablenkung sollten wir unsere Füße vorsichtig setzen: Der Weg ist steinig und steil. Auch dem schmalen Pfad erreichen wir den **Rastplatz Sohlacker,** wo ein Brunnen, eine Grillstelle und eine schöne Aussicht zum Rasten einladen. Wir halten uns nicht lange auf, wollen wir uns doch im Waldrestaurant St. Valentin von den Strapazen der Wanderung erholen. Dorthin führen vom Sohlacker zwei Wege. Wir folgen dem Wegweiser, auf dem auch der Stadtteil Wiehre angekündigt ist und der uns zunächst auf einem Forstweg nach Norden führt. Nach etwa 800 Metern biegen wir von diesem breiten Weg nach links auf einen schmalen Pfad ab, der uns am Hang entlang dem Tal entgegenführt. In regelmäßigen Abständen geben die Bäume den Blick nach Westen hin frei und wir schauen weit ins Rheintal hinein. Über Stock und Stein erreichen wir schließlich die letzte Oase unserer Tour, das **Waldrestaurant St. Valentin ⑤**. Während wir uns langsam nähern, hören wir schon das Stimmengewirr von der Gartenterrasse. Hier lassen wir uns im Schatten der hohen Bäume nieder, genießen ein erfrischendes Radler und wählen aus der reichhaltigen Speisekarte. Die reicht von den berühmten Valentiner Pfannkuchen über viele Fleischgerichte und herzhafte Käsespätzle bis zu den feinen Gnocchi Santa Valentina mit frischen Tomaten, Mozzarella und Basilikum.

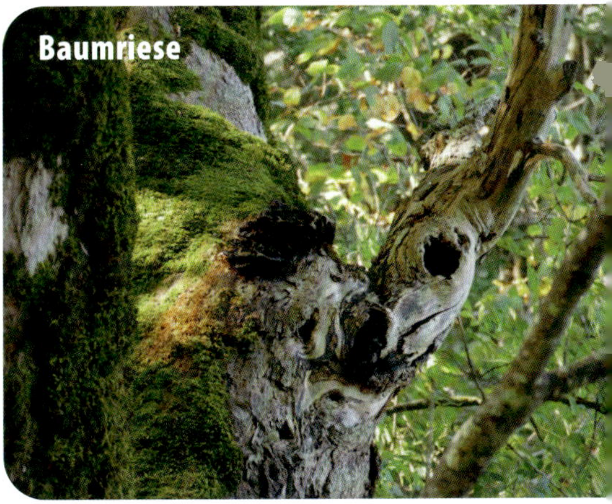

Baumriese

Schon seit Jahrhunderten werden im Wald oberhalb von Günterstal Wanderer bewirtet: Früher verpflegten Waldbrüder hier Pilger, die die kleine Kapelle besuchten. Sie war dem heiligen Valentin gewidmet, der trotz kaiserlichen Verbots Liebende traute und dafür mit dem Tod bezahlen musste. Die Kapelle steht nicht mehr, dafür der Gastraum im denkmalgeschützten 400 Jahre alten Gebäude – der bei kühlerem Wetter ein herrlicher Ort ist, um sich aufzuwärmen und verwöhnen zu lassen. Dann sollte man unbedingt im Voraus ei-

Die ehemalige Klosteranlage der Zisterzienserinnen, gegründet im 13. Jahrhundert, bildet den Mittelpunkt von Günterstal. Von den Bauten, die ab 1728 errichtet wurden, ist nur noch ein kleiner Teil erhalten. 1829 beschädigte ein Brand Kloster und Klosterkirche so schwer, dass auch die Barockausstattung der Kirche fast komplett zerstört wurde.

nen Tisch reservieren, denn der Gastraum ist klein und der Ansturm oft groß.

Nach einer ausgedehnten Pause machen wir uns auf die letzte Etappe unserer Wanderung, die uns hinunter nach **Günterstal** führt. Am kleinen Parkplatz unterhalb von St. Valentin führt rechts ein Weg in den Wald, der bald darauf den Ortsrand erreicht. Über die Riedbergstraße und die Kuenzersteige erreichen wir die Dorfstraße. Wir können nun direkt an der Endhaltestelle der Straßenbahnlinie 2 in die Tram zurück in die Stadt fahren. Oder wir schlendern noch durch den historischen Ortskern von Günterstal, vorbei an der **Liebfrauenkirche** und dem ehemaligen **Zisterzienserkloster** (siehe Tour 6) und steigen am Klosterplatz in die Straßenbahn Richtung Innenstadt.

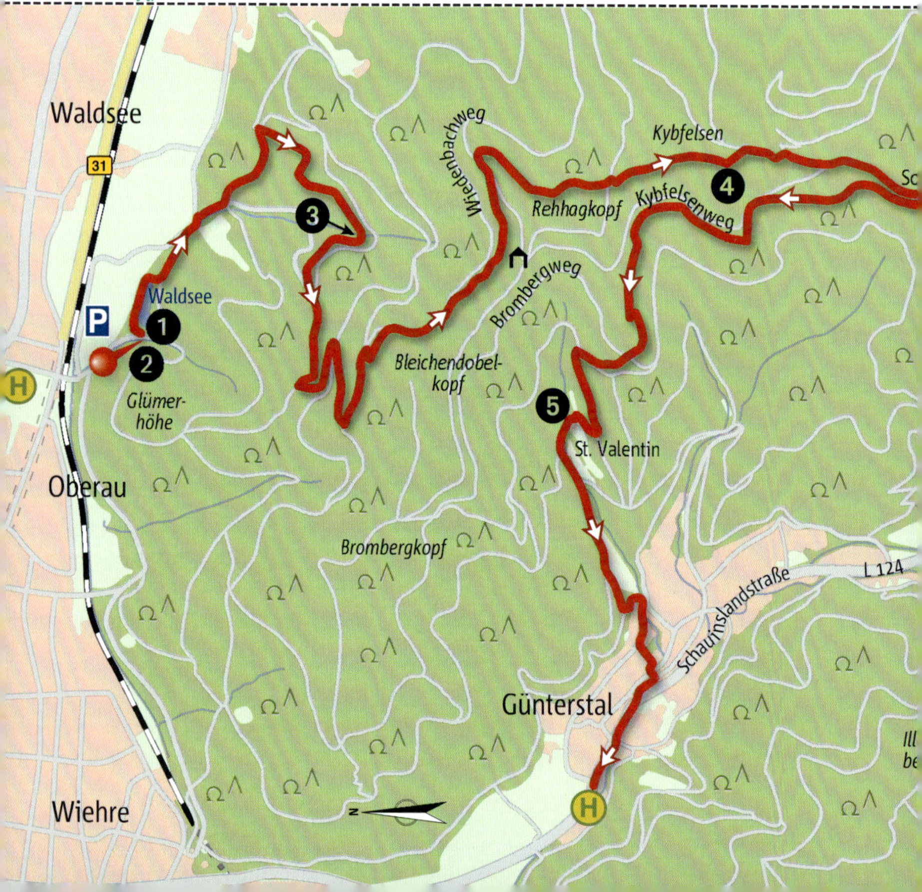

Alles auf einen Blick

WIE & WANN:
Schwere Tour, die größtenteils auf schmalen, zum Teil steilen Pfaden verläuft.
Beste Wanderzeit von April bis Oktober. Da der Kybfelsen ein beliebtes Ziel von Wanderern und Mountainbikern ist, bietet sich ein Aufstieg unter der Woche an, wenn weniger los ist.

HIN & WEG:
Auto: Parkplatz an der Waldseestraße, 79117 Freiburg
(GPS: 47.98449460796532, 7.874268000043451)
ÖPNV: Straßenbahnlinie 1 bis Musikhochschule

ESSEN & ENTSPANNEN:
Restaurant Waldsee ❷ Waldseestraße 84, 79117 Freiburg im Breisgau,
Tel. (07 61) 7 36 88, www.waldsee-freiburg.de
Waldrestaurant St. Valentin ❺ Valentinstraße 100, 79100 Freiburg im Breisgau,
Tel. (07 61) 7 07 77 48, www.sanktvalentin.eu

Entspannung ✱✱✱✱✱
Genuss ✱✱✱✱✱
Romantik ✱✱✱✱✱

ENTDECKEN & ERLEBEN:
Waldsee ❶
Sägemännle ❸
Kybfelsen ❹

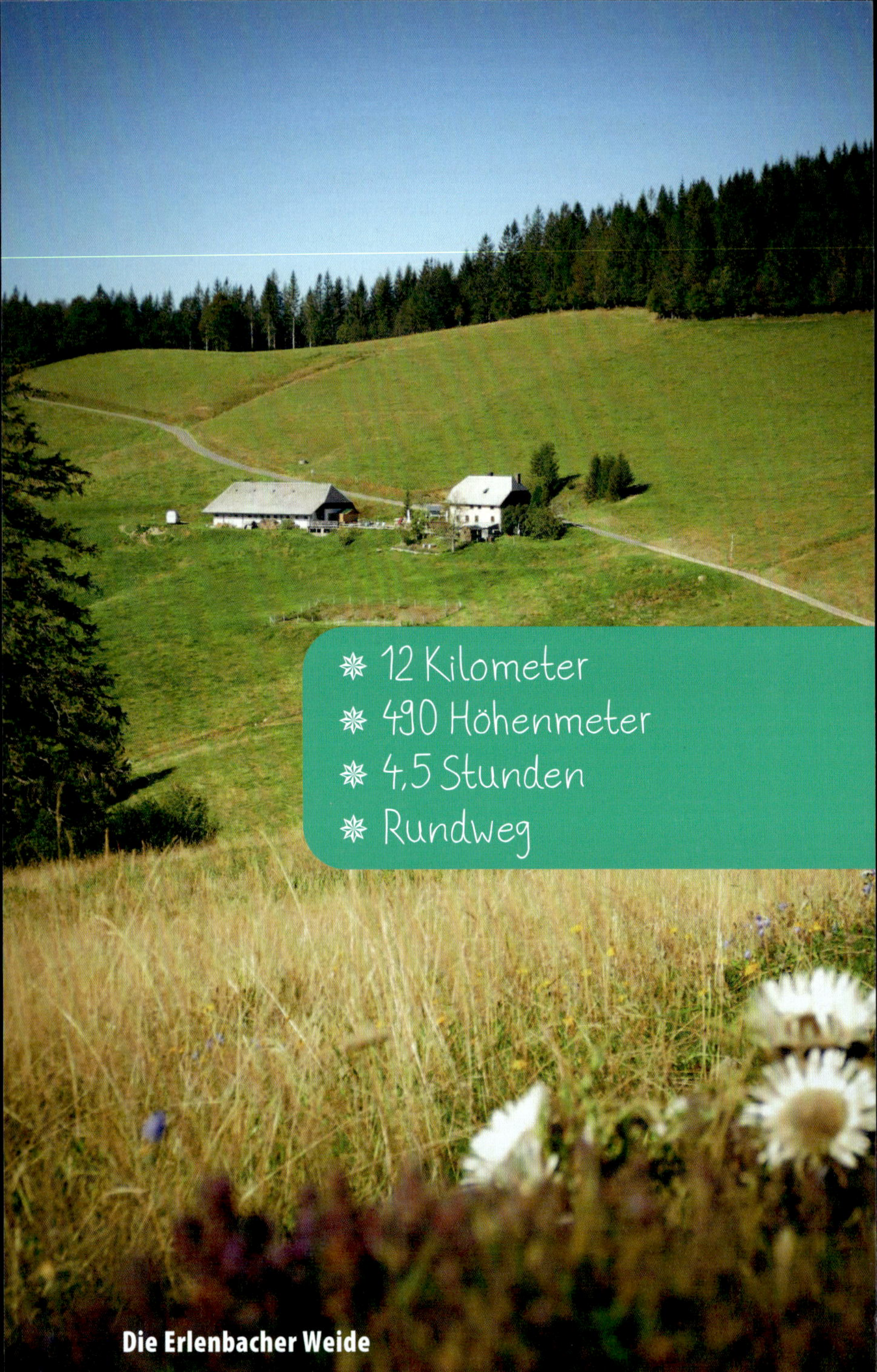

Die Erlenbacher Weide

Schwarzwald pur

Hinauf zur Stollenbacher Hütte

Das Läuten der Kuhglocken begrüßt uns schon am Startpunkt der Tour – und wird uns auf der gesamten Wanderung begleiten. Gar nicht weit von Freiburg entfernt erleben wir hier bei Oberried eine Ruhe und Naturnähe, die in der Stadt kaum vorstellbar scheint. Am alten **Schulhaus von St. Wilhelm** geht es los. Wir folgen dem rauschenden Talbach flussaufwärts und orientieren uns an den Schildern Richtung **Holzmacherhäusle** und Napf. Am Waldrand entlang wandern wir Richtung Südwesten – und können immer wieder die Höhen des Feldbergs vor uns entdecken. Bald erreichen wir den Abzweig zur Erlenbacher Hütte, wir bleiben aber auf unserem schmalen Waldpfad.

Am Schulhaus von St. Wilhelm beginnt auch ein Wildnis-Erlebnispfad für Kinder, der auf den Spuren von Fuchs und Luchs in die „Urwälder von morgen" führt. Der Rundweg ist knapp 5 Kilometer lang.

Enorme Felsbrocken liegen verstreut im Wald – als hätte eine Riese hier Würfel gespielt. Über uns erkennen wir die mächtige Felswand, von der die kantigen Brocken einst abgebrochen sein müssen. Wir überqueren auf einer Holzbrücke das Erlenbächle und erhaschen zwischen den Bäumen immer wieder einen Blick in das hinreißende St. Wilhelmer Tal mit seinen saftigen grünen Weiden. Schließlich betreten wir den **Bannwald 1**. Ungestört von menschlichen Eingriffen soll sich hier der „Urwald von morgen" entwickeln. Umgestürzte Bäume und herabgerutschte Steine verteilen sich im Wald, das Moos hat dicke Polster über ihnen ausgebreitet. Wir sind in der Kernzone des Biosphärengebietes Schwarzwald – geschaffen, um die einzigartige Kulturlandschaft mit großen Weide-

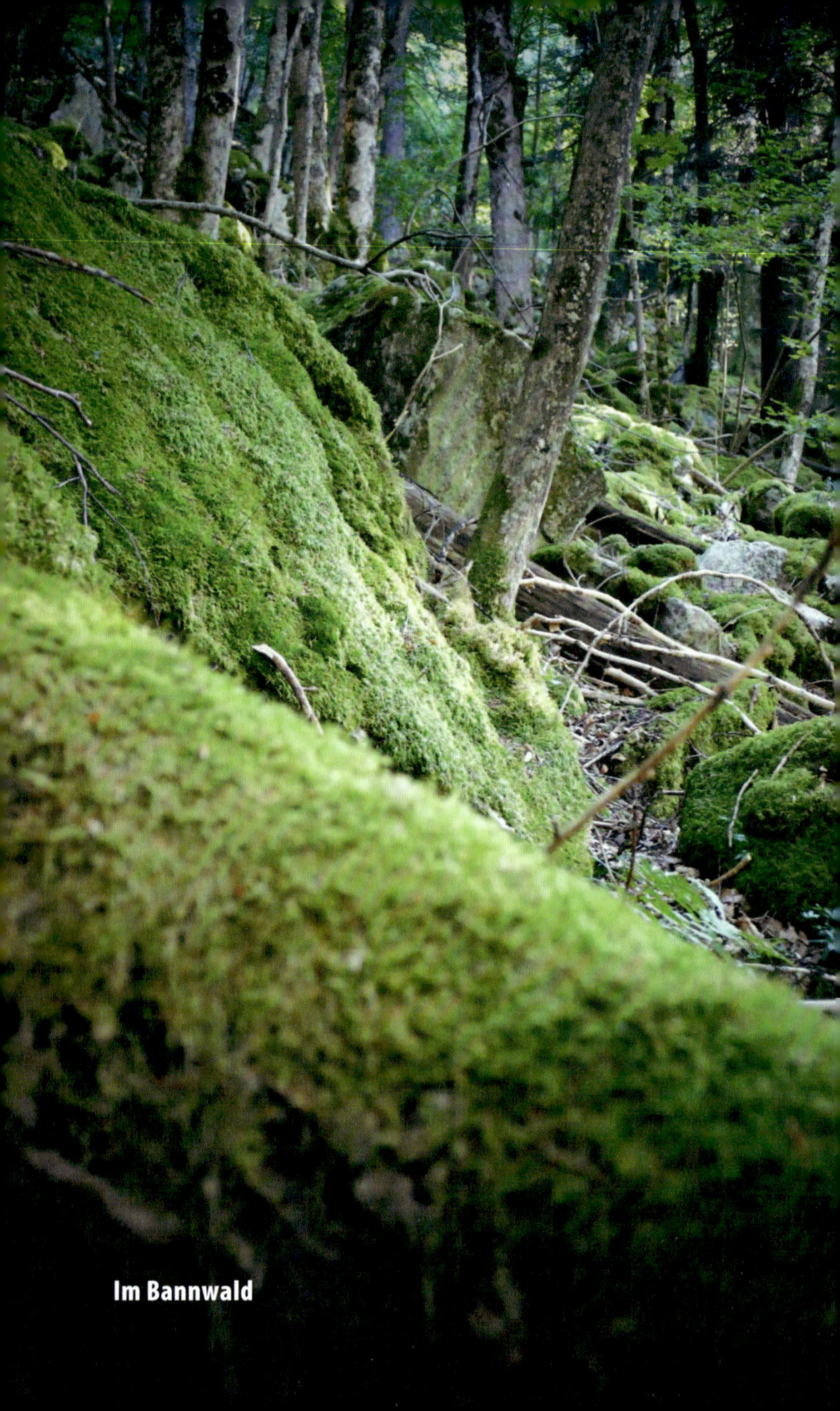

Im Bannwald

flächen, Mooren, Felsen, unterschiedlichsten Wäldern und Fließgewässern zu schützen.

Am **Wegpunkt „Napf"** endet der schmale Pfad auf einer Forststraße. Würden wir rechts abbiegen, wären wir nach wenigen Metern am **Gasthaus zur Linde** ❷. Die Linde ist ein echter Geheimtipp: Familie Lorenz serviert in gemütlicher Atmosphäre hervorragende badische Küche.

Noch wollen wir keine Pause einlegen, sondern wandern weiter in Richtung Ibenfelsen und Erlenbacher Hütte. Nach 500 Metern erreichen wir die **Napfmatte,** und steigen hier den steilen Pfad zum Ibenfelsen hinauf. Unterhalb des Felsens treffen wir wieder auf einen breiteren Wanderweg und folgen ihm nach links. Er zieht sich sacht ansteigend den Berg hinauf,

Für die Seele

Wilder Bannwald, traumhafte Hochweiden und eine Hütteneinkehr – diese Tour verwöhnt uns mit dem Schönsten, was der Schwarzwald zu bieten hat.

wir überqueren den Schwarzenbach und passieren einige Bienenstöcke, deren emsige Bewohnerinnen auf den Blüten am Wegrand fleißig Nektar sammeln. Irgendwann geben die Bäume den Blick frei auf eine umwerfende **Aussicht auf den Schauinsland** mit dem Aussichtsturm und die Gemeinde Hofsgrund.

Nun müssen wir noch einmal eine kräftigere Steigung überwinden. Dann aber erreichen wir eine der schönsten Strecken des Schwarzwalds: den herrlichen Weideweg unterhalb des Toten Manns hin zur **Stollenbacher Weide** ❸. Durch ein Weidegatter treten wir ein in das Naturschutzgebiet Feldberg, hier sind wir nur noch gute 5 Kilometer vom höchsten Berg des Schwarzwalds entfernt. Linker Hand ist in der Ferne

Laut der Legende zum Toten Mann soll ein Holzhauer, der allein im Wald bei der Stollenbacher Hütte arbeitete, sich die Hand so in einem Spalt seines Klotzes eingeklemmt haben, dass er sie nicht mehr herausbrachte. Er sei verhungert und verdurstet, man fand ihn erst nach langer Zeit. Seither sagte man unten im Tal „droben beim Toten Mann".

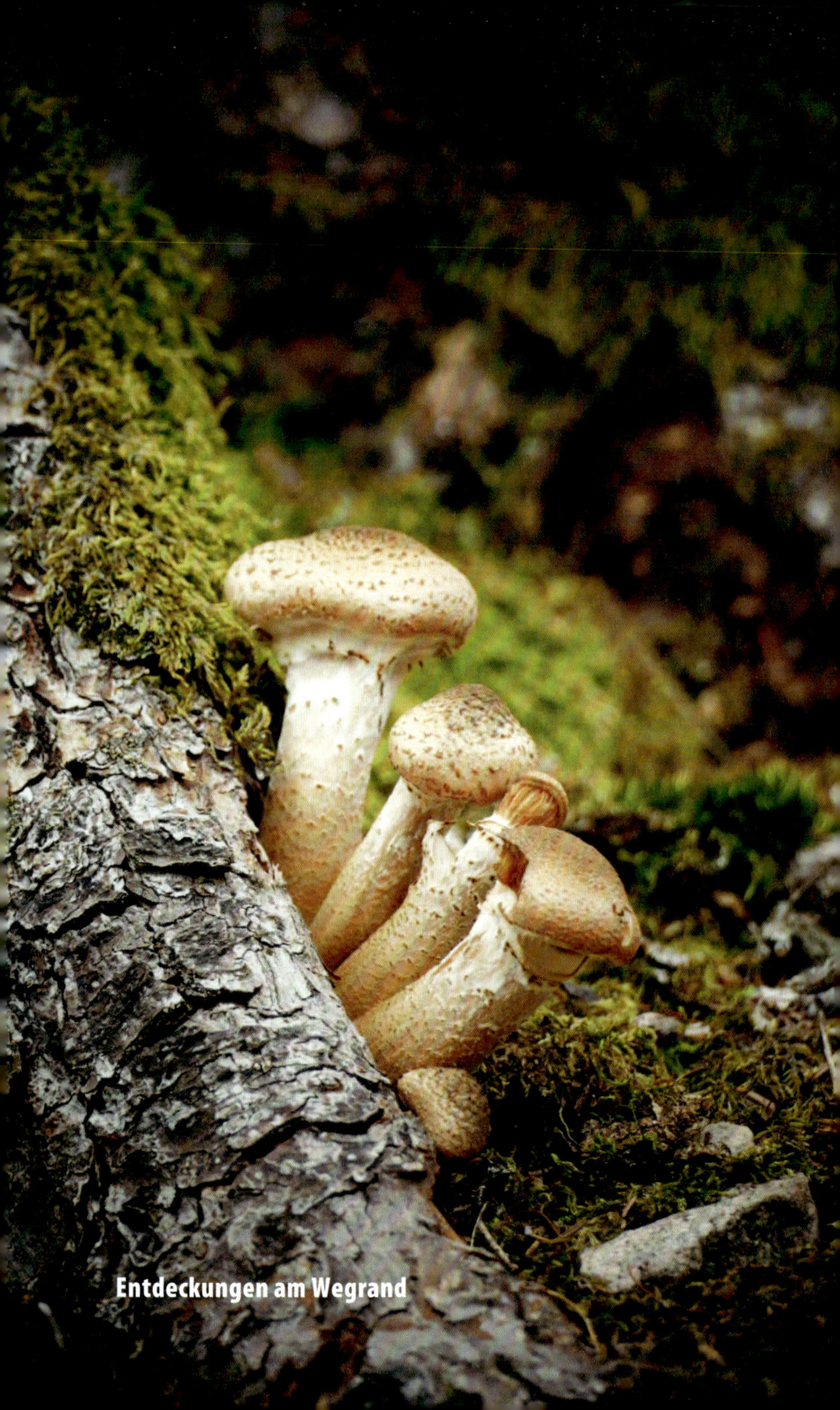

Entdeckungen am Wegrand

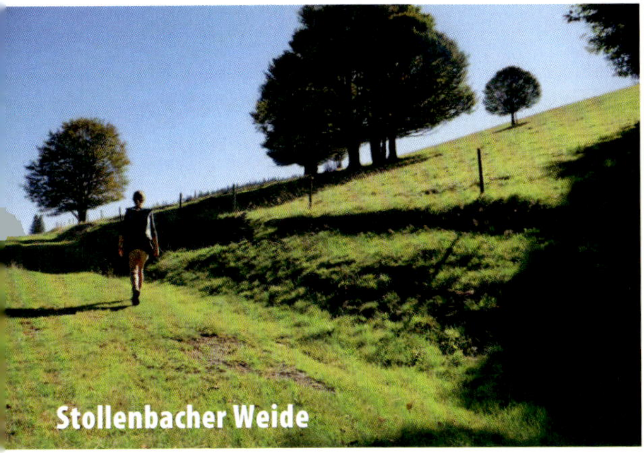

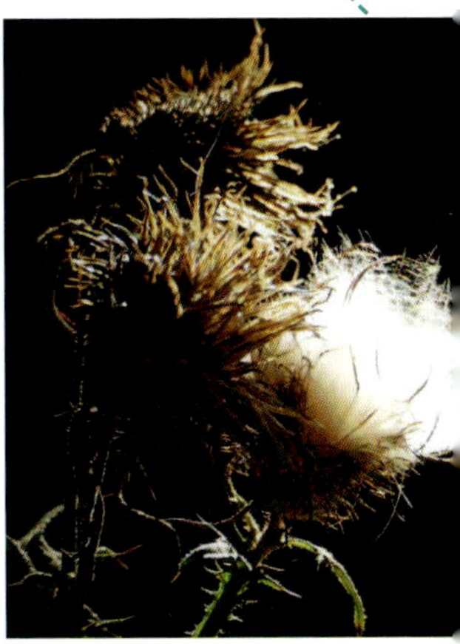

schon die Erlenbacher Hütte zu erkennen, davor erstreckt sich das Weideland, Kuhglockengeläut dringt zu uns heran.

Und diese Landschaft beherbergt eine Vielzahl besonderer Pflanzen. Im Sommer strahlen die leuchtend gelben Blüten der Arnika mit der Sonne um die Wette, dazwischen verteilen sich die feinen weißen Blüten der Bärwurz. Und wir entdecken eine schier endlose Zahl an Silberdisteln, deren große Blüten sich aus dem niederen Gras emporstrecken. Sie fühlen sich auf der Bergweide besonders wohl – und kommen auch mit den tierischen Bewohnern gut zurecht: Kühe fressen die Silberdistel nämlich nicht. Eine weitere Besonderheit sind die Sickerquellen – am Wegrand immer wieder gut zu erkennen. In diesen sumpfigen Bereichen gedeihen Hahnenfuß, Knabenkraut und Sumpfbaldrian.

Die Landschaft mit ihrer besonderen Flora ist geprägt durch die extensive Weidehaltung. Schon seit Jahrhunderten bringen Bauern aus den Tälern ihre Tiere hier herauf. Zu jener Zeit, als viele Familien Vieh hatten, reichten die Weideflächen im Tal nicht für alle Tiere. Jungvieh, das noch keine Milch gibt, kam darum über den Sommer auf die Hochweiden – und legte kräftig an Gewicht zu. Bis heute wird die Tradition

Die Silberdistel gehört zu den gefährdeten Arten und ist in Deutschland gesetzlich geschützt. Sie blüht von Juni bis Oktober. Bei Sonnenschein öffnet sie die Blüten, bei Regen verschließt sie sich.

der Sommerweide aufrechterhalten. Landwirte aus Oberried und Umgebung schicken ihre Tiere den Sommer über hier herauf. Die Wirte der Stollenbacher und der Erlenbacher Hütte kümmern sich neben der Bewirtung der Gäste auch um die Tiere der Weidegemeinschaften. Und die Tiere leisten ihren Beitrag zum Erhalt der typischen Schwarzwaldlandschaft, indem sie die Hochweiden offenhalten.

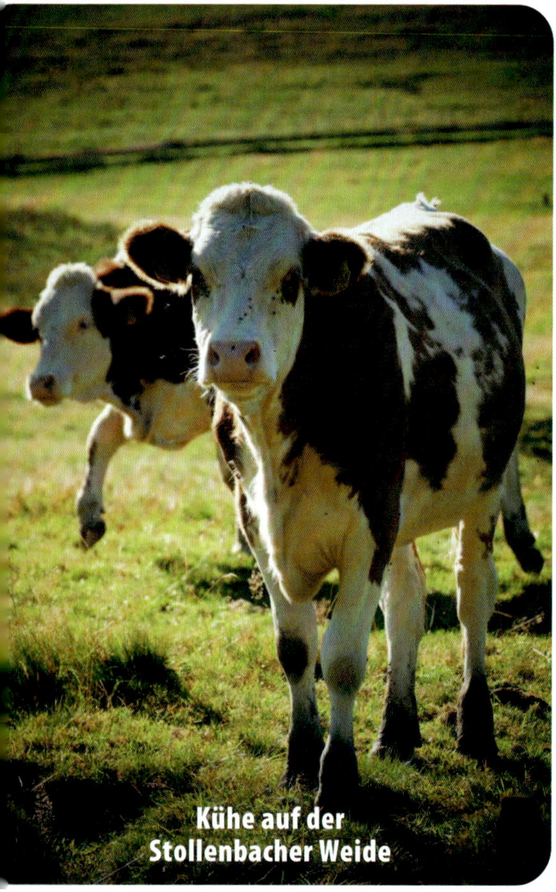
Kühe auf der Stollenbacher Weide

Vorbei an etlichen Kühen, die uns mit freundlichem Interesse begleiten, erreichen wir das **Pirmin-Kleiser-Denkmal.** An dieser Stelle biegen wir rechts ab, wandern hinüber zur **Stollenbacher Hütte** ❹ und lassen uns auf der sonnigen Terrasse nieder. Wir genießen eine Portion kräftiger Käsespätzle mit Bergkäse – begleitet von der wunderbaren Aussicht auf die Bergweiden. Was für eine Wohltat, nach einer ebenso kräftezehrenden wie begeisternden Wanderung die Seele baumeln und den Blick schweifen zu lassen!

Nach einer ausgiebigen Pause schlagen wir den Weg zur **Erlenbacher Hütte** ❺ ein. Sie wäre ein ebenso herrlicher Ort für eine genussvolle Rast, wird derzeit aber leider nicht bewirtet. Wir orientieren uns am Wegweiser neben dem Herderhaus Richtung Kleiner Luchsfelsen. Zunächst wandern wir auf breitem Weg, biegen aber schon nach wenigen Metern links auf einen Wiesenpfad ab. Bunte Blüten und Sumpfgräser wachsen am Wegrand. Bald verlassen wir die Weide,

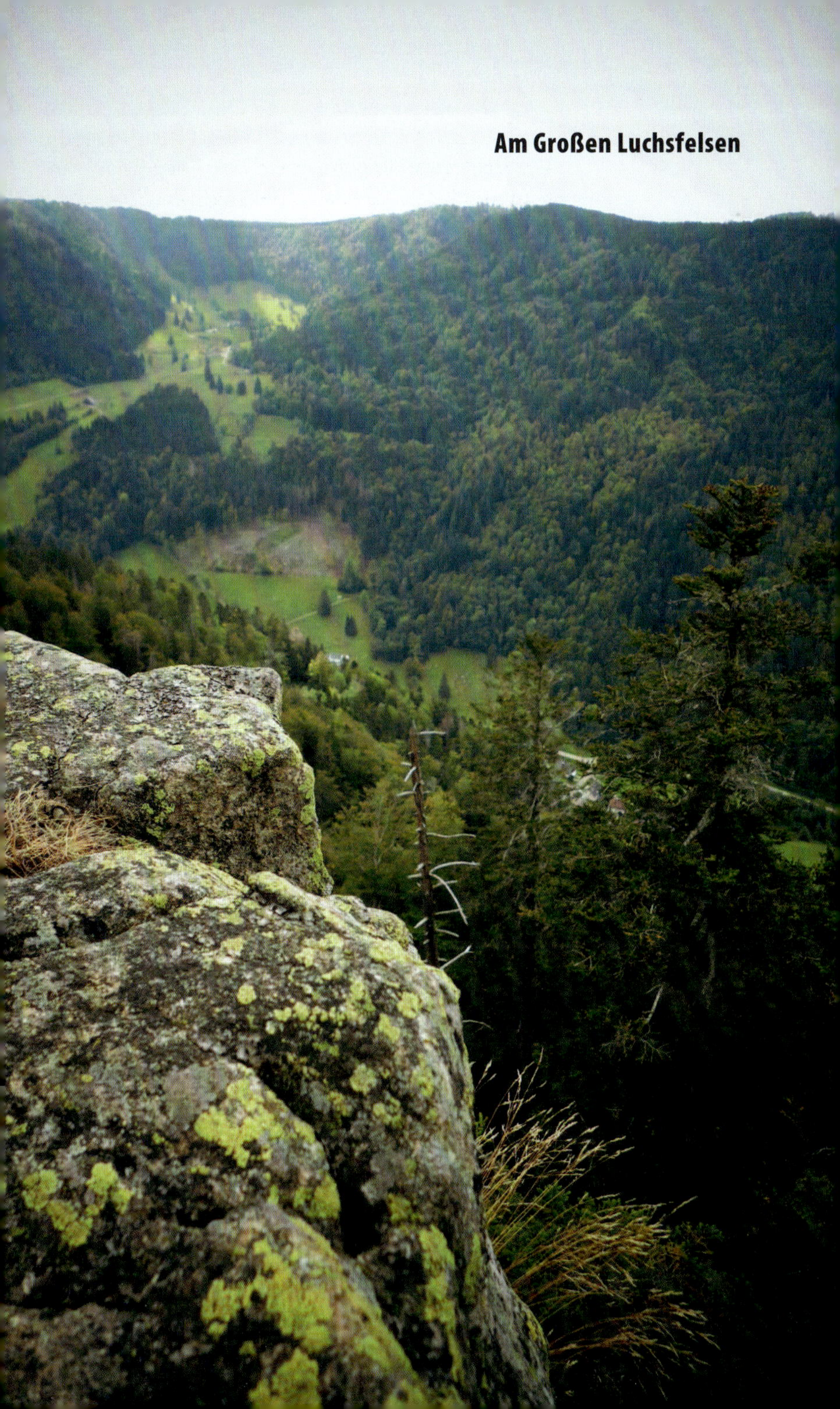

Am Großen Luchsfelsen

betreten den Wald und mit ihm ein felsiges Gebiet. Über Silbereck- und Fuchsbachweg gelangen wir an einen besonders auffälligen Gesteinsbrocken: den **Großen Luchsfelsen ⑥.** Ein paar Stufen führen hier hinauf auf das Plateau – und bescheren uns einen Ausblick ins St. Wilhelmer Tal, wie er erhabener nicht sein könnte. Was für eine Belohnung für uns Wanderer! Nach einer kleinen Rast an diesem schönen Ort machen wir uns auf die letzten Kilometer. Vorbei an der Luchsfelsenhütte gelangen wir zum Wegpunkt **Kleiner Luchsfelsen** und von hier aus unterhalb des Rappenfelsens zurück nach St. Wilhelm.

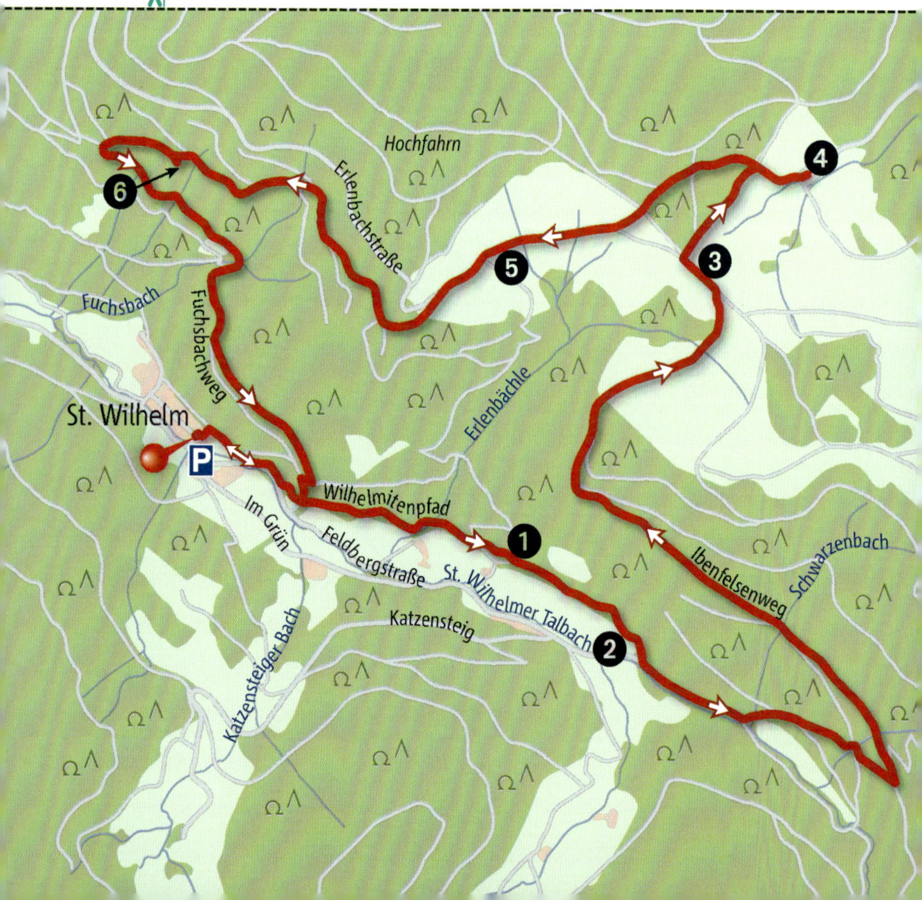

Alles auf einen Blick

WIE & WANN:

Mittelschwere Tour, die zum Teil auf steilen Pfaden verläuft.
Beste Wanderzeit von Mai bis Oktober.

HIN & WEG:

Auto: Parkplatz beim Schulhaus St. Wilhelm, Feldbergstraße 7, 79254 Oberried (GPS: 47.894269, 7.951020)
ÖPNV: Bus 272 von Freiburg-Littenweiler bis St. Wilhelm Schule

ESSEN & ENTSPANNEN:

Gaststätte zur Linde ❷ Feldbergstraße 14, 79254 Oberried, Tel. (0 76 02) 94 46 90, www.linde-napf.de
Berggasthof Stollenbacher Hütte ❹ Stollenbacherstraße 8, 79254 Oberried, Tel. (0 76 61) 45 19, www.stollenbacherhuette.de

Entspannung ★★★☆☆
Genuss ★★★★★
Romantik ★★★★★

ENTDECKEN & ERLEBEN:

Bannwald ❶
Stollenbacher Weide ❸
Erlenbacher Hütte ❺ Erlenbach 1, 79254 Oberried, www.erlenbacher-huette.info
Großer Luchsfelsen ❻

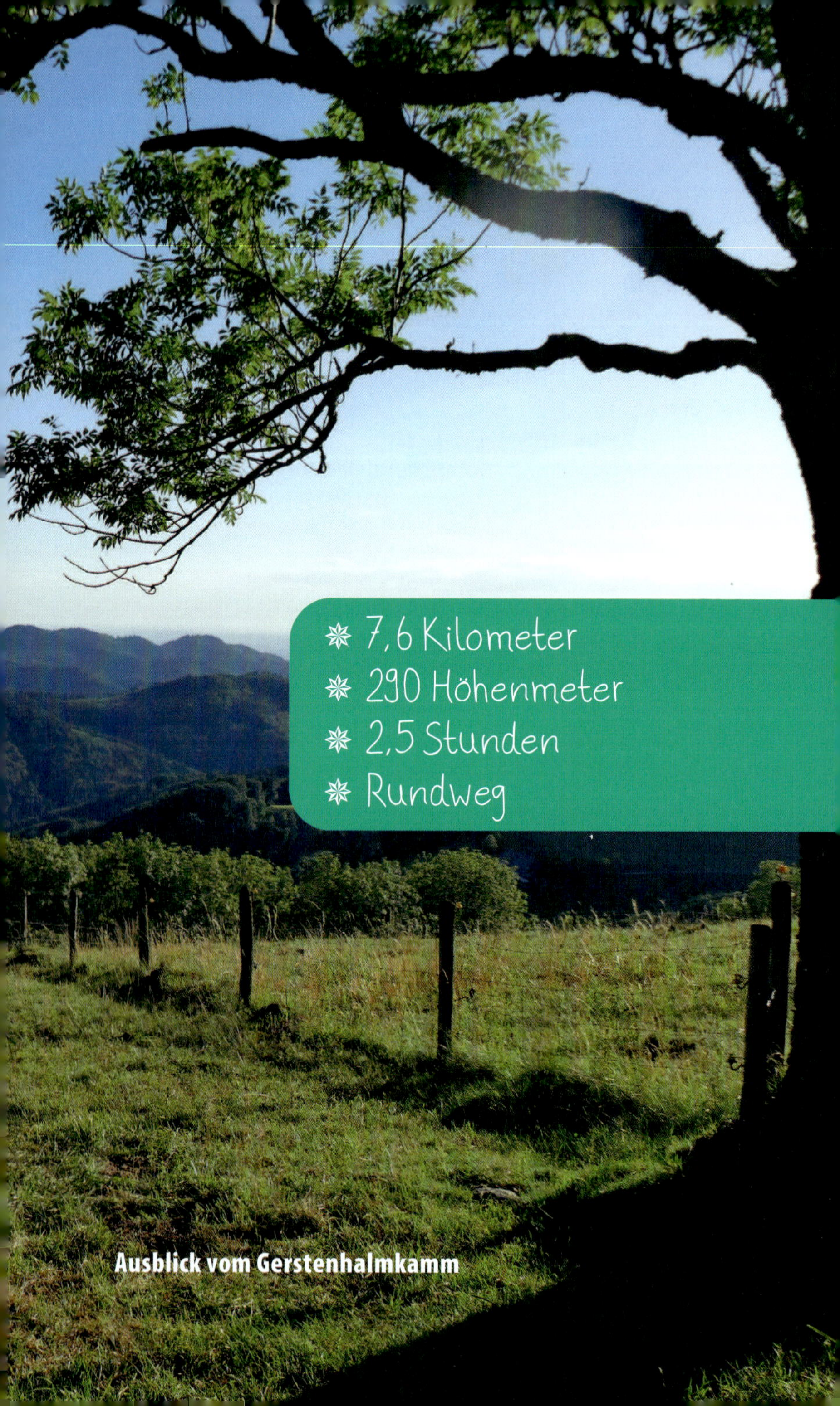

- 7,6 Kilometer
- 290 Höhenmeter
- 2,5 Stunden
- Rundweg

Ausblick vom Gerstenhalmkamm

Weit oben auf dem Sattel zwischen Freiburg und St. Ulrich, da liegt **Geiersnest,** bestehend aus einigen Höfen, die in herrlicher Südlage am Hang liegen. Hier herauf kommt man mit dem Auto oder Bus nur über den Umweg Bollschweil-St. Ulrich. Die Strecke über Horben ist für den motorisierten Verkehr gesperrt. Macht aber nichts, denn die Fahrt durch das idyllische Tal ist dank der schönen Aussichten ein echtes Vergnügen.

Wer mit dem Bus anreist, steigt an der Haltestelle St. Ulrich Geiersnest aus und beginnt die Wanderung am Paulihof. Von dort geht es in südlicher Richtung zum Schweighof.

Am Wanderparkplatz Geiersnest schlagen wir den unbefestigten Weg ein, der in nordwestlicher Richtung dem Wald und dem **Gerstenhalmkamm** **1** mit seinem Traumpanorama entgegenführt. Schon nach wenigen Metern halten wir inne – so malerisch ist der

Tierisch schön

Von Hof zu Hof in Geiersnest

Ausblick auf die bewaldeten Anhöhen des südlichen Schwarzwalds. Gehen wir noch ein paar Schritte weiter, reicht der Blick weit hinunter ins Tal, wo sich die Häuser und die Barockkirche St. Ulrich an den Hang schmiegen. Hier oben angekommen, lassen wir die Hektik des Alltags sofort hinter uns. Wo die Natur so schön ist, können auch wir selbst nur glücklich sein.

Der Ortsname Geiersnest geht vermutlich auf einen im 13. Jahrhundert hier lebenden Grundherren zurück, Petrus von Girsnest.

Unser Weg führt uns in einen Wald, das Licht der schräg stehenden Sonne dringt zwischen den hohen Stämmen hindurch. Wo die Bäume sich lichten, ergeben sich neue Aussichten – auf die südlichen und westlichen Stadtteile von Freiburg, weiter rechts auf die Luisenhöhe im Vordergrund und dahinter Rosskopf und Kandel. An der Wegegabelung **Gerstenhalm**

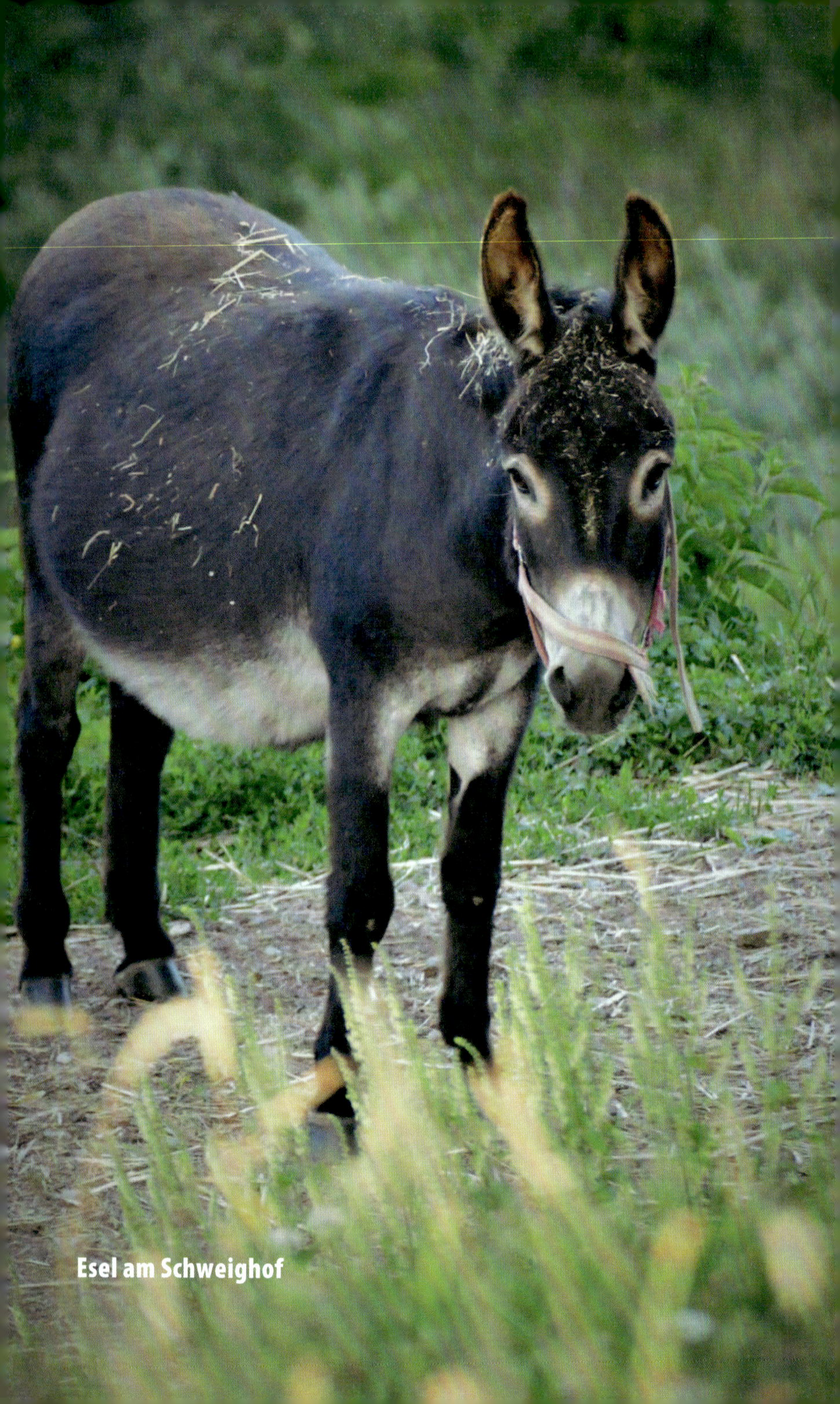
Esel am Schweighof

biegen wir nach links Richtung Pauli- und Schweighof ab. Von nun an geht es talwärts. Über den grünen Hügeln erhebt sich in der Ferne der runde Rücken des Belchen.

Oberhalb des Paulihofs empfangen uns ein paar Kühe mit freundlichem Muhen. Sie machen sich am Hang gerade über die schönsten Wiesenblumen her. Zwischen saftigen Weiden wandern wir weiter. Sobald wir die Häuser rund um den Paulihof erreichen, wählen wir den kleinen Weg rechts der Hauptstraße und treffen dort auf das nächste Schild, das zum Schweighof weist. Durch einen luftigen Mischwald führt unser Weg

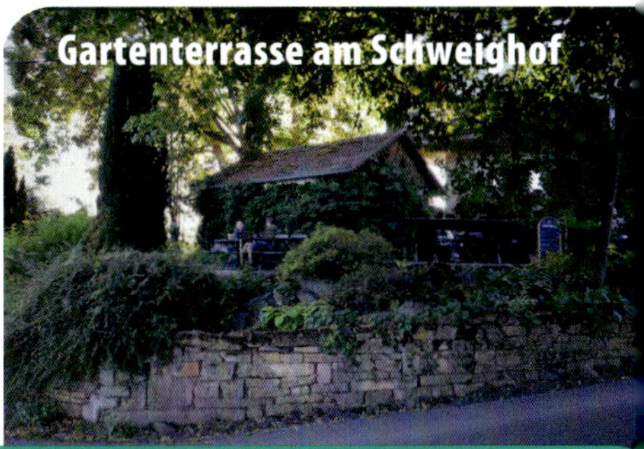
Gartenterrasse am Schweighof

Für die Seele

Rund um Geiersnest genießen wir eine malerische Landschaft, atemberaubende Weitblicke und allerlei Leckerbissen, die auf den Höfen produziert werden.

weiter bergab und schließlich zum **Schweighof ②**, wo eine herrliche Gartenterrasse mit Selbstbedienung zum Sitzen und Genießen einlädt. Familie Molkentin bietet auf ihrem Hof mit Land- und Gastwirtschaft hausgemachte badische Küche an, bereitet je nach Jahreszeit feine Bärlauch- und Pfifferlinggerichte, Kürbissuppe und Wildragout zu, und selbstverständlich auch Klassiker wie Käsespätzle, Fleischküchle oder Brägele mit Bibeleskäs. Obwohl wir erst gut 2 Kilometer gewandert sind, gönnen wir uns hier eine Ruhepause, während neben uns Kühe und Esel grasen.

Nach dieser Auszeit schlagen wir vom Schweighof aus den Weg Richtung St. Ulrich und Klosterkirche ein. Wo wir die Anhöhe erreichen, wenden wir uns

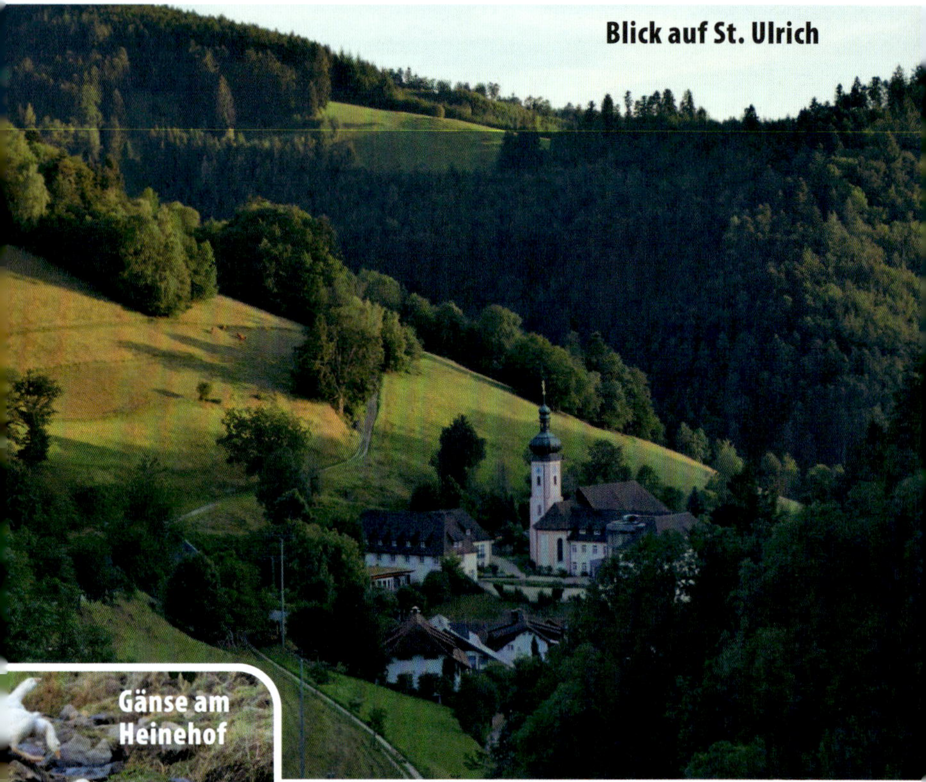

Blick auf St. Ulrich

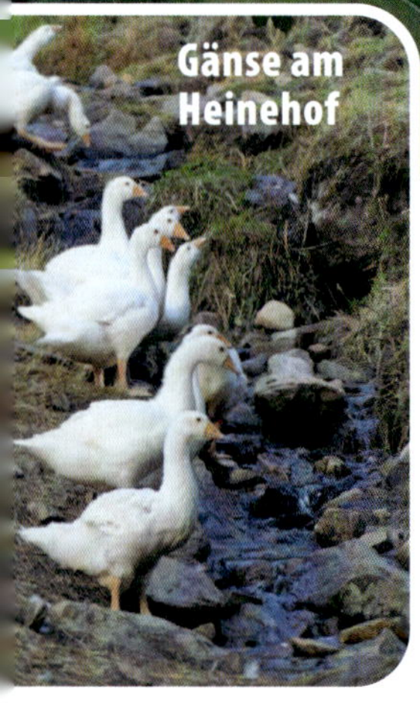

Gänse am Heinehof

nach rechts, dem Schild mit der Beschriftung Haus 42 folgend. Nach 100 Metern biegen wir erneut rechts ein – in einen Wiesenweg Richtung Heinehof. Bald betreten wir den Wald, wo es am Wegpunkt Eichbühl nach links geht. Wir wandern durch den lichten Buchenhain, gelangen auf eine Weide, wo sich Widder im hohen Bewuchs verstecken und erreichen den **Heinehof 3**.

Auch hier erwartet uns ein Bauernhof mit einer großartigen Gastwirtschaft. Die Grundlagen aller Gerichte, die auf der Sonnenterrasse oder in der gemütlichen Gaststube serviert werden, stammen vom eigenen Bioland-Hof. Angefangen beim Rindfleisch der Limousin-Rinder, die auf den Wiesen rings um das Gehöft weiden. In der Hofbackstube backt Familie

Sonner täglich frisches Bauernbrot, feine Kuchen entstehen hier und sonntags eine vorzügliche Schwarzwälder Kirschtorte. Zum Essen gibt es Wein aus eigenem Anbau und Apfelsaft von den alten Streuobstbäumen ringsum. Weil die Küche des Heinehofs von Gästen aus der ganzen Region hochgeschätzt wird, bekommt man meist spontan keinen Platz, sondern nur mit vorheriger Reservierung.

Von der Gastwirtschaft aus wandern wir nun vorbei an der Heinehofkapelle und orientieren uns an den Schildern zum Berglusthaus. Wir passieren die Gänseweide, deren Bewohner sich schnatternd am Bach tummeln, und steigen zur Straße hinauf. Es empfängt uns erneut ein prächtiger Blick auf die Barockkirche von St. Ulrich.

Wir überqueren die Straße und wählen auf der anderen Straßenseite den schmalen Pfad, der oberhalb der Bushaltestelle in die Wiese hineinführt (nicht den geteerten Weg rechts davon). Jetzt geht es steil bergauf, mal auf engem Pfad, mal auf steilen Holzstufen. Wir müssen uns mächtig anstrengen, werden aber mit

Von St. Martin bis Weihnachten serviert Familie Sonner auf dem Heinehof Martinsgänse in Bioland-Qualität. Wer diesen Genuss einmal erleben möchte, muss allerdings früh dran sein und am besten schon im Sommer reservieren.

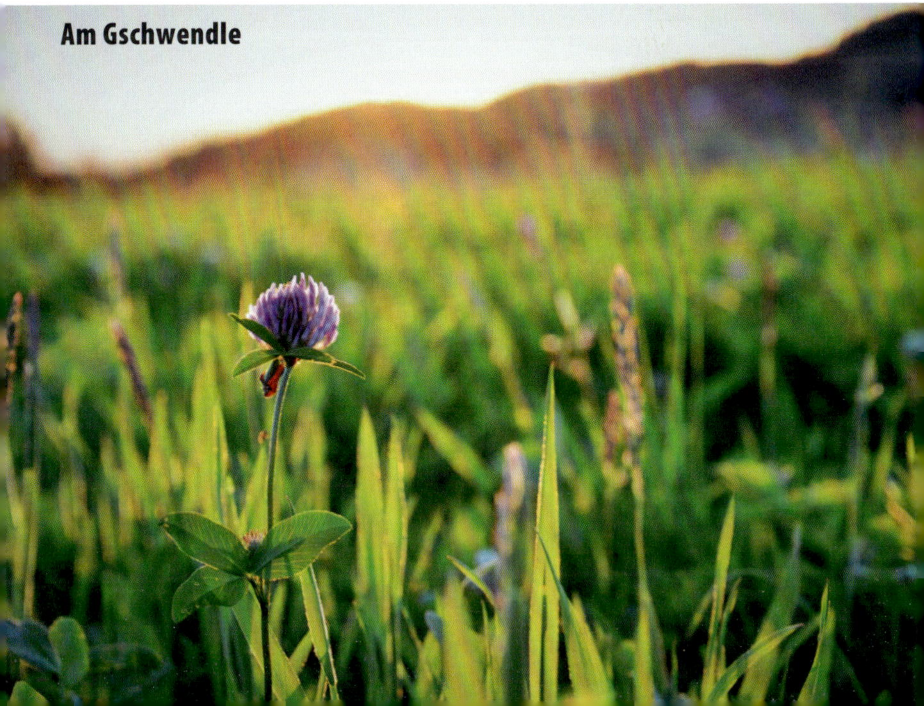

Am Gschwendle

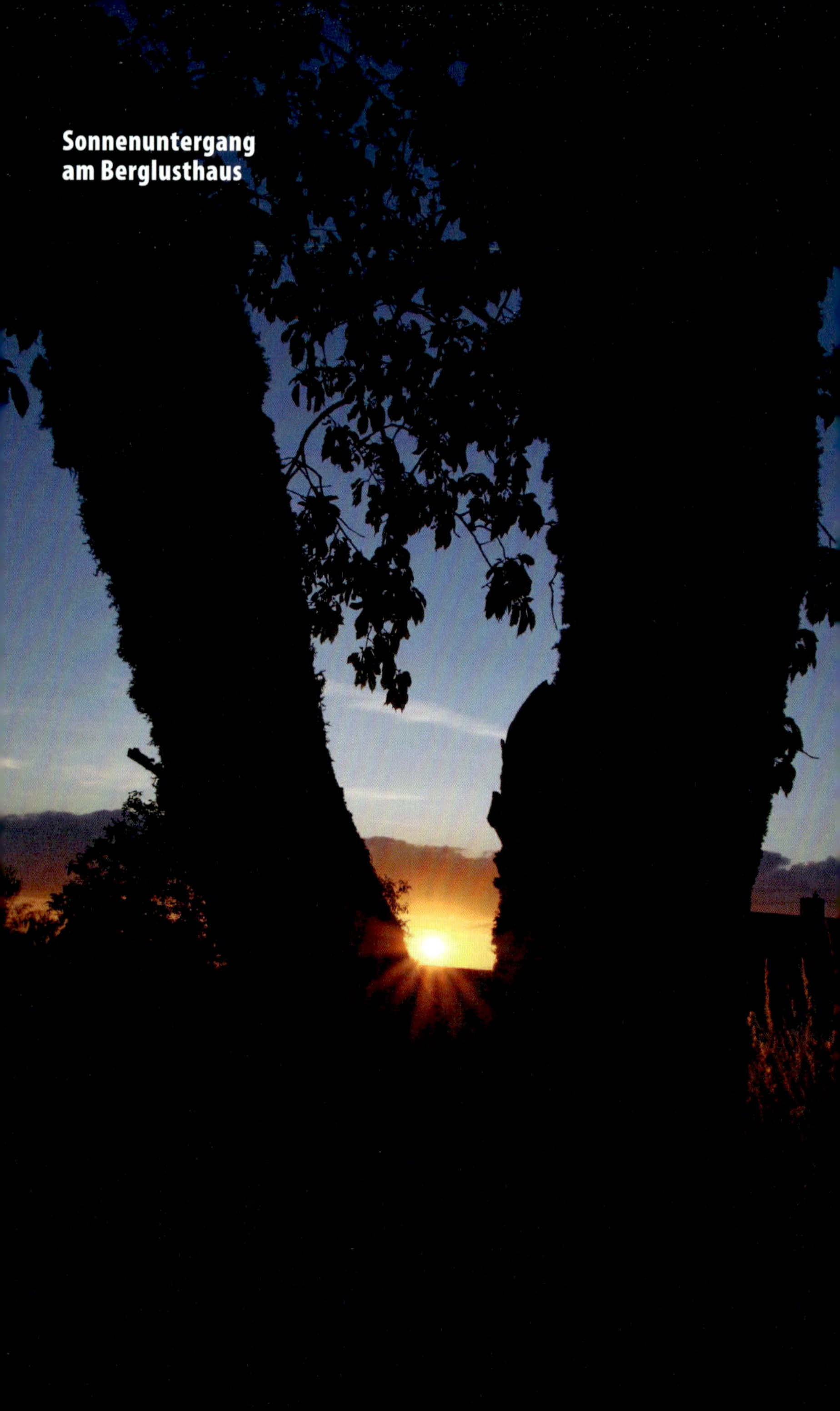

Sonnenuntergang
am Berglusthaus

großartigen Ausblicken belohnt. Auf halber Höhe gönnen wir uns auf dem Aussichtsbänkchen am Wegrand eine Verschnaufpause. Je höher wir steigen, desto atemberaubender wird das Panorama. Vorbei an einer Schafweide erreichen wir am **Gschwendle** eine Weide mit fantastischem Blick über St. Ulrich hinweg bis ins Rheintal. Am Horizont verschwimmen die Konturen der Vogesen im Licht der untergehenden Sonne.

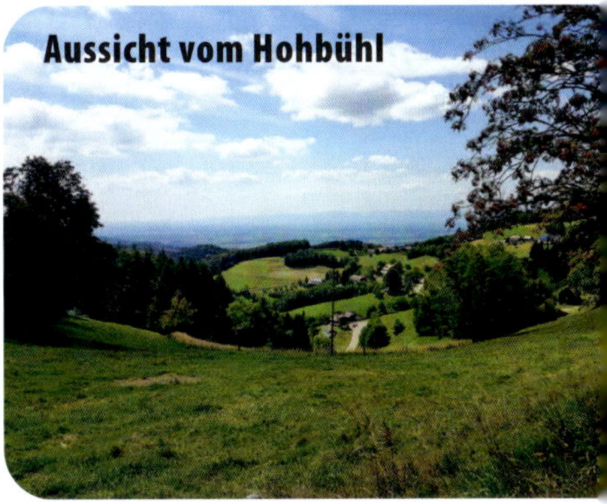
Aussicht vom Hohbühl

Nun haben wir das kräftezehrendste Wegstück hinter uns. Unterhalb des **Berglusthauses** finden wir die Wegweiser zur **Eduardshöhe.** In östlicher Richtung zieht sich unser Weg nur leicht bergan. Wir wenden uns immer wieder um, genießen den Blick Richtung Westen und nähern uns langsam dem höchsten Punkt unserer Wanderung. Dazu biegen wir noch vor der Eduardshöhe auf den Wiesenweg ab, der hinauf auf den **Hohbühl** **4** mit seinen 896 Metern führt. Sobald wir die Anhöhe erreichen, geht es gemächlich in westlicher Richtung. Majoran säumt unseren Pfad und auf der prominentesten Stelle des Berges wartet erneut ein Bänkchen mit prächtiger Aussicht auf erschöpfte Wanderer. Hier sind wir dem Himmel ganz nah und überblicken das gesamte Rheintal von den Ausläufern des Schwarzwalds bis an den Fuß der Vogesen. Hoch steht das Gras der Weiden vor uns, im satten Grün leuchten Blüten in allen Farben.

Nun ist es nicht mehr weit bis zur letzten Station unserer Tour. Über den **Geißenfelsen** erreichen wir den Wanderweg, der uns zurück zum Wanderparkplatz führt. Hier müssen wir ein wenig achtgeben: Wo unser Pfad an einer T-Kreuzung auf den Wanderweg trifft, wenden wir uns kurz nach rechts, dann geht es links dem Ausgangspunkt der Wanderung entgegen.

Bevor wir aber nach Hause zurückkehren, machen wir einen Abstecher zum **Eckhof** **5**, der über der Kuppe auf Horbener Gemarkung liegt. Hier wollen wir das unvergleichliche Eis der Familie Rees genießen. Aus Milch, Sahne und Joghurt der eigenen Kühe entstehen Eisklassiker wie Vanille, Stracciatella oder Joghurt-Himbeere, aber auch ausgefallene und unheimlich leckere Kreationen wie Erdnuss-Karamell oder Gebrannte Mandel. Außerdem gibt es fruchtige Sorbets.

Im Hofladen können wir uns außerdem mit all dem eindecken, was auf dem Eckhof sonst noch produziert wird: Joghurt und Frischkäse, Fleisch und Wurst von eigenen Schweinen und Rindern, Schnäpse und Marmeladen. Mit den feinen Produkten nehmen wir auch ein kleines Stück dessen mit nach Hause, was uns auf der Anhöhe zwischen Schweighof und Eckhof so glücklich gemacht hat.

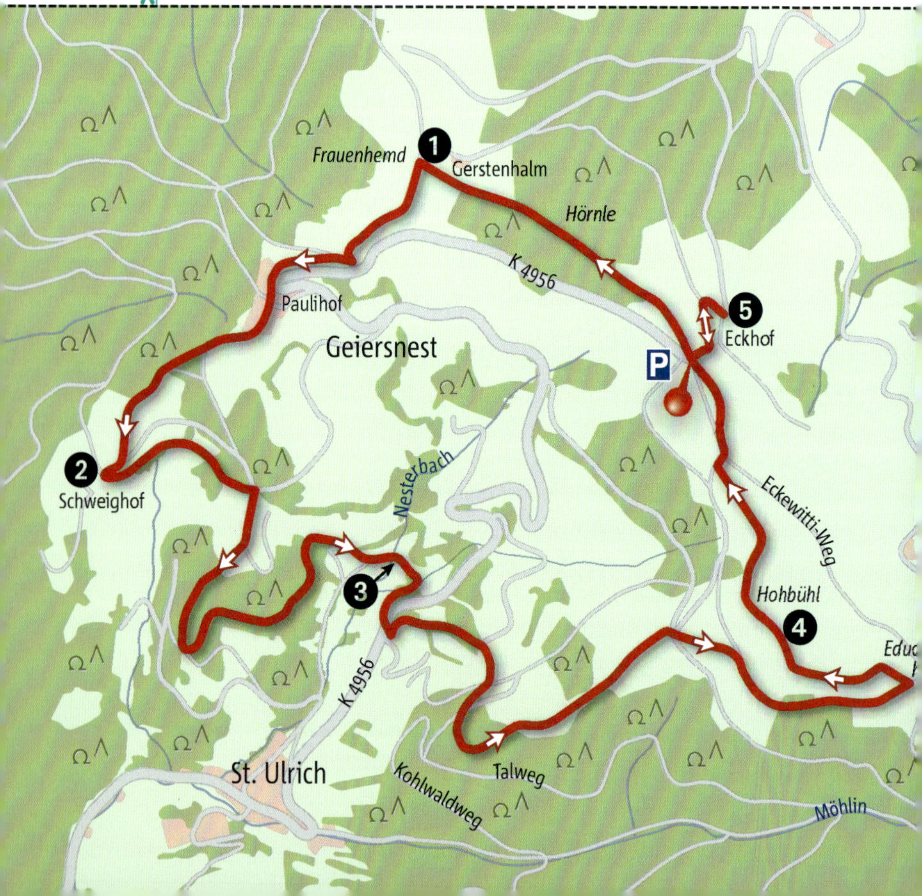

Alles auf einen Blick

WIE & WANN:
Mittelschwere Wanderung auf gut begehbaren Wegen.
Beste Wanderzeit von April bis November.

HIN & WEG:
Auto: Wanderparkplatz Geiersnest, 79283 Bollschweil
(GPS: 47.918200, 7.852939), Anfahrt über Bollschweil-St. Ulrich
ÖPNV: SBG Bus 7208 über Bollschweil-Abzweigung St. Ulrich bis St. Ulrich-Geiersnest

ESSEN & ENTSPANNEN:
Gasthaus Schweighof ❷ St. Ulrich 44, 79283 Bollschweil,
Tel. (0 76 02) 2 49, www.gaststaette-schweighof.jimdosite.com
Sonners Heinehof ❸ St. Ulrich 21, 79283 Bollschweil,
Tel. (0 76 02) 2 81, www.heinehof.de; unbedingt vorher reservieren

Entspannung ✱✱✱✱✱
Genuss ✱✱✱✱✱
Romantik ✱✱✱✱✱

Eckhof ❺ Eckhofweg 1, 79289 Horben, Tel. (07 61) 76 69 70 70,
www.eckhof-schwarzwald.de

ENTDECKEN & ERLEBEN:
Gerstenhalmkamm ❶
Hohbühl ❹

Blick über das Rheintal

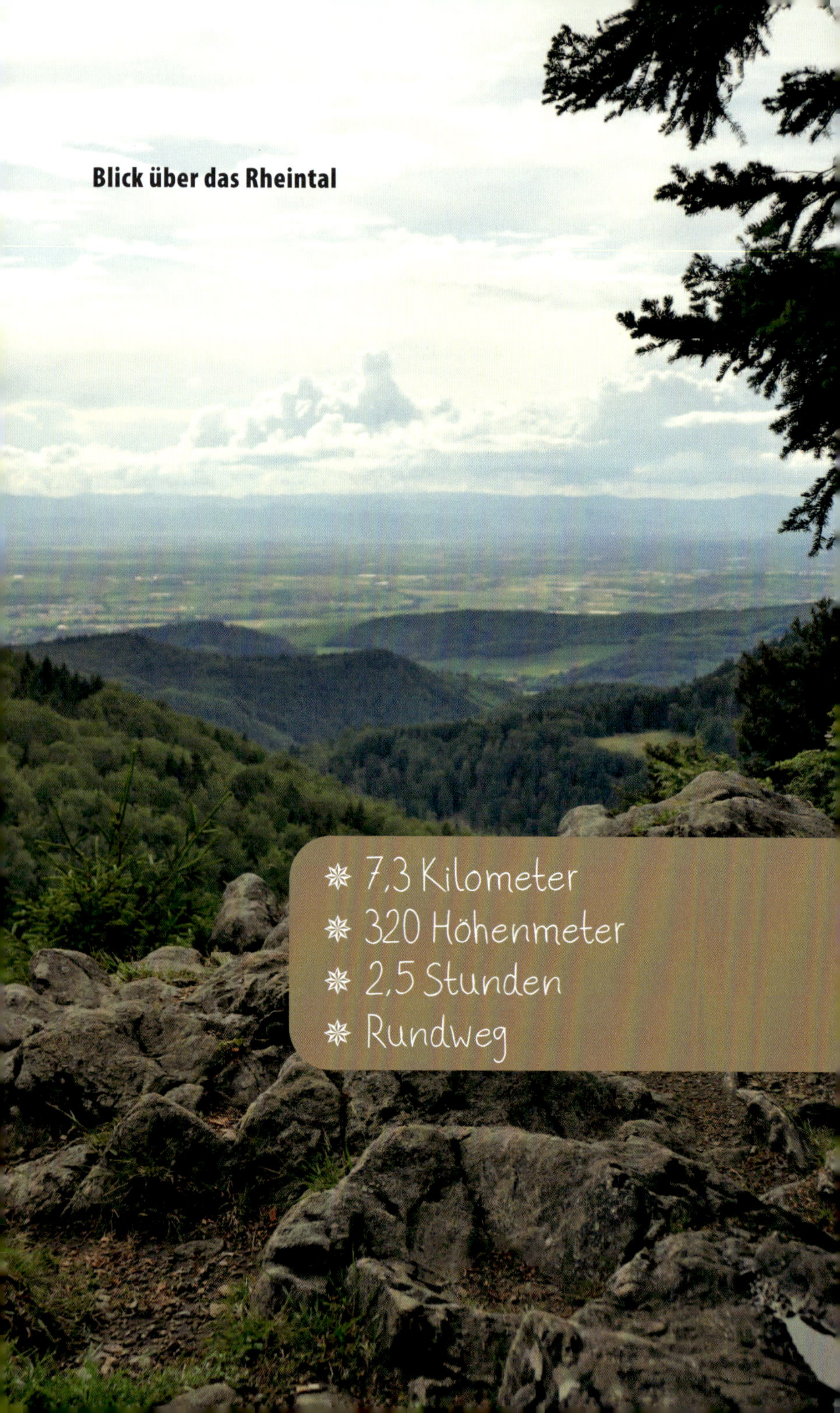

- 7,3 Kilometer
- 320 Höhenmeter
- 2,5 Stunden
- Rundweg

Wir beginnen unsere Wanderung im Herzen von **St. Ulrich.** Die Barockkirche thront über uns am Hang, wenn wir vom Gemeindehaus ins **Kaltwassertal** hinaufsteigen. Wir folgen der Straße nach Geiernest einige Meter, verlassen sie in der Spitzkehre und wandern geradeaus auf dem **Talweg** bergan. Rechts erstreckt sich zunächst eine Ziegenweide, später tauchen wir ein in den Wald, immer begleitet von einem sanften Plätschern. Es ist die Möhlin, die hier am Wegrand dem Tal zustrebt. Ein kleines Bächlein noch, das nicht weit über uns – an der Westseite des Schauinsland-Massivs – entspringt. Immer wieder werden wir auf unserem Weg kleinen Rinnsalen begegnen, die sich hier zur Möhlin vereinigen. Angenehm kühl ist es an ihrem Lauf und im Schatten der mächtigen Bäume. Moosbewachsene Steine säumen den Bachlauf, Farne neigen ihre Wedel über das Wasser, Ruprechtskraut setzt mit seinen zarten Blüten rosafarbene Akzente. Dieser Weg holt uns sofort heraus aus dem Alltag, der Blick ins Grün und das Murmeln des Wassers lassen uns ruhig werden. Zugleich aber müssen wir unsere Kraftreser-

Neue Blickwinkel

Höhenrunde bei St. Ulrich

ven mobilisieren: Der Aufstieg ist richtig anstrengend. Wenn wir aber die T-Kreuzung oben am Hang erreichen, haben wir den kräftezehrendsten Teil geschafft.

Wir biegen nach rechts ab. Jetzt zieht sich unser Weg weitgehend eben dem Priorfelsen entgegen. Wir können uns im Gehen von der Anstrengung des ersten Wegstücks erholen. Und auch für Erfrischung ist ge-

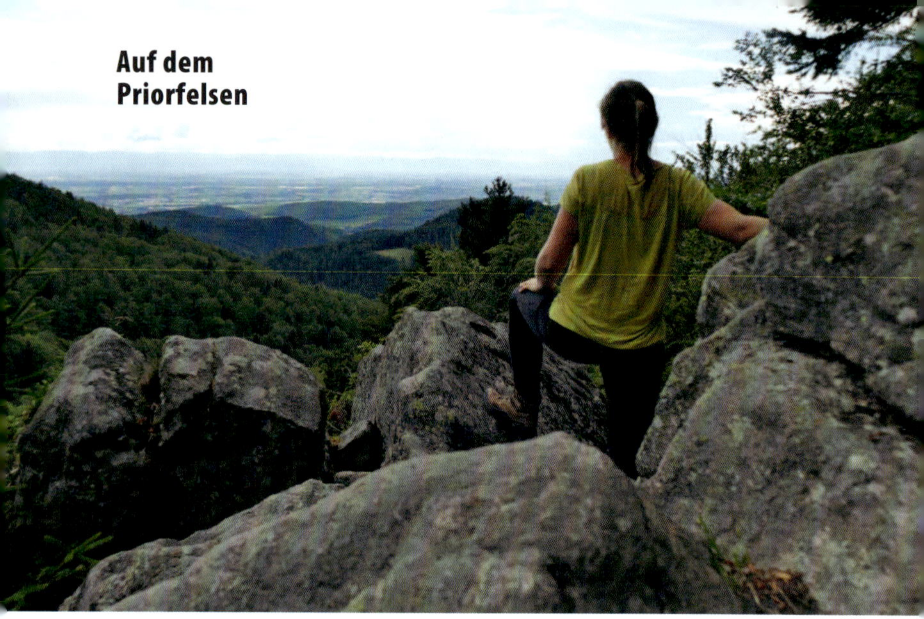

Auf dem Priorfelsen

sorgt: Wir passieren einen Brunnen, immer wieder säumt ein Wasserlauf unseren Weg oder quert ihn. Ab und zu geben die Bäume den Blick frei auf die Weiden und Höfe am Hang gegenüber – und bei guter Sicht bis hinein in die Rheinebene.

Langsam nähern wir uns dem **Priorfelsen 1**. Kleine Wegtafeln an den Bäumen, schon halb mit der Rinde verwachsen, weisen den Weg. Zunächst verbirgt eine Hütte den Ausblick, dann aber stehen wir vor dem Felsen, der hier in den Berghang hineinragt und ein beeindruckendes Panorama freigibt: über die bewaldeten Ausläufer des Schwarzwaldes hinweg, hinein in die Oberrheinebene und an klaren Tagen bis hinüber in die Vogesen.

Schilder warnen davor, zu nah an die Felskante heranzutreten – zu groß ist die Gefahr, hier abzustürzen. 30 Meter geht es senkrecht nach unten. Wir lassen uns auf dem flachen, hinteren Teil des Felsens nieder und genießen den erhabenen Ausblick. Es tut gut, mal von weit oben auf die Welt hinunterzublicken, mal die Perspektive zu wechseln – und zu erkennen, dass manches Alltagsproblem vielleicht gar nicht so groß ist.

Gestärkt wandern wir weiter, langsam dem Tal entgegen. An der Wegkreuzung, an welcher der

Gründenwaldweg links abbiegt, wählen wir den Weg nach rechts. Einst gab es eine direkte Wegverbindung vom Gründenwaldweg hinunter zum Lebensweg, derzeit aber ist er nicht mehr begehbar. Darum wandern wir nun dem **Talweg** entgegen, den wir schon vom Aufstieg kennen. Den Talweg gehen wir ein paar Meter bergab, wenden uns aber am **Winterbergparkplatz** nach links Richtung Winterberghütte. In einer sanften Runde schlendern wir dem Ort entgegen. Wir sind jetzt auf dem **Lebensweg** unterwegs, einem kleinen Rundweg um St. Ulrich, der ein besonders besinnliches Wandererlebnis bietet, da er an viele Stationen zum Nachdenken und Innehalten einlädt. Auf dem Lebensweg empfängt uns bald ein bezaubernder Blick hinunter nach St. Ulrich: Die Häuser des Ortes schmiegen sich in das sanfte grüne Tal, zwischen Wäldern und Wiesen erhebt sich der barocke Turm der Kirche. Die ehemalige Klosterkirche wurde 1739 bis 1742 von Peter Thumb erbaut, jenem Vorarlberger Barockbaumeister, dessen Sakralbauten den gesamten Südwesten Deutschlands prägen.

Das Kloster war 1087 vom namensgebenden Ulrich von Cluny gegründet worden und gehörte als Priorat zum Benediktinerkloster Cluny im französischen Burgund, einem der einflussreichsten religiösen Zentren des Mittelalters. An der Stelle der heutigen barocken Kirche standen mehrere mittelalterliche Vorgängerbauten, die allesamt zerstört wurden. Erhalten geblieben sind aber eine Madonna mit Kind aus dem

Für die Seele

Durch das kühle Kaltwassertal wandern wir hoch hinauf auf den Priorfelsen, der Abstieg belohnt uns mit einem malerischen Ausblick auf St. Ulrich.

14. Jahrhundert und eine mächtige romanische Taufbrunnenschale, die im Hof der Pfarrkirche besichtigt werden kann.

In Richtung der Kirche führt unser Weg nun weiter. Saftige Wiesen mit bunten Blüten säumen unseren Weg, Kühe grasen. Am Wegpunkt **Winterberghütte** wenden wir uns nach rechts und wandern weiter auf dem Lebensweg dem Kirchturm entgegen. Immer wieder laden Bänke am Wegrand dazu ein, uns auszuruhen und den Blick zu genießen.

Neben der Kirche von St. Ulrich hat Peter Thumb in der näheren Umgebung unter anderem die Klosterkirche und den Bibliothekssaal in St. Peter und das Kloster St. Trudpert im Münstertal gebaut. Die Wallfahrtskirche Birnau am Bodensee gilt als sein Meisterwerk.

Bald erreichen wir das ehemalige **Kloster,** in dem heute eine Bildungsstätte der Erzdiözese Freiburg untergebracht ist. Wer mag, kann nun die beeindruckende **Klosterkirche St. Ulrich** ② betreten, sich die barocken Ornamente und die Fresken ansehen, die vom Leben des heiligen Ulrich von Cluny erzählen.

Im Pfarrhof entdecken wir bald den sagenumwobenen **Taufstein,** in seiner Größe und Form einmalig im südwestdeutschen Raum. Noch immer sind sich His-

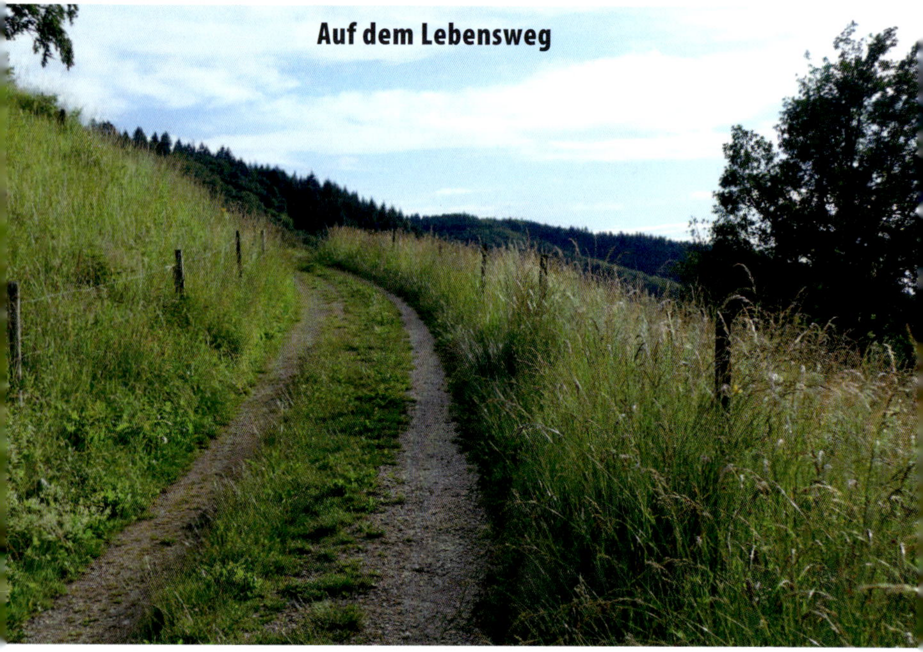

Auf dem Lebensweg

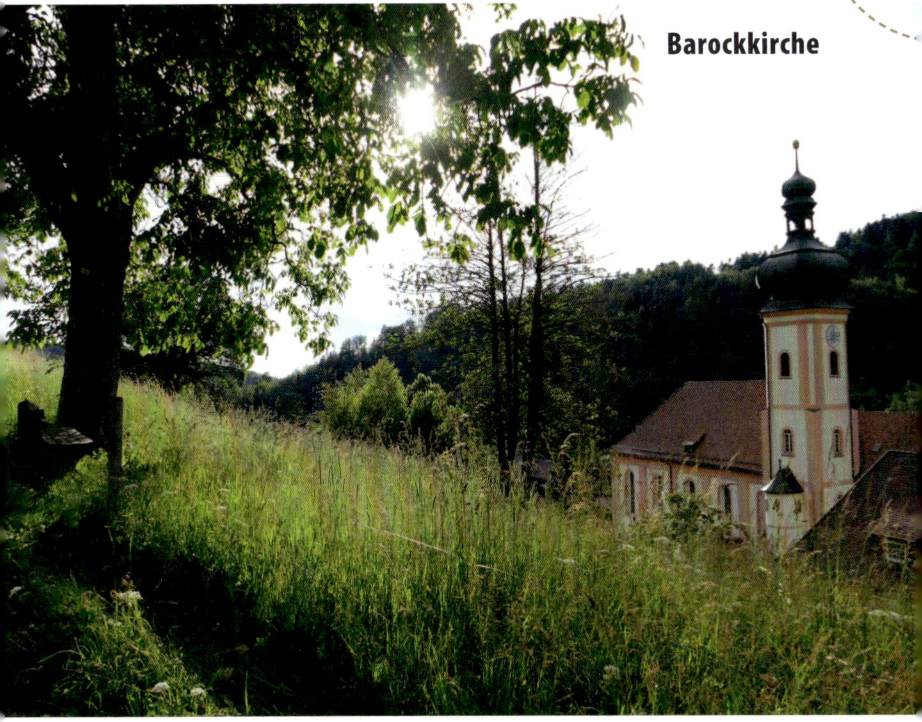

Barockkirche

toriker nicht einig, ob es sich bei dem Relikt aus dem 11. oder 12. Jahrhundert ursprünglich um den Stein einer Erzmühle handeln könnte. Wir jedenfalls bewundern die erhaltenen schmuckvollen Verzierungen und Reliefs. Und freuen uns an der Legende, die erklärt, wie diese riesige Brunnenschale in den Klosterhof gekommen sein könnte: Der heilige Ulrich soll mit einer List erreicht haben, dass der Teufel selbst den schweren Stein zum Kloster brachte.

Bevor wir uns im Gasthaus Rössle kulinarischen Genüssen hingeben, suchen wir die **Ulrichsbrunnenkapelle** auf, im Volksmund auch Ulrichsbrünnele genannt. Es liegt unterhalb der Klosteranlage am Lauf der Möhlin, einige Stufen führen von der Straße zum Brünnele hinunter. Man nimmt an, dass dies der erste Brunnen war, den der heilige Ulrich benutzte. Wie wir der Inschrift entnehmen können, werden seinem Wasser

Heilkräfte zugeschrieben. Noch heute wird am zweiten Sonntag im Juli, am Ulrichsfest, das Wasser in feierlicher Weise gesegnet.

Nun sind wir schon beinahe an der letzten Station unserer Wanderung angekommen: dem **Gasthaus Rössle** 3, wo wir gemütlich im Schatten der mächtigen Bäume Platz nehmen und uns von der badischen Landhausküche verwöhnen lassen können: Ob Kalbsrahmbraten oder Rindergulasch, ob Forellenfilets oder Schupfnudeln – hier wird für jeden Geschmack etwas Feines serviert. Und wer so eine Wanderung wie wir heute gemeistert hat, der darf sich auch noch eines der feinen Desserts schmecken lassen: ein Kirschwasserparfait, ein warmes Schokoladentörtchen mit Vanilleeis oder eine Panna Cotta mit frischen Früchten.

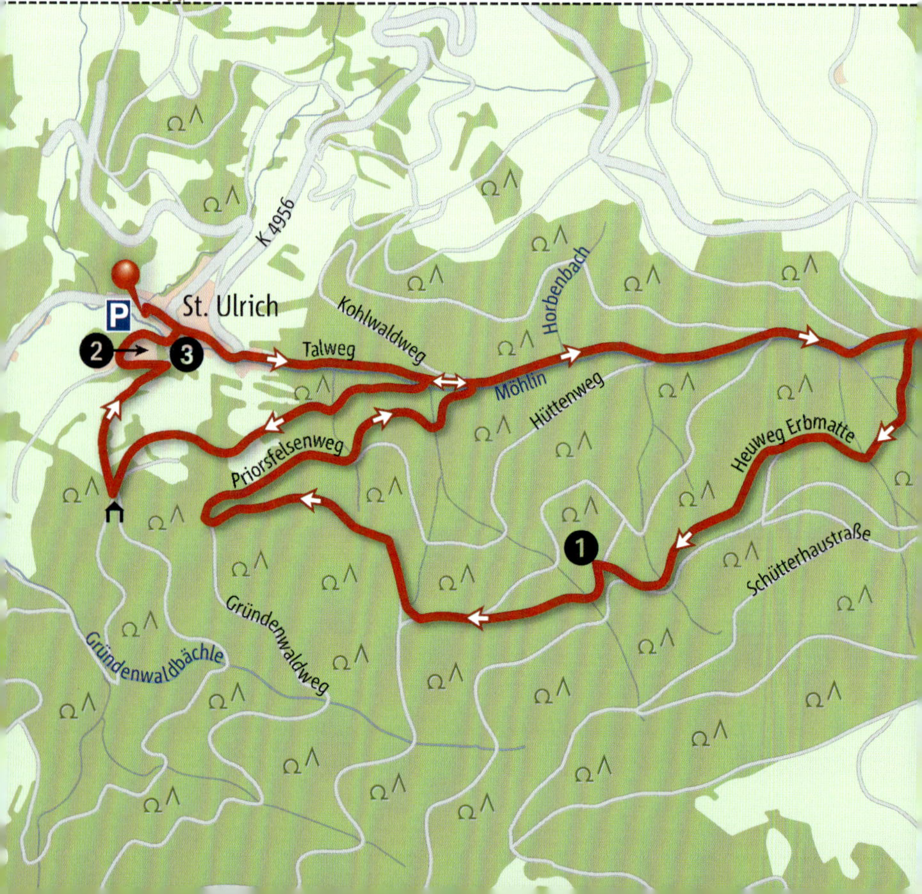

Alles auf einen Blick

WIE & WANN:
Mittelschwere Wanderung auf leicht begehbaren Wegen. Der erste Anstieg ist recht kräftezehrend. Beste Wanderzeit von April bis Oktober, auch im Hochsommer schön, weil es am Bach und im Wald angenehm kühl ist.

HIN & WEG:
Auto: Parkplatz am Gemeindehaus, St. Ulrich 47,
79283 Bollschweil (GPS: 47.908767, 7.837988)
ÖPNV: Bus 7208 von Freiburg bis St. Ulrich mit Umstieg
in Bollschweil-Abzweigung St. Ulrich

ESSEN & ENTSPANNEN:
Gasthaus Rössle ❸ St. Ulrich 11, 79283 Bollschweil,
Tel. (0 76 02) 2 52, www.gasthausroessle.de

ENTDECKEN & ERLEBEN:
Priorfelsen ❶
Klosterkirche St. Ulrich ❷ St. Ulrich 10, 79283 Bollschweil

Entspannung ★★★☆☆
Genuss ★★★★☆
Romantik ★★★★☆

Rebhäuschen am Tuniberg

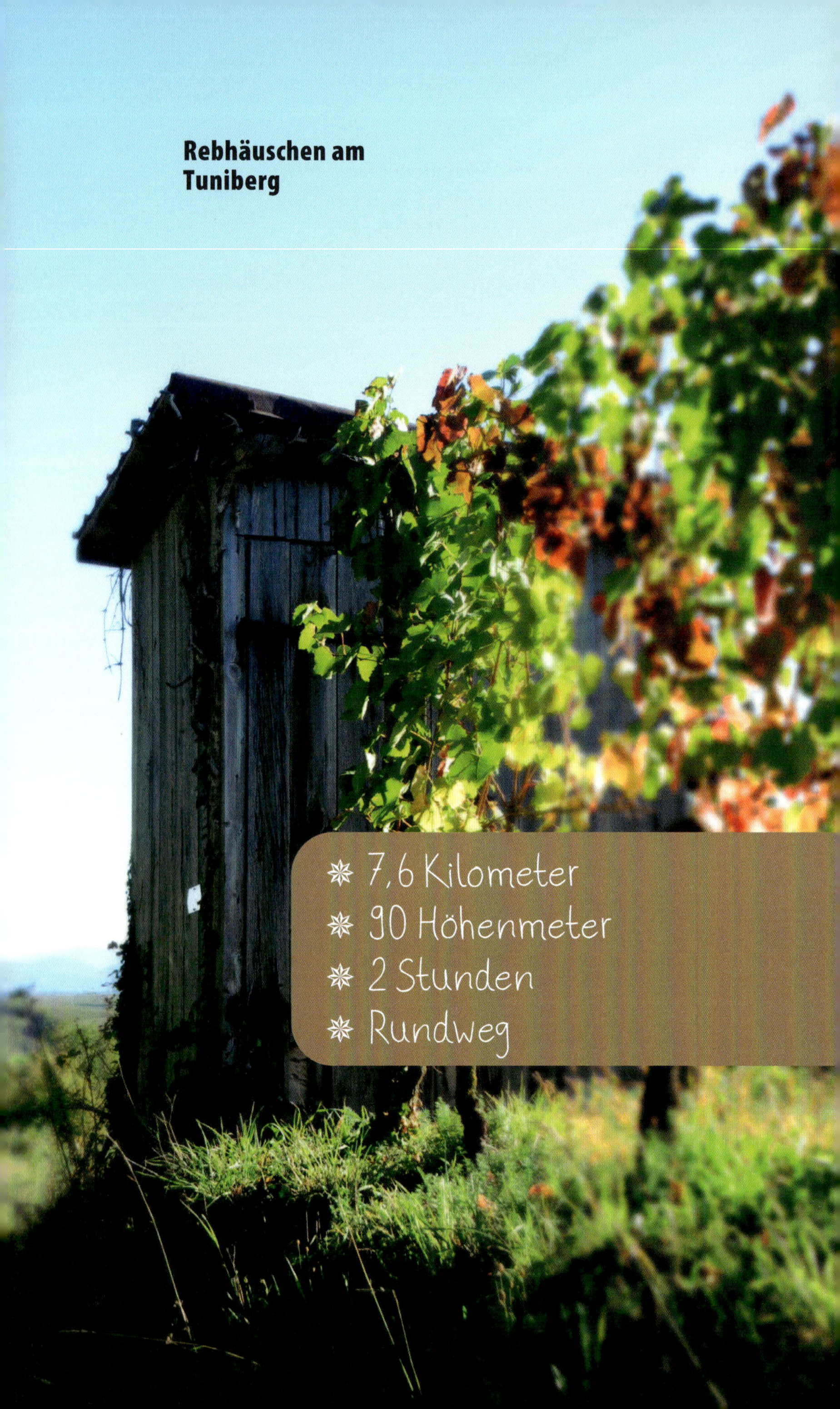

- 7,6 Kilometer
- 90 Höhenmeter
- 2 Stunden
- Rundweg

Wir beginnen unsere Wanderung an der **Freiburger Straße** in **Opfingen** und gehen zunächst zur historischen Ortsmitte. Obwohl Opfingen seit 1971 ein Stadtteil von Freiburg ist, hat es sich den Charme eines Winzer- und Bauerndorfs erhalten. Am hübschen Rathaus von 1791 vorbei gelangen wir in die Straße **Dürleberg,** die uns zum **Tuniberg** führt. Die sanfte Anhöhe inmitten des Oberrheingrabens ist eine Kalksteinbank aus der erdgeschichtlichen Zeit des Juras – umhüllt von einem mächtigen Mantel aus Löss. Löss ist keine Erde, sondern ein feinpudriges Gestein. Der Wind hat es während der Eiszeiten aus den großen Schotterfeldern der Rheinlandschaft ausgeblasen und am Tuniberg sowie am benachbarten Kaiserstuhl abgelagert. Ihm verdanken die Weinbaugebiete ihre Fruchtbarkeit. Löss ist mineralreich, gut durchlüftet und ein hervorragender Wasserspeicher: ein idealer Nährboden für die Reben. Und in die wandern wir nun hinein.

Nachdem wir den Ort verlassen haben, folgen wir einige Meter der Straße, orientieren uns dort an der Beschilderung des **Eidechsenpfads** und biegen links in

Wie im Süden

Auszeit am Tuniberg

die Felder ein. Zunächst prägt Ackerbau die Landschaft. Mais wächst hier, Johannisbeersträucher in langen Reihen und Spargel, für den der Tuniberg berühmt ist. Je höher wir kommen, desto mehr Weinreben sind zu sehen. Immer wieder aber säumen auch Streuobstwiesen und alte knorrige Walnussbäume unseren Weg, kleine Gärten und große Blumenwiesen. Und die blühen in den schönsten Farben: Die großen gelben Köpfe der Sonnenblumen heben sich von einem violetten Meer aus Malven, Flockenblumen und Phacelia ab, dazwischen setzt Hornklee knallgelbe Akzente, die Blüten des Natternkopfes streuen ein leuchtendes Blau ein, die Wilde Möhre verteilt weiße Farbtupfer. Landwirte am Tuniberg haben sich gemeinsam mit der Stadt Freiburg und dem Naturschutzbund auf den Weg gemacht, die Biodiversität in den Weinbergen zu fördern. Mit Blumenwiesen, bunten Böschungen und blühenden Wegstreifen nimmt nämlich nicht nur die Vielfalt der Pflanzen zu, sie bieten außerdem Nahrung und Lebensraum für unzählige Insekten, Reptilien und Vögel. 200 Arten von Wildbienen sind am Tuniberg zu Hause, mehrere Eidechsenarten und seltene gefiederte Bewohner: Wiedehopf und Steinkauz, Schwarzkehlchen und Neuntöter – und seit einigen Jahren auch der bunte Bienenfresser. Er brütet in den hohen Lösswänden, die wir in der Ferne erkennen. Anfang Mai erreichen die Vögel mit der türkisfarbenen Brust und der leuchtend gelben Kehle in der Regel den Tuniberg. Hier suchen sie einen Partner und graben mit ihm gemeinsam eine tiefe Bruthöhle in die weiche Wand aus Löss. Sie sind wie wir Wanderer: Auch sie bevorzugen eine sonnige Lage und gute Aussicht. Und wer Glück hat, begegnet dem schillernden Vogel an einem warmen Sommertag an den Südhängen, wo er auf der Jagd nach Insekten über die Reben saust.

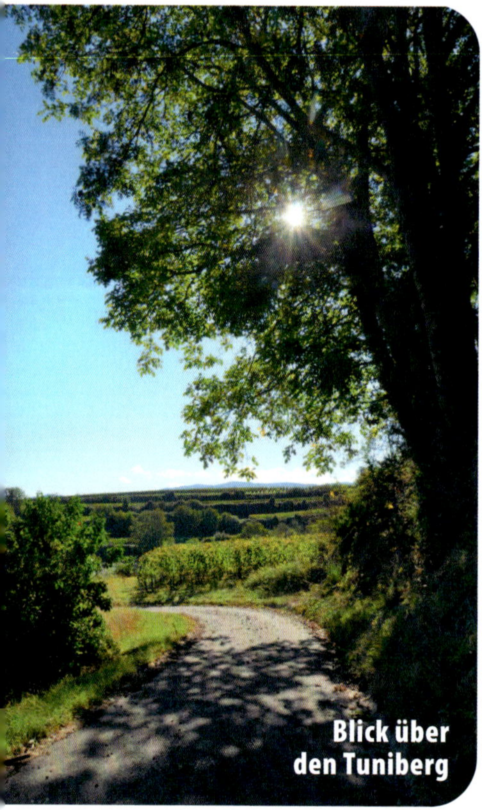

Blick über den Tuniberg

Der Tuniberg profitiert klimatisch von der mediterranen Warmluft, die zwischen Vogesen und Schweizer Jura – durch die sogenannte Burgundische Pforte – nach Südbaden strömt.

Weiter den Schildern des Eidechsenpfades folgend, biegen wir nach einer Streuobstwiese rechts ab und wandern zwischen Reben westwärts. Eine Infotafel am Wegrand weist auf die Eidechsenarten des Tunibergs hin. Zaun-, Mauer- und sogar die seltenen blau-grünen Smaragdeidechsen leben hier. Und tatsächlich entdecken wir wenig später eine grau-braune Zauneidechse zwischen dem wilden Bewuchs einer sonnigen Böschung. Zunächst sehen wir nur eine schnelle Bewegung im Augenwinkel. Während wir

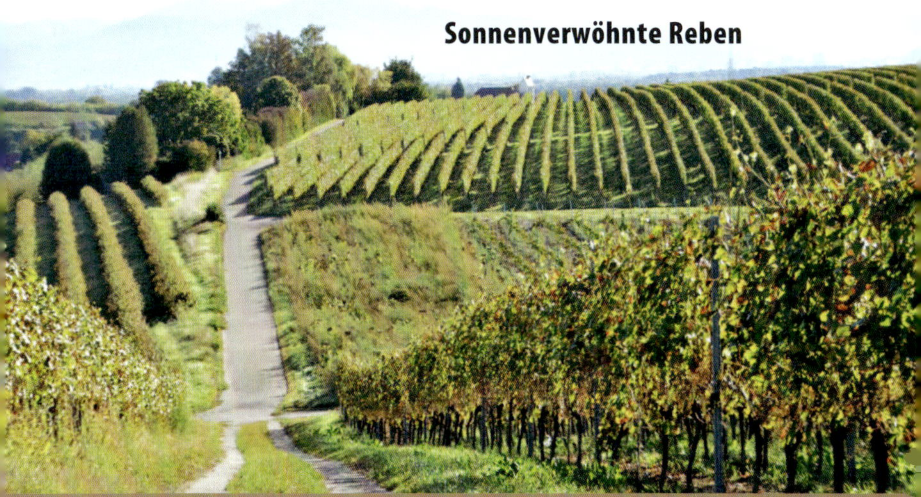
Sonnenverwöhnte Reben

Für die Seele

Liebliche Hügel, bunte Blüten, eine einmalige Tierwelt und viel Sonnenschein: Der Tuniberg ist das ideale Ziel für eine Entschleunigungstour im Grünen.

ganz vorsichtig einen Fuß vor den anderen setzen, nähern wir uns der Stelle: Und da lugt das kleine Köpfchen unter dem Blattwerk hervor, kriecht schließlich heraus, um den Körper im Sonnenlicht zu wärmen.

Auch wir genießen den Sonnenschein, der den Tuniberg verwöhnt und die Trauben so wunderbar reifen lässt und wandern über die Fahrstraße hinweg einen sanften Hügel hinauf. Nun ragen mächtige Walnussbäume am Wegrand auf, in ihrem Schatten genießen wir einen prächtigen Blick zurück über die Weinberge und bis zu den bewaldeten Höhen des Schwarzwalds. Ein Rebhäuschen liegt idyllisch zwischen den Weinstöcken, die schon langsam die rote Färbung des Herbstes annehmen. Hier gedeiht der Burgunder, für den der Tuniberg bekannt ist. Nirgendwo sonst in deutschen Weinbauregionen werden die Burgundersorten so häufig angebaut. Auf den sonnenverwöhnten Kuppen des Tunibergs entstehen aromatische Weine – vom purpurroten kräftigen Spätburgunder bis zum fruchtigen Weißen Burgunder.

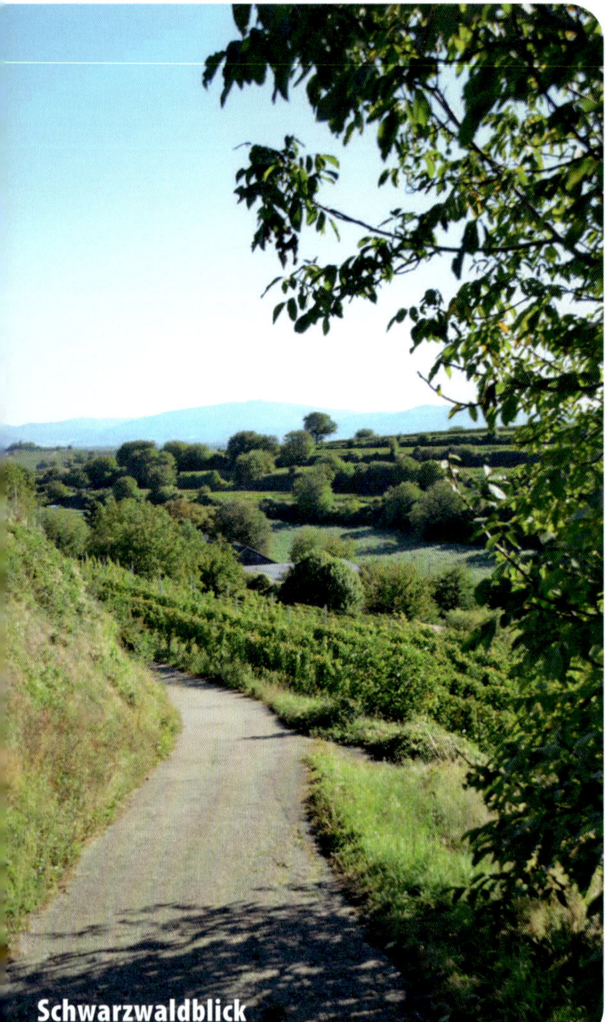
Schwarzwaldblick

Probieren können wir die feinen Tropfen in der Griestal-Strauße. Und dorthin wandern wir nun – mit einem Abstecher über den Höhenzug in ihrem Rücken. Leicht bergan führt der Weg, belohnt werden wir oben auf dem Kamm mit einem bezaubernden **Schwarzwaldblick ①**: Über den sanften Hügeln des Tunibergs erheben sich nun Feldberg und Belchen, im Norden erkennen wir Rosskopf und Kandel. Eine kurze Rast auf der Bank, dann steigen wir die Anhöhe hinunter zur **Griestal-Straußе 2**. Wer möchte, nimmt in der Stube oder auf den Bänken der Terrasse Platz. Wer es lockerer mag, kann sich mit Picknickdecke auf der Wiese vor dem Haus niederlassen und wird hier mit der badischen Wohlfühlküche verwöhnt: leckere Brägele mit Bibbeleskäs, Winzervesper oder Hofspätzle und zum Nachtisch eine sagenhafte Weincreme.

Nach dieser gemütlichen Einkehr machen wir uns auf den Weg zurück nach Opfingen. Er führt direkt gegenüber der Gartenterrasse auf den nächsten Höhenrücken hinauf. Der Eidechsenpfad bringt uns dann leicht bergab auf den **Hundsrücken 3** mit seinen hochstämmigen Obstbäumen. Vor allem Süßkirschen wachsen auf dieser wunderbaren Streuobstwiese. Unter den Bäumen herrscht ein Surren und Summen im Sonnenschein. Die Insekten fühlen sich sichtlich wohl. Und noch einem anderen Bewohner bietet die Streuobstwiese ein Zuhause: dem Wiedehopf. Hier findet er Nahrung und Nistmöglichkeiten.

Bis in die 1960er-Jahre waren Wiedehopfe jedes Jahr im Sommer am Tuniberg anzutreffen. Durch die Flurbereinigung verschwanden die natürlichen Bruträume. Dank Nisthilfen auf dem gesamten Höhenzug ist der Wiedehopf seit 2006 wieder am Tuniberg heimisch.

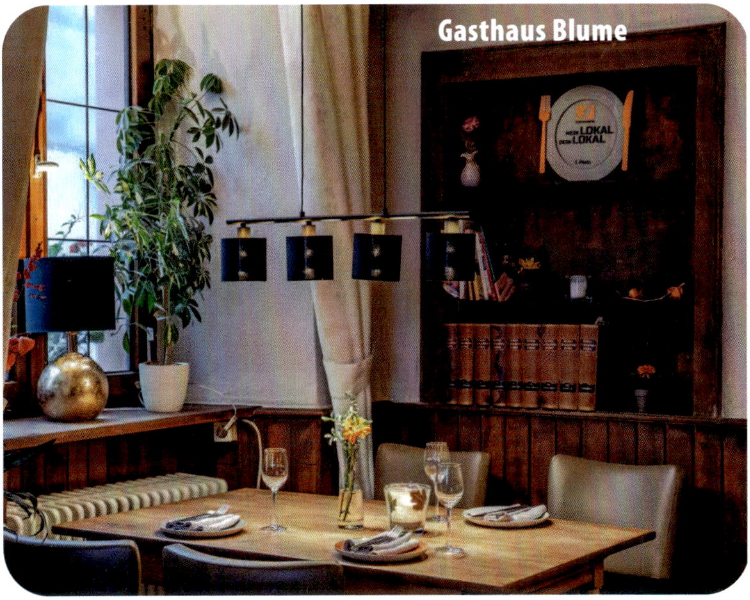

Und so ist es gar nicht unwahrscheinlich, den auffälligen Vogel mit der schwarz-weißen Federhaube anzutreffen.

Unser Weg führt nun hinunter an einen Bachlauf und durch die Reben zurück in den Ortskern von Opfingen. Und hier wartet ein weiteres Highlight auf uns: die Einkehr im **Gasthaus Blume** ④, wo Sascha Halweg und sein Team feinste Schwarzwald-Tapas servieren: karamellisierten Ziegenkäse mit Thymian-Apfel-Kompott, Camembert mit Wildkräutersalat und Holunder-Birnen-Ragout oder Flammkuchen mit Münsterkäse, Birne und blauer Zwiebelmarmelade. Diese und weitere Überraschungen aus der Küche sollte man sich auf keinen Fall entgehen lassen.

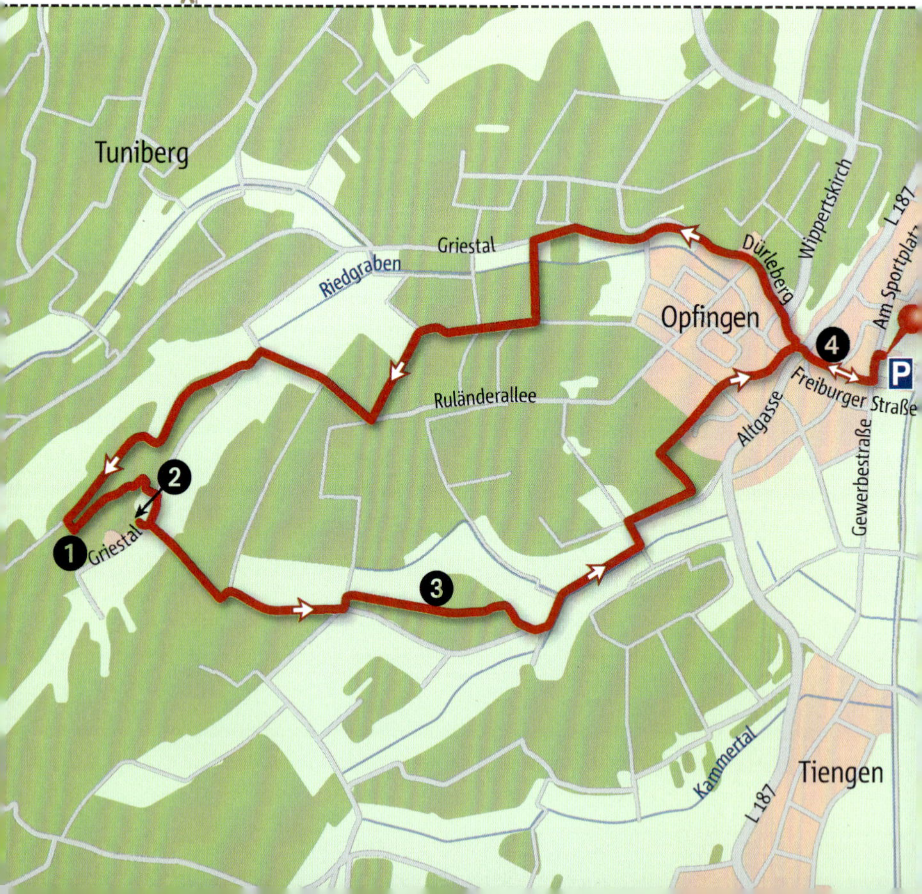

Alles auf einen Blick

WIE & WANN:
Leichte Wanderung auf gut begehbaren Wegen.
Beste Wanderzeit von April bis November.
Der Bienenfresser ist von Mai bis August am Tuniberg zu entdecken.

HIN & WEG:
Auto: Parkplatz, Am Sportplatz, 79112 Freiburg-Opfingen (GPS: 48.000498, 7.719434)
ÖPNV: Bus 32 von Freiburg Paduaallee bis Opfingen Rathaus

ESSEN & ENTSPANNEN:
Griestal-Strauße ❷ Griestal 2, 79112 Freiburg im Breisgau,
Tel. (0 76 64) 40 06 75, www.griestal-strausse.de
Gasthaus Blume ❹ Unterdorf 2, 79112 Freiburg im Breisgau,
Tel. (0 76 64) 6 12 38 89, www.blume-freiburg.de

ENTDECKEN & ERLEBEN:
Schwarzwaldblick ❶
Hundsrücken ❸

Entspannung ✱✱✱✱✱
Genuss ✱✱✱✱✱
Romantik ✱✱ (2 von 5)

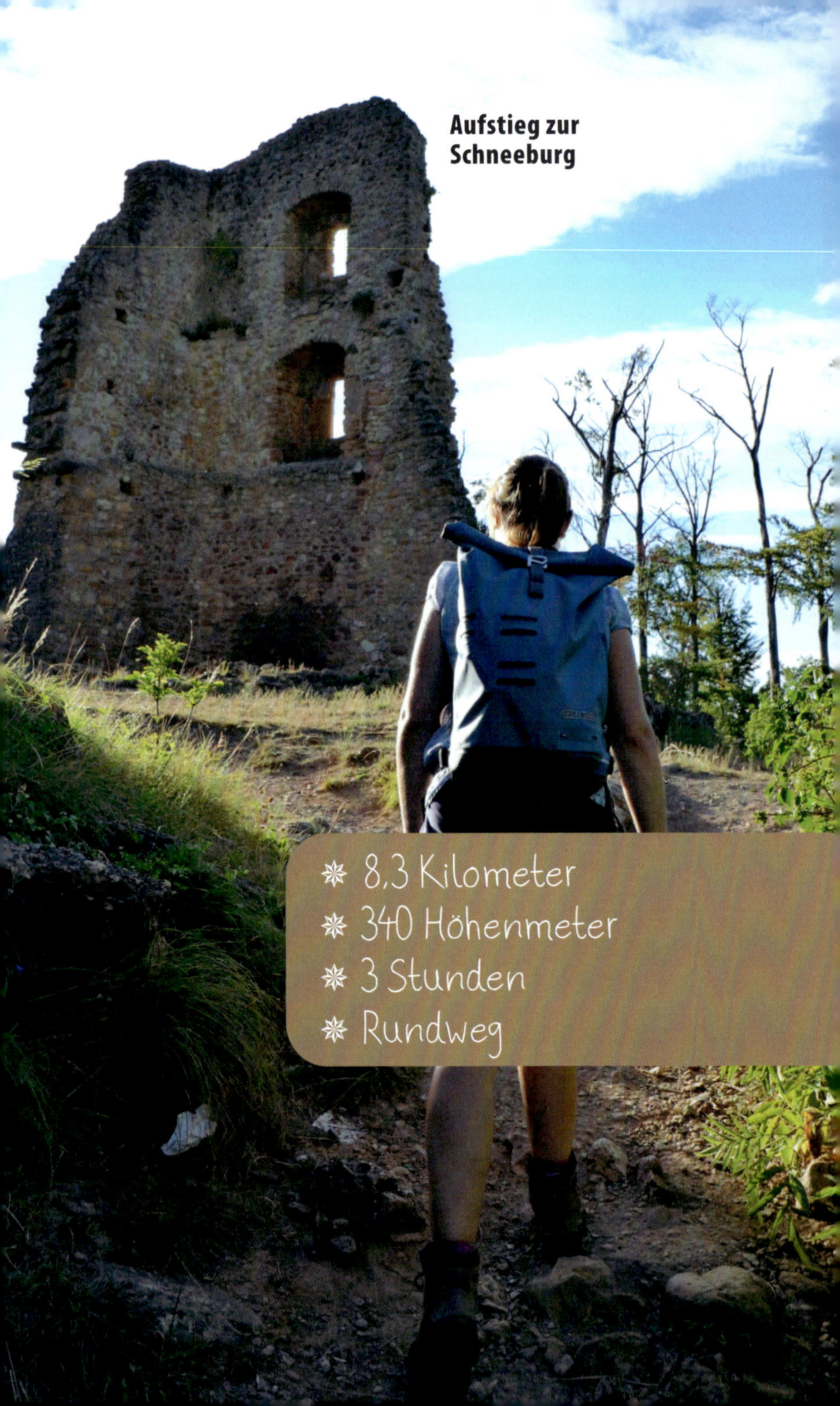

Aufstieg zur Schneeburg

- 8,3 Kilometer
- 340 Höhenmeter
- 3 Stunden
- Rundweg

Voller Leben

Auf den Schönberg

Unsere Wanderung beginnt im Freiburger Stadtteil **St. Georgen.** An der Ecke Innsbrucker Straße/Zwiegerackerweg biegen wir zunächst rechts ab. Schon nach wenigen Metern führt ein Wanderweg links in die **Streuobstwiesen des Schönbergs** (1) hinein. Diesem folgen wir unter herrlich knorrigen Bäumen bergauf: Die Zweige hängen schwer von knackigen Birnen und kleinen Äpfeln, leuchtend lila Zwetschgen und knallgelben Mirabellen. Nicht nur wunderbare alte Obstsorten gedeihen hier, die Bäume bieten auch einer Vielzahl von Tieren ein Zuhause. Darum sind die Streuobstwiesen des Schönbergs als Vogelschutzgebiet ausgewiesen. Wendehals, Neuntöter und Zaunammer finden in den alten Stämmen Nistplätze und Nahrung.

Wir wandern in weiten Bögen zwischen den Bäumen hindurch. Kühe weiden am Hang, dahinter breiten sich die Weinberge aus, im Hintergrund erkennen wir das **Jesuitenschloss.** Das herrschaftliche Anwesen beherbergte einst die Jesuiten, die an der Universität Freiburg lehrten, diente über die Jahrhunderte aber auch den Freiherren von Bollschweil und den Herren von Kageneck als Wohnsitz. Heute ist das Stiftungsweingut Freiburg mit Verkauf und Probierstube hier zu Hause.

Zum Heiliggeistspital gehörend hat das Stiftungsweingut Freiburg eine sehr alte Weinbautradition. Das Spital betreute und pflegte seit seiner Entstehung im 13. Jahrhundert die Armen und Kranken der Stadt. Der Wein hatte dabei große Bedeutung: Er war Einnahmequelle, aber auch Getränk und Medizin für die Spitalinsassen.

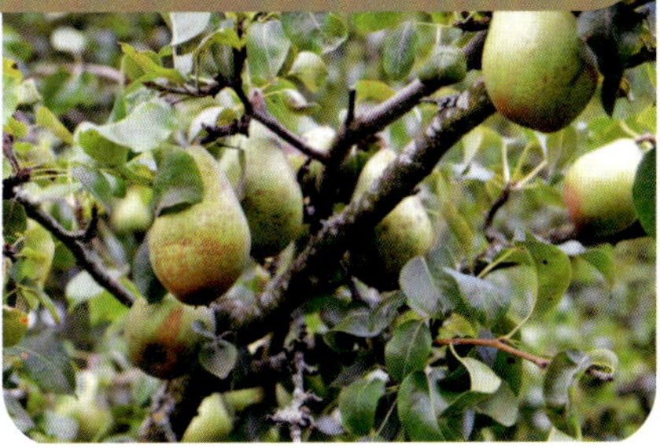

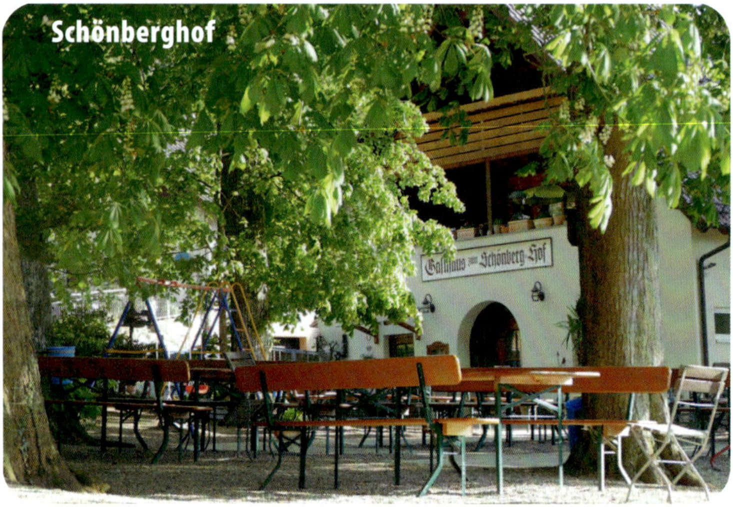

Wir erreichen bald den Waldrand, tauchen hinein ins Grün und gehen bergauf. An der Weggabelung halten wir uns zunächst rechts, dann wählen wir den oberen, steileren Weg. Wo wir auf einen breiteren Weg treffen, folgen wir ihm nach rechts. Nach etwa 400 Metern steigen wir links den Schotterweg bergauf. Er wird selten begangen, Majoran blüht lila auf dem Pfad, Steinklee mischt gelbe Farbtupfer darunter. Jetzt geht es steil durch den aufgeforsteten Wald hinauf. Wir erreichen erneut einen breiteren Weg, dem wir nach rechts folgen. Schon sehen wir die Ruine der Schneeburg über uns. Jetzt säumen wieder Weiden unseren Weg, Kühe grasen hier und wir genießen einen wunderbaren Blick auf die Ruine.

Bald erreichen wir das **Gasthaus Schönberghof** ❷. Unter Schatten spendenden Kastanien lassen wir uns nieder, genießen die Aussicht und erfrischen uns mit einem kühlen Getränk von der Anstrengung des Aufstiegs. Wer möchte, kann hier auch ein deftiges Vesper bekommen. Wir sitzen so schön, dass es uns ein bisschen schwerfällt, erneut loszuziehen.

Nun aber wollen wir die Perspektive wechseln: nicht zur Ruine hinauf, sondern von hier herunterschauen. Dazu wandern wir am Schönberghof vorbei und wählen dann den Weg, der rechts durch die Wiesen zur **Schneeburg** ③ führt. Wir nähern uns ihr von Norden, zunächst auf einem wurzeldurchzogenen Pfad, später über steile steinerne Stufen. Ganz schön kräftezehrend, aber der stetige Blick auf die Ruine weckt neue Kräfte. Die Anstrengung wird bald belohnt durch eine großartige Aussicht. Nach rechts öffnet sich der Blick über die ganze Stadt, links geben die durchbrochenen Mauern den Blick nach Ebringen und in die Weite des südlichen Rheintals frei. Ein erhabener Blick. Kein Wunder, dass sich die Herren von Hornberg im 13. Jahrhundert an dieser Stelle ihre Burg erbauten. Mächtige Mauern zeugen von dieser Zeit: Reste des Burgfrieds und eines Wohngebäudes sind erhalten. Wahrscheinlich wurde die Burg noch vor dem 16. Jahrhundert verlassen und verfiel. Die Mauerreste dienen heute vielen Ausflüglern als Sitzgelegenheit, Fensteröffnungen in übrig gebliebenen Wänden rahmen die Sicht ins Tal wunderbar ein. Die Schneeburg ist ein beliebtes Ziel der Freiburger. Für eine kleine Wanderung, um den Tag ausklingen zu

Für die Seele

Nah am Zentrum und doch mitten in der Natur: Der Schönberg ist der perfekte Ort, um dem Trubel der Stadt zu entfliehen und zur Ruhe zu kommen.

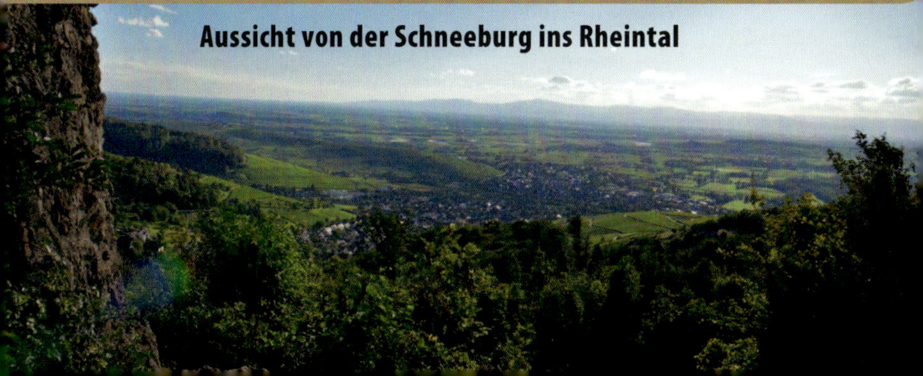

Aussicht von der Schneeburg ins Rheintal

lassen und die Sonne hinter den Vogesen untergehen zu sehen.

Nach dieser kleinen Ruhepause mit Aussicht, verlassen wir die Ruine wieder in Richtung des Gasthauses. Nun wollen wir die östliche Erhebung des Schönbergs in Angriff nehmen. Dazu wählen wir an der Weggabelung vor dem Gasthaus den **NatURWALDpfad** **4** zum Hedwigsbrunnen. Der Pfad führt durch die ursprünglichsten Teile des Ebringer Waldes, dorthin, wo absterbende und morsche Bäume als Lebensraum für Insekten und Vögel betrachtet und nicht abgeräumt werden. Wir folgen den Schildern mit dem stilisierten Hirschkäfer – er ist einer der Bewohner dieses „Urwalds". Der Pfad führt uns an einer Rinderweide entlang hinein in den Wald, dann schlingt er sich in Serpentinen unter dem Blätterdach bergauf.

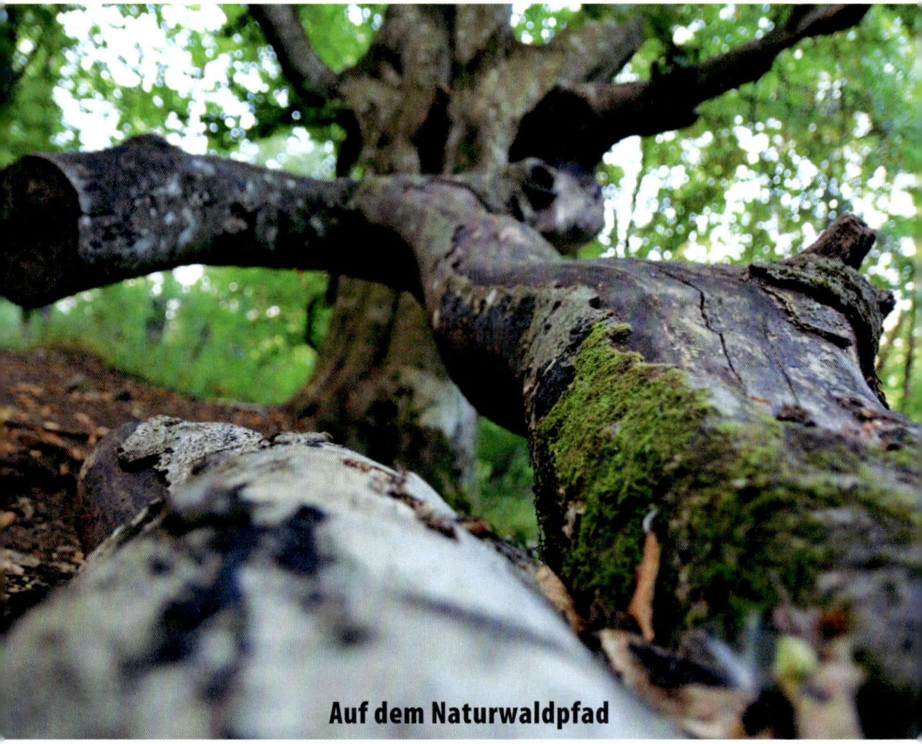

Auf dem Naturwaldpfad

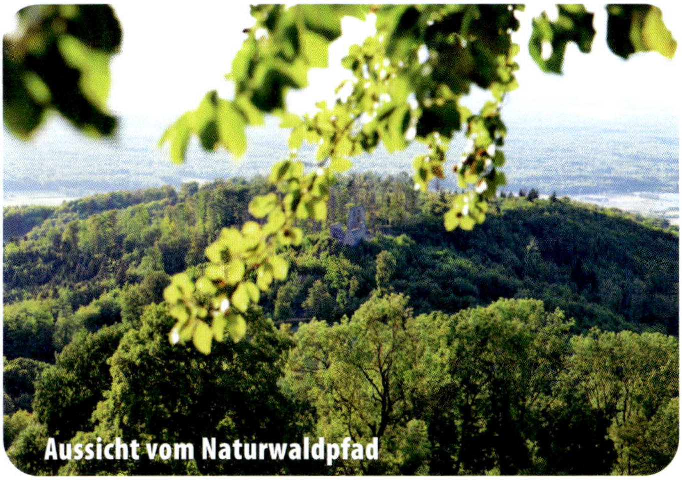

Aussicht vom Naturwaldpfad

An der Weggabelung **Hedwigsbrunnen** halten wir uns rechts und wandern zwischen Waldrand und Weide gen Süden. Ein traumhafter Blick begleitet uns: Nun liegt die Ruine der Schneeburg zu unseren Füßen, wir schauen über die westliche Anhöhe des Schönbergs hinunter in den Rheingraben, erkennen den Kaiserstuhl und dahinter – im Dunst – die Vogesen. Wir umrunden den Gipfel immer entlang des Waldrandes, treten dann an der östlichen Flanke des Schönbergs wieder in den wilden Wald hinein. Auf engen Pfaden, Stegen und Treppen führt uns der NatURWALDpfad durchs Dickicht. Äste, die der Wind von den Bäumen gerissen hat, liegen am Wegrand. Baumstämme und Steine sind von einer dicken Schicht Moos bedeckt, Vögel zwitschern im freundlichen Grün der Bäume.

Wo wir erneut auf den **Hedwigsbrunnenweg** treffen, biegen wir nach rechts ab. Am nächsten Abzweig wandern wir nach links, der Stadt entgegen. Wir sind im Wald unterwegs, erhaschen zwischen den kräftigen Buchen aber immer wieder einen Ausblick auf die Weideflächen im Westen. An der nächsten Möglichkeit biegen wir rechts ab, erreichen den **Schönbergrandweg** und folgen ihm nach links. Nun öffnet sich der

Blick nach Osten, wo wir über das Hexental hinweg den Schauinsland mit seinem Aussichtsturm entdecken. Darunter drehen sich nimmermüde die Rotoren der Windräder auf der Holzschlägermatte. Unter uns liegt nun das Jesuitenschloss, dahinter breitet sich die Stadt aus.

Bald erreichen wir die Streuobstwiesen. Anstatt direkt an den Ausgangspunkt unserer Tour zurückzukehren, wenden wir uns noch einmal nach rechts, schlendern den schmalen Wiesenpfad nach Osten. Denn dort am Hang neben dem Weinberg und unter dem **Jesuitenschloss** steht eine Bank. Der perfekte Ort, um die Wanderung ausklingen zu lassen – mit einem prächtigen Blick über die Stadt und bis zum Kaiserstuhl.

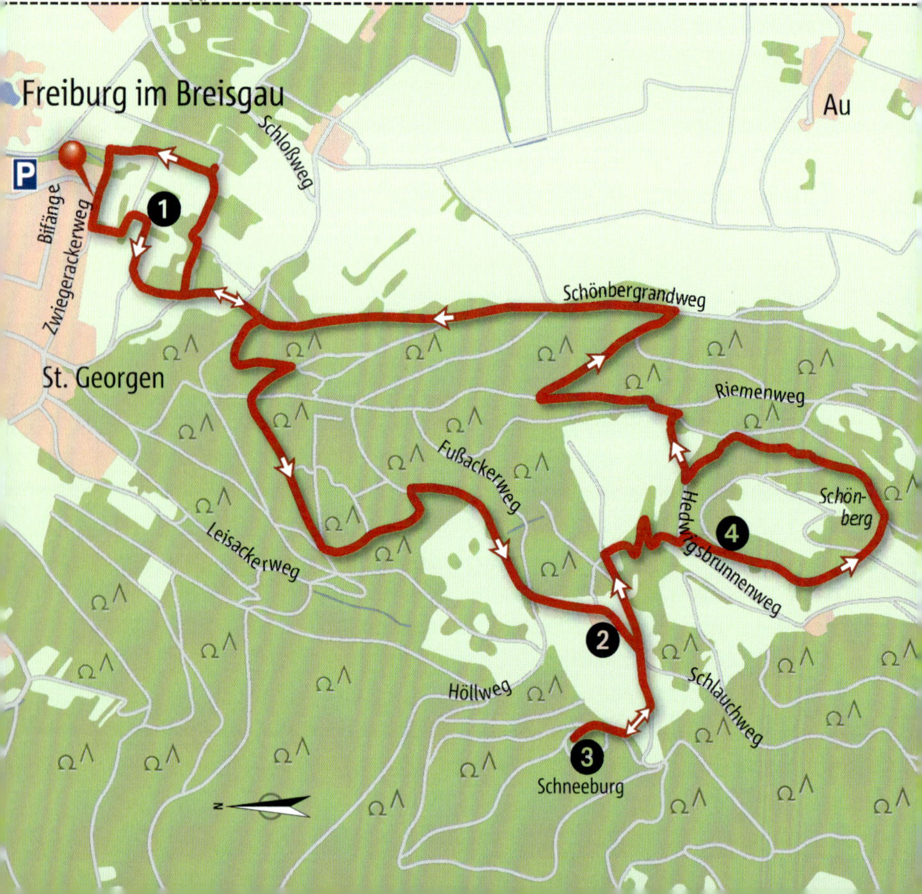

Alles auf einen Blick

WIE & WANN:
Mittelschwere Wanderung mit einigen kräftigen Steigungen. Beste Wanderzeit von April bis November, besonders schön, wenn im Frühjahr die Streuobstbäume blühen oder im Herbst die Früchte reif sind.

HIN & WEG:
Auto: Parkplätze entlang der Innsbrucker Straße oder dem Zwiegerackerweg, 79111 Freiburg (GPS: 47.971628, 7.815835)
ÖPNV: Straßenbahnlinie 3 bis Innsbrucker Straße

ESSEN & ENTSPANNEN:
Gasthaus Schönberghof ❷ Unterer Schönberghof 1, 79285 Ebringen, Tel. (0 76 64) 72 22, www.gasthaus-schoenberghof.de

ENTDECKEN & ERLEBEN:
Streuobstwiesen am Schönberg ❶
Ruine Schneeburg ❸
NatURWALDpfad ❹

Entspannung ✱✱✱✱✱
Genuss ✱✱✱✱✱
Romantik ✱✱✱✱✱

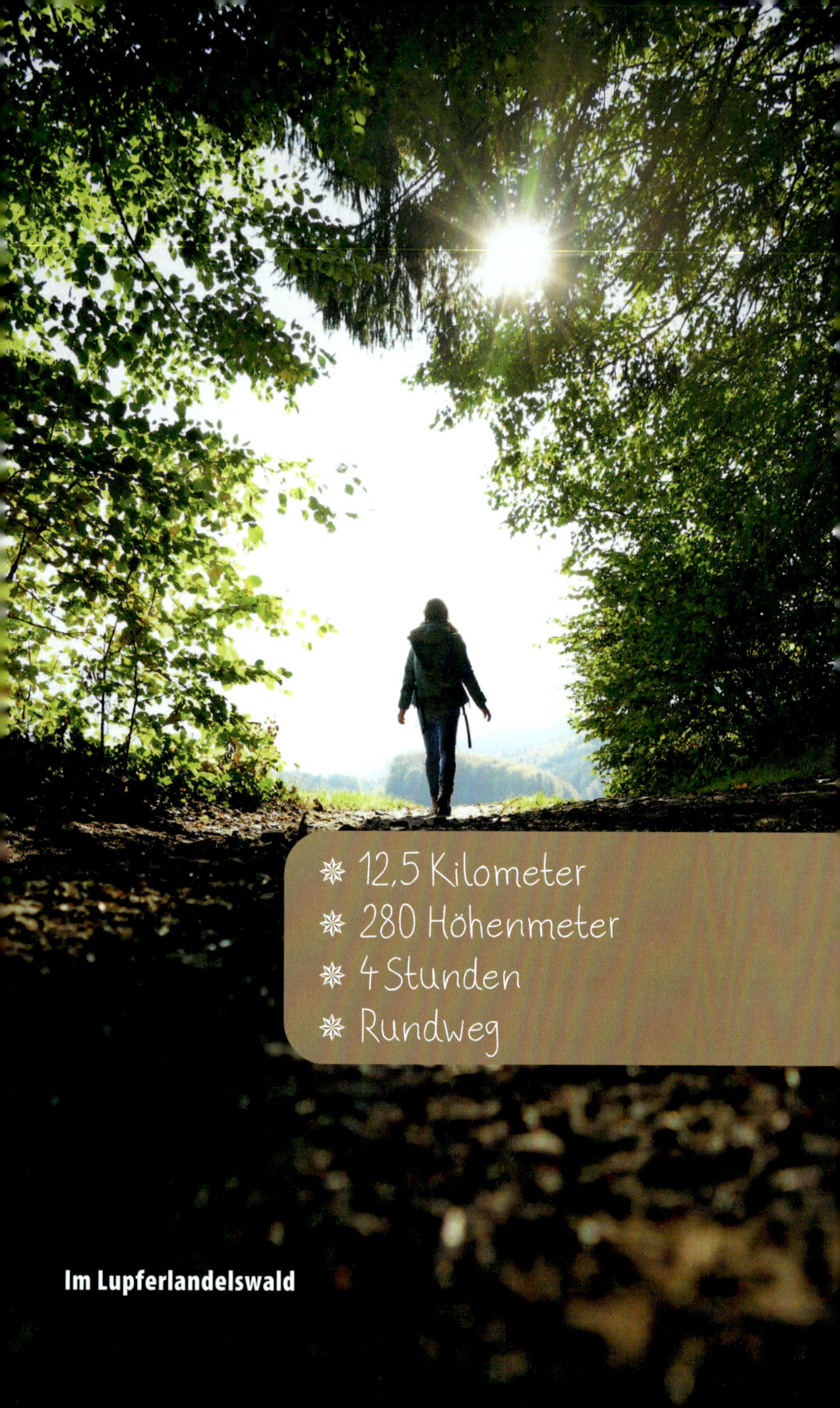

Im Lupferlandelswald

Unsere Wanderung beginnt – egal ob wir mit dem Auto oder dem Zug anreisen – am Kreisverkehr an der **Bahnhofstraße** in **Elzach.** Wir überqueren die Elz und anschließend die Hauptstraße südlich des Ortskerns, orientieren uns an den Schildern zum Bolzberg und gehen die **Kreuzstraße** hinauf. An ihrem Ende biegen wir links in die Franz-Xaver-Stenzel-Straße ein, die uns am Stadtwäldele vorbei zur Biederbacher Straße führt. Diese geht es nur wenige Meter bergauf, dann biegt unser Weg links ab in Richtung **Bolzberg.** Nun lassen wir die Stadt und die Straßen hinter uns, treten in den Wald ein und wandern rechter Hand der **Buchwaldhütte** entgegen. Am Ulrichsbrunnen vorbei steigen wir gleich kräftig bergauf. Wir lassen es gemütlich angehen. Wozu die Hektik? Überhaupt lässt sich der Zauber des Waldes so viel schöner genießen. Die Morgensonne schickt ihre Strahlen zwischen den Bäumen hindurch, beleuchtet die Moospolster auf dem Waldboden, Gräser und Sträucher werfen Schattenspiele auf den Weg – wir sind wie gefangen von der Schönheit dieses Waldes. Gemütlich erreichen wir die Buchwaldhütte und den idyllischen kleinen Teich, der sich hinter ihr im Dickicht fast versteckt. Farn umringt ihn, hellgrüne Wasserlinsen bedecken die Oberfläche, ein Bänkchen steht am Ufer – ein malerischer Ort für eine erste kleine Ruhepause.

Illenberg und Selbig gehören zur Gemeinde Biederbach. Unter dem Ortsnamen vereinen sich insgesamt 38 Dörfer, Weiler, Zinken und Einzelhöfe, die weit über die Höhe oberhalb von Elzach verstreut liegen.

Weite erleben

Hoch über dem Elztal

Beschwingt wandern wir weiter, wenden uns kurz nach der Hütte nach links und folgen der blauen Raute auf einem schmalen Pfad durch den Buchenwald. Zwischen den dicht stehenden Stämmen hindurch führt er uns bergauf – und schließlich auf eine Wiese: Wir haben den **Storenbühl** erreicht. Weit reicht unser Blick über die Hochebene mit ihren Weiden, den vereinzelten Höfen, den Streuobstwiesen. Wir wandern dem **Illenberg** 1 entgegen und an den Häusern und Gärten des gleichnamigen Ortes vorüber, kleine leuchtend rote Äpfel wachsen an den knorrigen Bäumen, in den Beeten reift das Gemüse, die Herbstblumen blühen in allen Farben. Aber nicht nur die Gärten ziehen unseren Blick auf sich. Sobald wir die letzten Häuser des Ortes hinter uns gelassen haben, breitet sich zu unserer Linken ein herrliches Panorama aus: Die Aussicht reicht über die grünen Wiesen und das Elztal hinweg bis zu den Gipfeln der Schwarzwaldhöhen.

Wir erreichen schließlich eine Gabelung und schlagen den Weg nach Selbig ein. Es ist traumhaft still hier oben, unterhalb des Weges wendet eine Bäuerin Heu, ein paar Kühe verteilen sich auf den weiten Wiesen, ansonsten umfängt uns nur das Gezwitscher der Vögel. Wir wandern durch Wald und

Durch das Gemeindegebiet von Biederbach verläuft auch der Zweitälersteig – ein Rundwanderweg über mehrere Etappen und 108 Kilometer Länge. Er umrundet die sieben Orte im Elztal und Simonswäldertal und führt auch über den Kandel, den höchsten Berg des Zweitälerlands.

Panorama am Illenberg

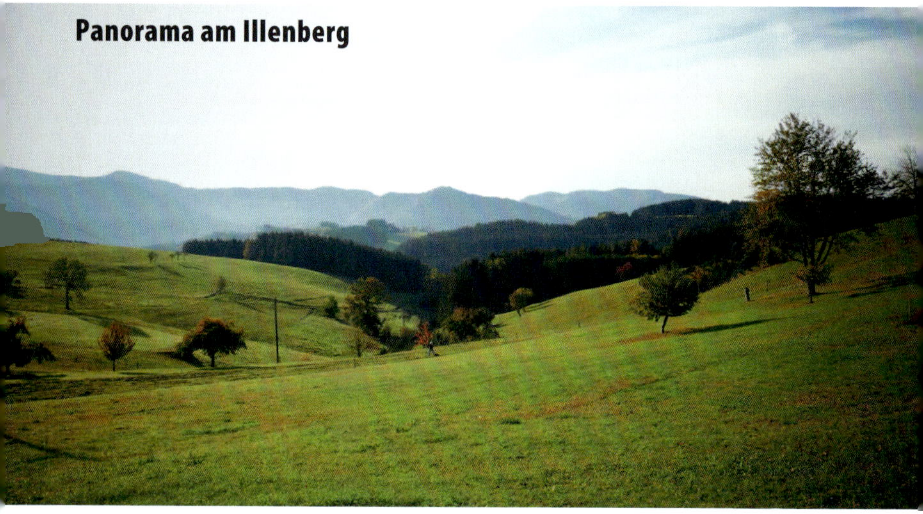

Feld, an den Höfen von **Knebis** vorbei und in den **Lupferlandelswald** ❷ hinein. Und dieser lichtdurchflutete Buchenwald entlässt uns im Süden zu einem Traumpanorama. Wir treten aus dem Schatten der Bäume heraus, lassen uns auf der Bank nieder und vom Son-

Ausblick ins Tal

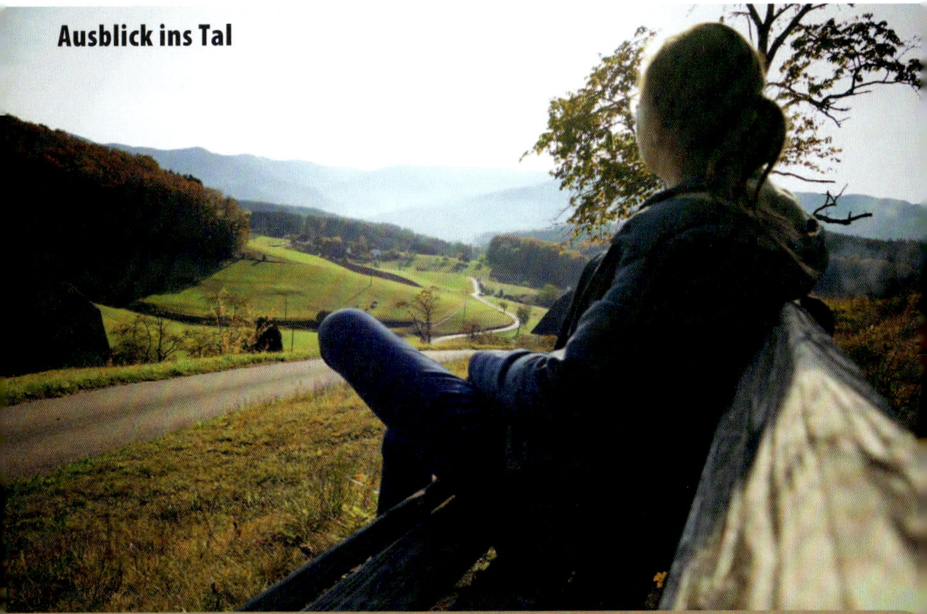

Für die Seele

Auf der sonnendurchtränkten Hochebene von Biederbach genießen wir ein Panorama über Weiden, Wiesen und die grünen Höhen des Südschwarzwalds.

nenschein verwöhnen. Ein herrlicher Ort, um die Beine baumeln zu lassen und zur Ruhe zu kommen. Aufgetankt mit Licht und neuer Energie machen wir uns auf den Weg ins Tal. Wir durchstreifen den kleinen Ort **Selbig** und können nun wählen: Wer Hunger verspürt und das Panorama noch länger genießen möchte, kann an der Weggabelung rechts zum Bä-

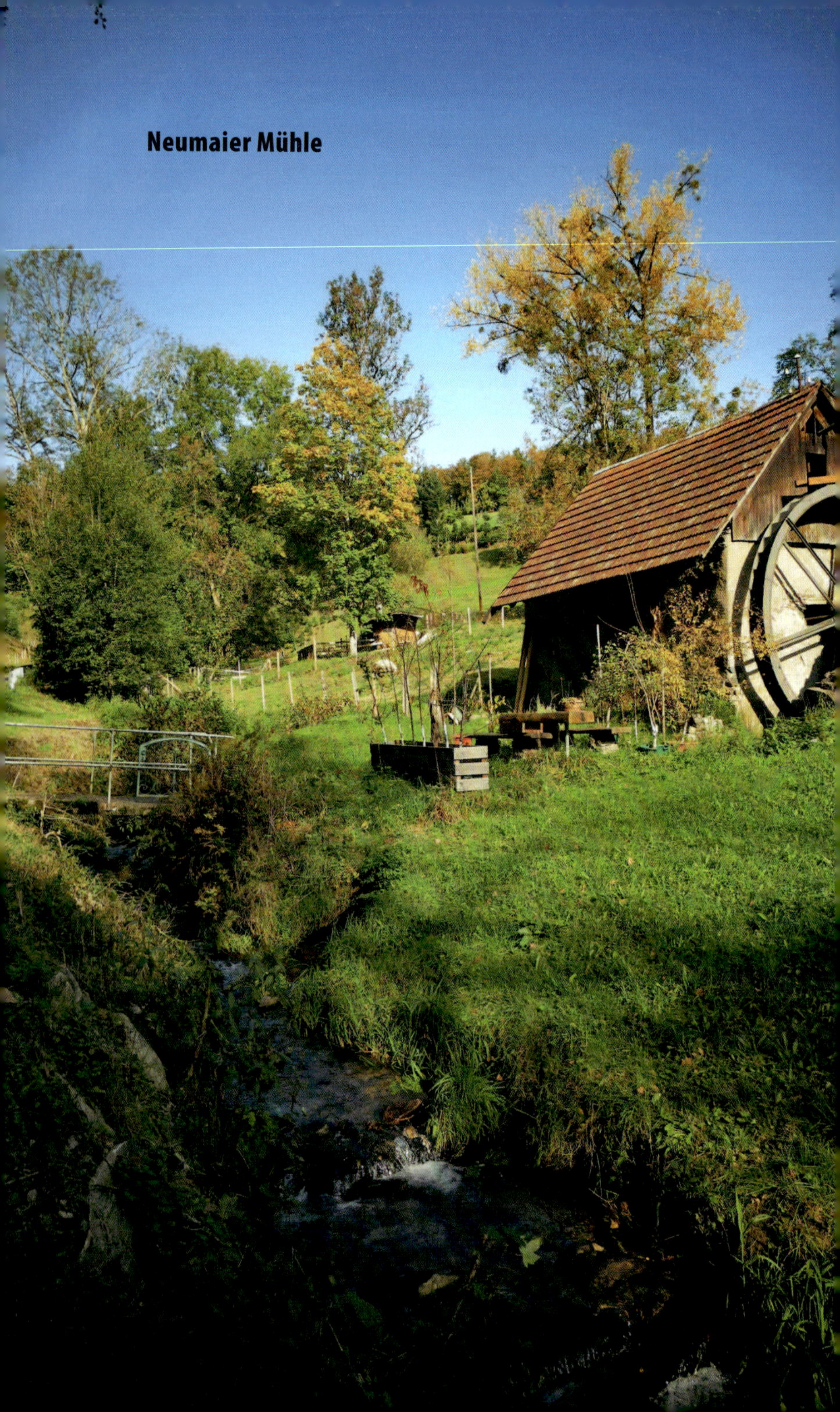
Neumaier Mühle

reneckle abbiegen, wo der **Gasthof Bäreneckle** ③ eine gemütliche Einkehr, feines Essen und eine grandiose Aussicht verspricht.

Ansonsten geht es direkt den Weg nach Elzach hinunter. Wir wandern an Rinderweiden vorbei die Straße ins Tal hinunter. Am Waldrand biegen wir links Richtung Steinmühle ab, queren eine Wiese und tauchen in den Schatten der Bäume ein. Nun folgen wir der gelben Raute, mal durch den Wald, mal an Weiden entlang und gelangen schließlich an den **Breienbach.** Unser Weg am Waldrand oberhalb des Wasserlaufs bietet einen traumhaften Blick das malerische Tal hinunter. An der Steinmühle und einer Schafweide vorbei geht es die Straße hinunter Richtung Elzach. Das Tal weitet sich, wird dann wieder schmaler und der Weg führt uns direkt zur **Neumaier-Mühle** ④. Das alte Gebäude mit dem Mühlrad atmet den Geist einer längst vergangenen Zeit. Wir können uns richtig gut vorstellen, wie hier einst das Wasser rauschte, das Mühlrad klapperte und der Müller seine Säcke schleppte. Und tatsächlich ist auch im Innern noch vieles im Originalzustand von 1872, als die Mühle nach ihrer Zerstörung erneut errichtet wurde. Nach einer kleinen Rast wandern wir weiter talwärts. Kurz bevor wir unten im Elztal ankommen, führt uns ein kleiner Pfad weg von der Straße und linker Hand in den Wald hinein. So gelangen wir zurück zum Bolzberg und auf den bekannten Wegen in den Stadtkern von **Elzach.** An der Hauptstraße mit den hüb-

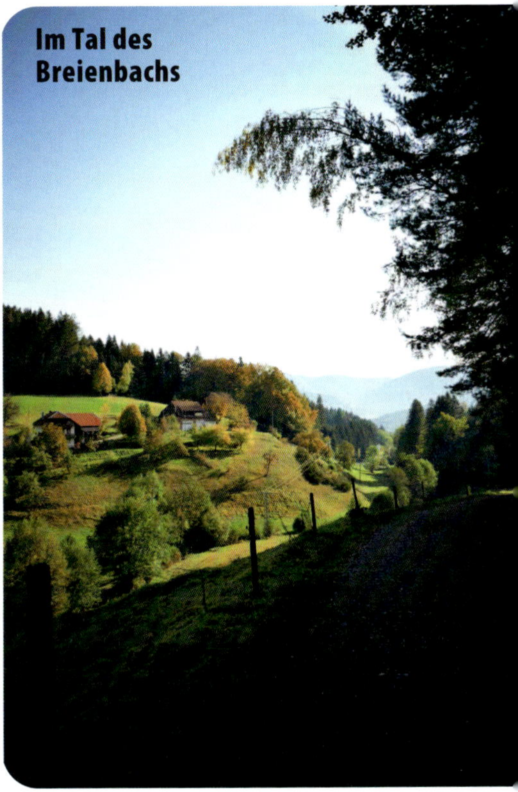

schen Häusern finden wir viele Möglichkeiten, um gemütlich zu sitzen und lecker zu essen. Im kleinen, aber feinen **Gasthaus zur Krone** 5 wird badische Wohlfühlküche serviert: Egal ob Käsespätzle, Schnitzel oder Salat, hier schmeckt alles richtig gut. Dazu sitzt man schön luftig im Biergarten oder gemütlich im Lokal. Gutbürgerlich kann man auch ein paar Häuser weiter essen: Das **Brauereigasthaus Löwen** 6 verbindet Tradition und Moderne vorzüglich. Es gibt Rumpsteak und Rinderleber, aber auch Gemüse-Tofu-Pfanne, Burger mit Angus-Rind, Hirschfleisch oder veganem Belag – hier findet jeder etwas für seinen Geschmack. Die Gaststätte selbst ist eine Mischung aus guter Stube und Kneipe und der Service sehr freundlich.

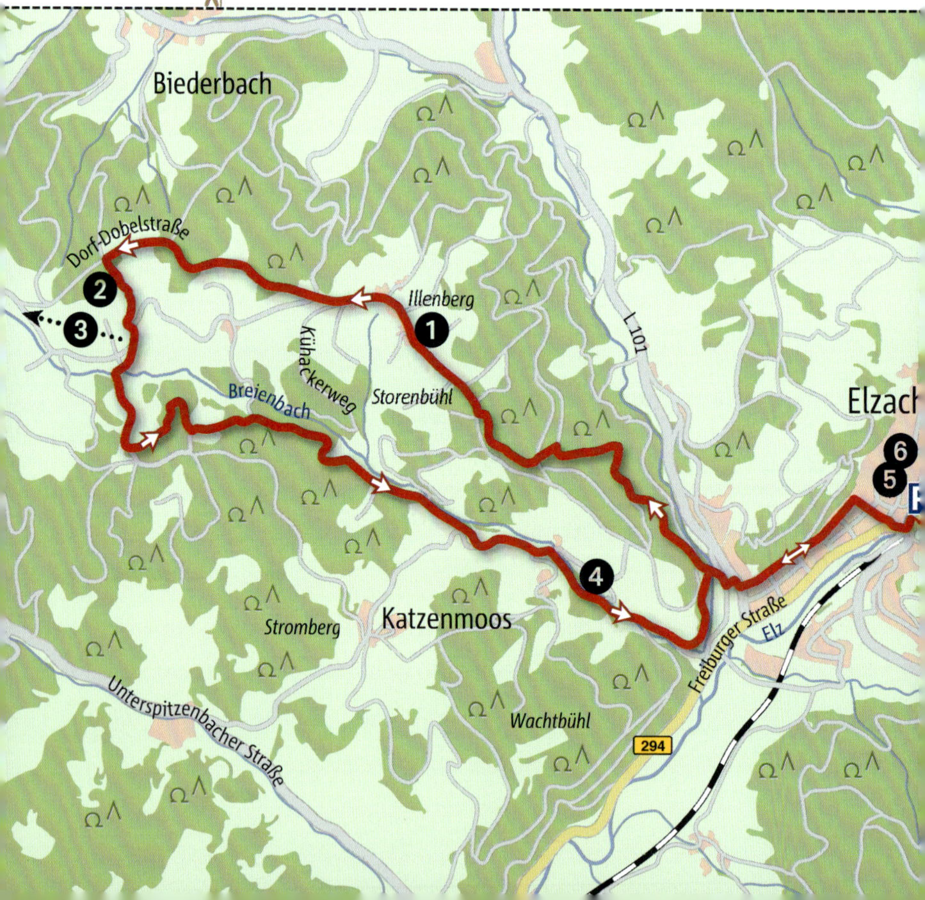

Alles auf einen Blick

WIE & WANN:
Leichte Wanderung auf meist asphaltierten Wegen.
Beste Wanderzeit von April bis November.

HIN & WEG:
Auto: Parkplatz an der Elz, Gerbergasse 7, 79215 Elzach (GPS: 48.172274, 8.072271)
ÖPNV: Regionalbahn von Hbf. Freiburg nach Denzlingen, dann Bus 7206 bis Elzach

ESSEN & ENTSPANNEN:
Gasthof Bäreneckle ❸ Selbig 17, 79215 Biederbach,
Tel. (0 76 82) 83 58, www.baereneckle.de
Gasthaus zur Krone ❺ Hauptstraße 30, 79215 Elzach,
Tel. (0 76 82) 92 68 81, www.krone-elzach.de
Brauereigasthaus Löwen ❻ Hauptstraße 54, 79215 Elzach,
Tel. (0 76 82) 92 50 53, www.brauereigasthaus-loewen.de

ENTDECKEN & ERLEBEN:
Illenberg ❶
Panorama vom Lupferlandelswald ❷
Neumaier-Mühle ❹

Entspannung ★★★★☆
Genuss ★★★☆☆
Romantik ★★★★☆

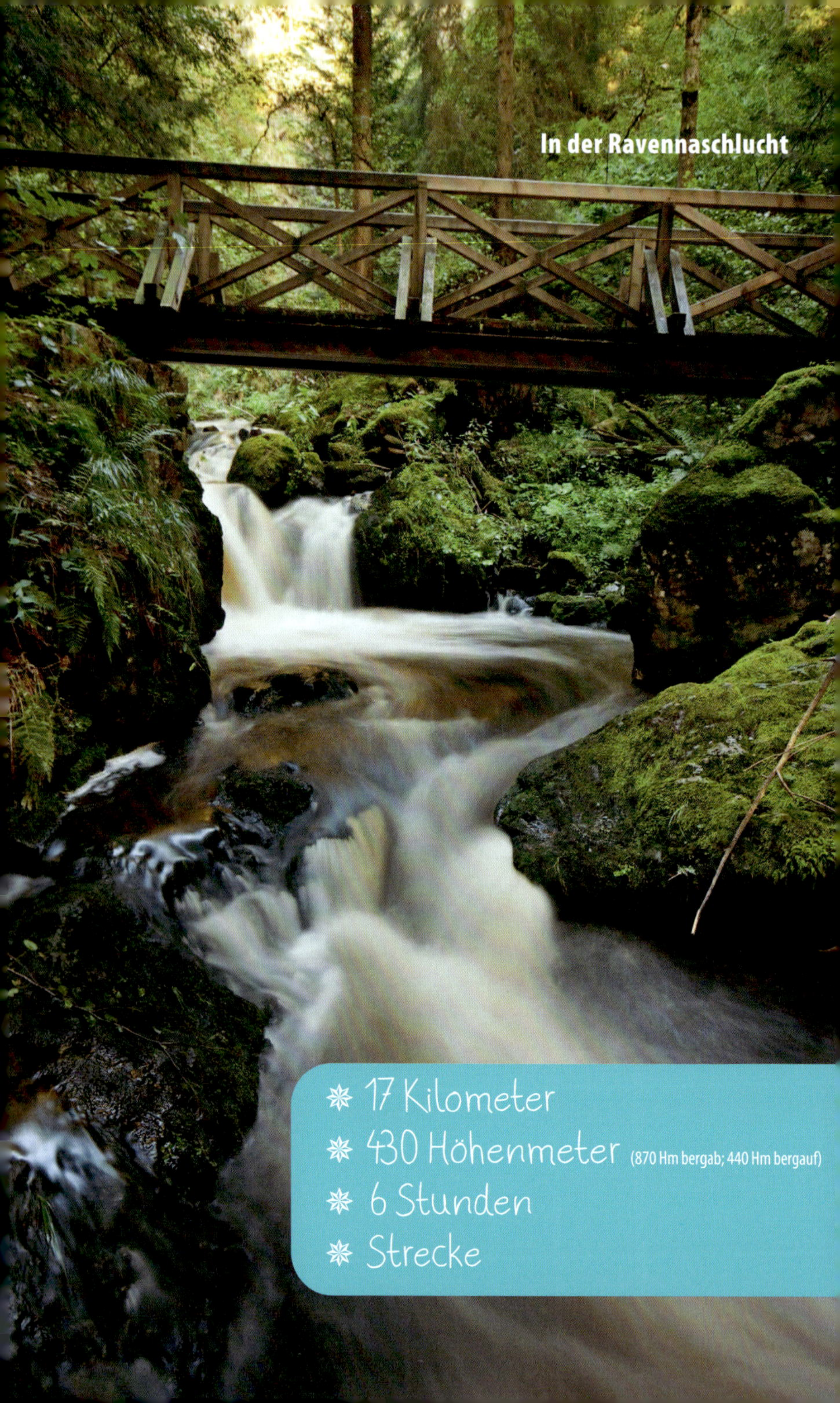

In der Ravennaschlucht

- 17 Kilometer
- 430 Höhenmeter (870 Hm bergab; 440 Hm bergauf)
- 6 Stunden
- Strecke

Diese Wanderung beginnt mit einer Zugfahrt: In Freiburg oder Himmelreich steigen wir in die **Höllentalbahn** hinauf nach Hinterzarten. Schon diese Fahrt ist ein Erlebnis: Über Brücken und durch Tunnels kämpft sich unser Zug durch das tief eingeschnittene Höllental hinauf. 430 Höhenmeter auf nur 11,5 Kilometern muss er zwischen den Bahnhöfen Himmelreich und Hinterzarten überwinden – damit ist die Höllentalbahn die steilste Hauptbahn Deutschlands.

Einen Höhepunkt sollten wir unterwegs auf keinen Fall verpassen: den **Hirschsprungfelsen** ①. An der engsten Stelle des Tals thront ein Hirsch aus Bronze majestätisch über der Schlucht. Um ihn zu entdecken, müssen wir achtgeben, nachdem wir den kleinen Ort Falkensteig passiert haben. Nach dem zweiten Tunnel werfen wir einen Blick zurück und empor: Da steht er stolz über dem Tal – und erinnert an die Legende vom Hirschsprung. Der Ritter der Burg Falkenstein soll auf der Jagd im Höllental einen prächtigen Hirsch gesichtet haben. Als er das Tier verfolgte, sprang es mit einem gewaltigen Satz über die Schlucht und entkam. Auch wenn das Tal damals noch schmaler war, gehört diese Geschichte sicherlich ins Reich der Sagen.

Weiter geht die Fahrt oberhalb der Bundesstraße. Nun sind wir nicht mehr weit entfernt von der **Ravennabrücke.** Das imposante Viadukt überspannt das Ravennatal auf einer Breite von 224 Metern und einer Höhe von 36 Metern. Von oben genießen wir einen fantastischen Blick über die Schlucht und entdecken

Der erste Hirsch an dieser Stelle wurde 1856 aufgestellt: Die Gemeinde Falkensteig stiftete ihn anlässlich der Hochzeit von Luise von Preußen mit dem badischen Großherzog Friedrich. Er war wie mehrere Nachfolgemodelle aus Holz. Die heutige Bronzefigur stammt aus dem Jahr 1907 und wurde 2010 restauriert.

Felsen & Fluten

Durch die Ravennaschlucht

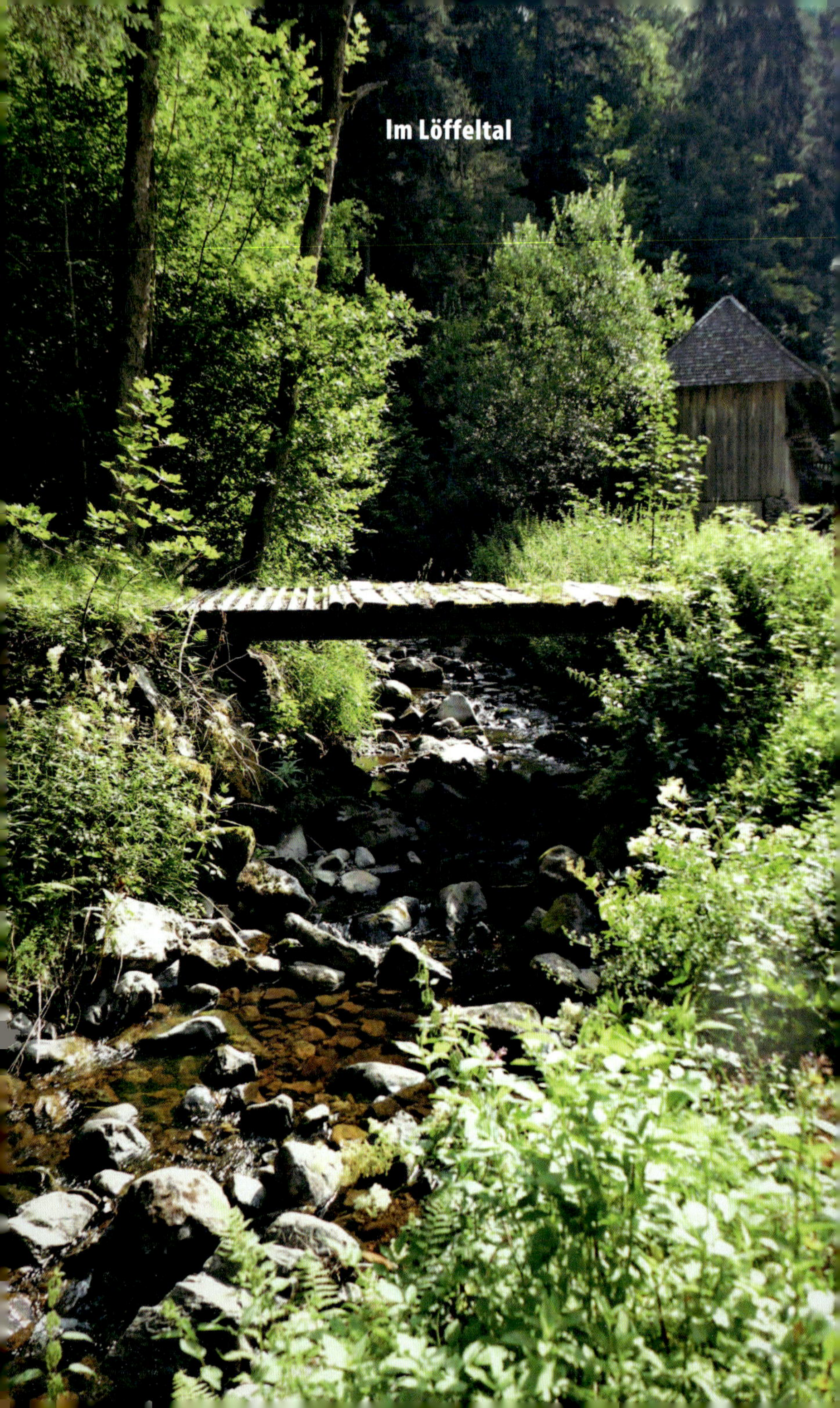

Im Löffeltal

weit unter uns den Weg, den wir später selbst erwandern wollen. Voller Vorfreude erwarten wir die Ankunft in Hinterzarten. Nach drei weiteren Tunnels ist es so weit, wir erreichen den Bahnhof und machen uns zu Fuß auf die Tour zurück nach Himmelreich.

Wir folgen kurz dem **Bahnhofweg** nach rechts und passieren das **Hotel Schwarzwaldhof** mit der hübschen Fassade. An der Kreuzung treffen wir auf einen Wegweiser mit unzähligen Wanderzielen. Wir orientieren uns Richtung Löffeltal und Ravennaschlucht. Am Kurhaus mit der Touristinformation vorbei folgen wir der Freiburger Straße und biegen vor der Bahnunterführung links in die **Alpersbacher Straße** ein. Bald erkennen wir das kleine **Rauch-Hüsli** ❷ mit dem schönen Metallschild. In dem gemütlichen Häuschen bietet Marianne Buck geräucherte Schwarzwälder Wurst- und Schinkenspezialitäten an. Außerdem gibt es Honig aus eigener Imkerei, Marmeladen aus selbst gesammelten Wildbeeren, Liköre und Schnäpse.

Mit einigen Leckereien als Proviant im Rucksack biegen wir gleich nach dem Hüsli rechts ab und erreichen bald den Einstieg ins **Löffeltal.** Zwischen Bach und Bahndamm wandern wir bergab. Wir sind auf dem **Heimatpfad Hochschwarzwald** unterwegs. Infotafeln klären uns über die einst hier ansässigen Handwerksbetriebe auf. Sägen und Mühlen, eine Seilerei und mehrere Löffelschmieden lagen im Tal – alle angetrieben vom Wasser des Rotbachs. Nun wissen wir auch, wie das Tal zu seinem Namen kam. Und wir treffen auf die gut erhaltenen und zum Teil zu Schauzwecken noch be-

Für die Seele

Durch die wildromantische Ravennaschlucht mit ihren Wasserfällen und Kaskaden steigen wir zu den großartigen Aussichtsfelsen hoch über dem Höllental.

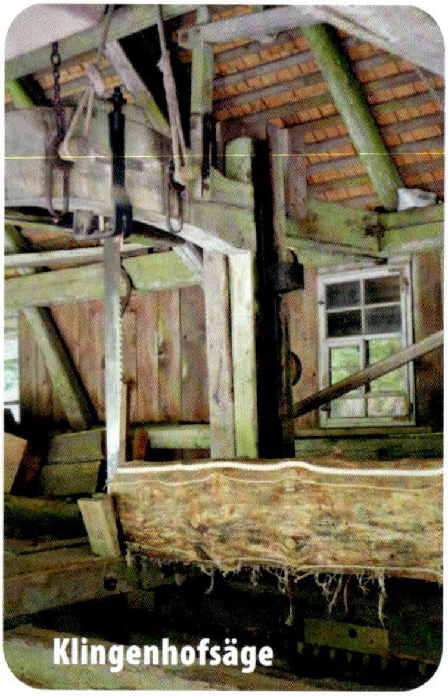

triebenen Gebäude. Da liegt die Kohlenhütte der Löffelschmiede malerisch über dem Bach. Die alten Wasserrinnen sind von dicken Polstern aus Moos bedeckt. Mühlrad und Sägeblatt der **Klingenhofsäge** ③ warten geduldig auf ihren nächsten Einsatz. Das ist jährlich am Deutschen Mühlentag der Fall. Dann klingt das typische klopfende Geräusch durch das Tal und ein Verein führt vor, wie im 19. Jahrhundert die Klopfsäge Baumstämme zu Dielen und Brettern zersägte.

Wir nähern uns langsam dem Höllental. Bald dringen Autogeräusche durch den Wald, rechts des Wanderweges führt die Bundesstraße in engen Kurven bergab. Hier erreichen wir wieder die Zivilisation. Wie laut und voll das sein kann, hatten wir im stillen Löffeltal ganz vergessen. Hoch oben am Rand der Schlucht erkennen wir schon die Felsen, die auf uns warten, sobald wir die Ravennaschlucht erklommen haben. Zunächst unterqueren wir diese. Auf der anderen Seite haben wir die Möglichkeit, rechts zur **historischen Seilerei** und Kornmühle hinabzusteigen. Die Seilerei war eine von vielen handwerklichen Dienstleistungen, die an dieser Stelle angeboten wurden, als der Verkehr durchs Höllental immer mehr zunahm. Schon seit dem 12. Jahrhundert führte die Falkensteige zwischen Freiburg und Donaueschingen durch das damals noch Falkensteiner Tal genannte Höllental. Der Weg wand sich in spektakulären Kehren, die Pferdekutschen kämpften sich beschwerlich das einstige Gletschertal hinauf. Das Wirtshaus unter der Steig – das heutige Hofgut Sternen – war eine wichtige Raststation mit Pferdehaltung, wo Reisende die Hilfe der Handwerker oft dringend benötigten. Schmiede erneuerten die Hufeisen der Pferde, Sattler flickten gerissenes Zaumzeug, Schuster reparierten die zerschlissenen Schuhe der

Reisenden. Außerdem liehen sich Kutscher hier weitere Pferde, um den Anstieg Richtung Hinterzarten zu bewältigen.

Es geht weiter zum **Hofgut Sternen** ④, wo Hotel, Glasbläserei, Kuckucksuhrenmuseum und Souvenirläden jährlich Hunderttausende Besucher aus allen Teilen der Welt anziehen. Wir halten uns nicht zu lange auf, sondern wandern rasch zum **Ravennaviadukt** ⑤, dessen Höhe wir von hier unten erst richtig wahrnehmen. Mächtig ragen die steinernen Bögen über uns auf. Sobald wir darunter hindurchgeschlendert sind, umfängt uns das Grün des Waldes und vom Trubel ist nichts mehr zu merken. Zunächst ist der Weg breit, wird jedoch immer schmaler, je weiter wir in die **Ravennaschlucht** ⑥ hineinwandern, die sich vor uns etwa 1,5 Kilometer den Berg hinaufwindet.

Bald queren wir auf der ersten Holzbrücke den wilden Bach. An moosbewachsenen Felsen vorbei strömt die Ravenna hier zu Tal. Baumstämme liegen über dem Bachbett. Ein geländerter Steg, der sich eng an die Felswand schmiegt, führt uns oberhalb des Wassers noch tiefer hinein in die romantische

1885 wurde die erste Ravennabrücke als Stahlkonstruktion gebaut. Als die Lokomotiven schwerer und schneller wurden, reichte die Traglast nicht mehr. 1926 entstand die heutige Konstruktion. 1945 von deutschen Truppen zerstört, wurde sie 1946/47 wieder aufgebaut.

Ravennaviadukt

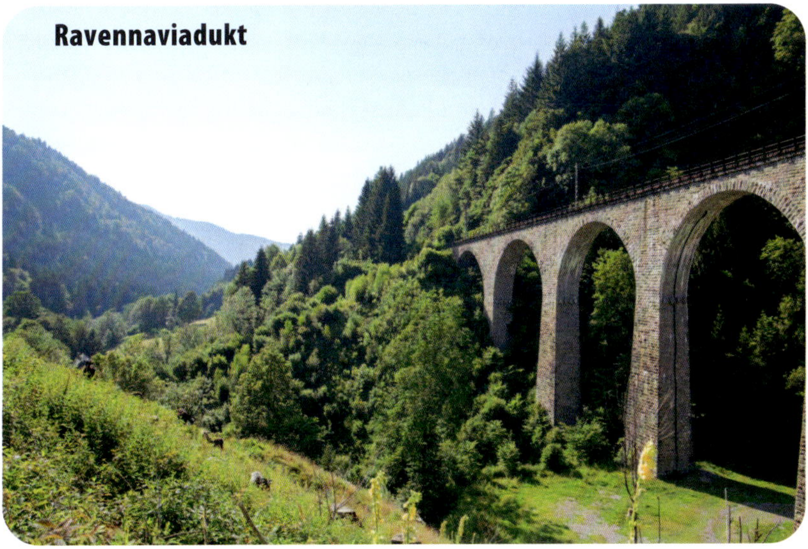

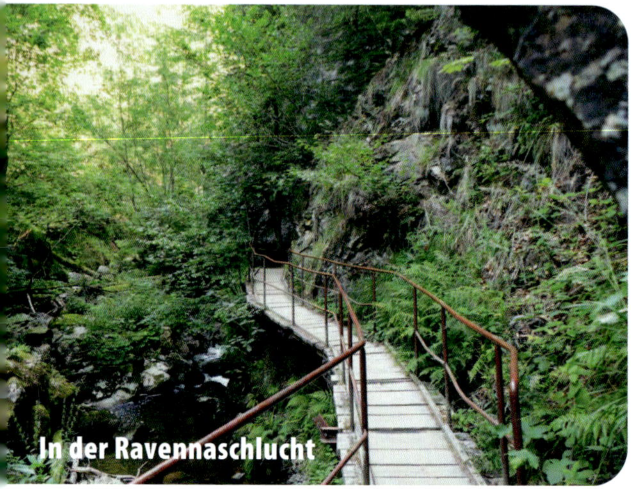
In der Ravennaschlucht

Schlucht. Bald erkennen wir den ersten Wasserfall in der Ferne, davor windet sich der Bach in unzähligen Kaskaden. Weiter führt unser Weg über Felsgalerien, Treppen und Brücken. Mal stehen wir unter, mal über einem Wasserfall. Mal können wir ganz nah ans Wasser heran, mal bestaunen wir aus der Ferne, wie sich die Ravenna ihren Weg zwischen Felsen bahnt. Am oberen Ende der Schlucht stehen wir plötzlich vor einer alten Bauernmühle. Es ist die denkmalgeschützte **Großjockenmühle** aus dem Jahr 1883. Bemerkenswert ist unter anderem, dass das Bachwasser durch das Dach des Gebäudes auf das Mühlrad geleitet wurde.

Der Name Ravenna leitet sich wohl vom französischen Wort „ravine" für Schlucht ab. Und auch das Höllental verdankt seinen Namen den westlichen Nachbarn: Französische Truppen, welche 1796 durch das enge und felsige Tal kamen, nannten es „Val d'enfer".

Oberhalb der Mühle öffnet sich die Schlucht langsam, das Tal wird breiter und wir treten hinaus auf die Wiese beim **Gästehaus Ketterer.** Ein Kühlschrank hält kalte Getränke für Wanderer bereit. Wir verschnaufen kurz, wollen aber unbedingt wieder hinein in die wilde Natur. An der Weggabelung biegen wir jetzt auf den **Querweg Freiburg-Bodensee** ein und folgen seiner weiß-roten Raute in Richtung Nessellachen. Auf dem Weg nach Westen geht es bald ordentlich bergauf. Immer wieder queren Wasserläufe unseren Pfad, unter uns hören wir noch das Rauschen der Ravenna. Wir wandern nun am Rande der flachen Hochmulde entlang, in die die Gemeinde Breitnau eingebettet ist. Zwischen den Bäumen erkennen wir Höfe und Wiesen, Ponys weiden am Waldrand.

Auf dem stein- und wurzelbepackten Weg kommen wir nur langsam voran, schließlich haben wir schon einige Kilometer in den Beinen. Aber die Entdeckungen am Wegrand sind so zahl- wie abwechslungsreich: Die roten Hüte der Fliegenpilze leuchten aus dem Grün des Mooses hervor. Ruhebänke mit bestechender Aussicht laden zu einer kurzen Rast ein, der Blick reicht auf die gegenüberliegende Anhöhe und bis zum Feldberg. Bald verspricht ein hölzernes Schild eine „schöne Aussicht", natürlich nehmen wir den Stichweg – und sind begeistert: Der **Piketfelsen** 7 ragt mit seinen rund 1038 Metern Höhe aus dem Wald heraus und bietet ein fantastisches Schwarzwaldpanorama.

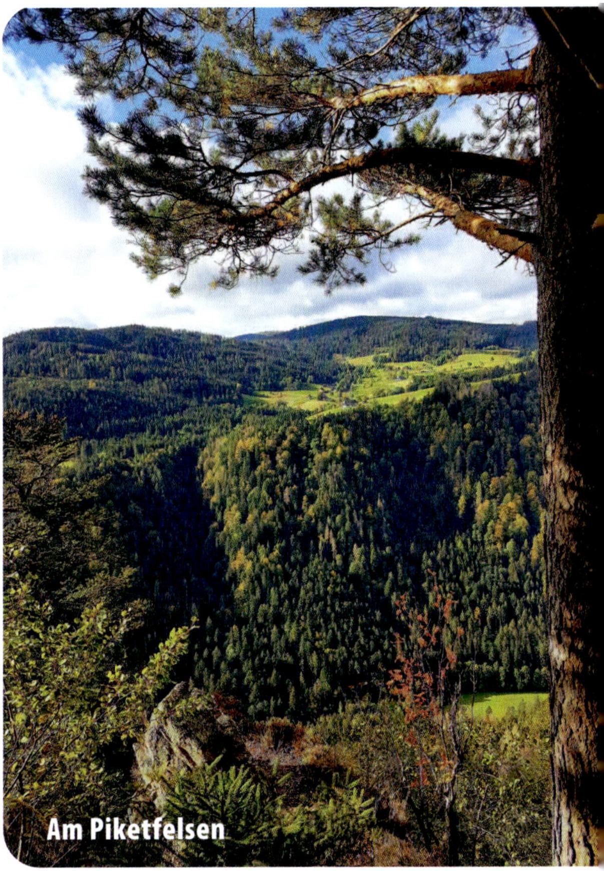
Am Piketfelsen

Weiter geht es. Die Sicht auf den Feldberg begleitet uns, wir passieren ein Brückchen, wandern auf engem Pfad weiter zum **Posthaldefelsen** 8. An der Schutzhütte vorbei führt ein wurzeliger Pfad zu dem markanten Aussichtspunkt. Wir geben gut acht, dass wir nicht ins Rutschen kommen. Nur ein schmales Geländer trennt uns vom Abgrund. Dafür aber genießen wir einen umwerfenden Blick das Höllental hinauf bis auf die Hochebene. Seinen Namen verdankt der Felsen dem Hofgut Posthalde, das 300 Meter unterhalb im Höllental liegt. Auch hier wurden über Jahrhunderte Reisende bewirtet, außerdem diente es als Poststation.

Nach der Rast folgen wir dem schmalen Pfad unter Bäumen, der gleich neben der Bank links ins Dickicht

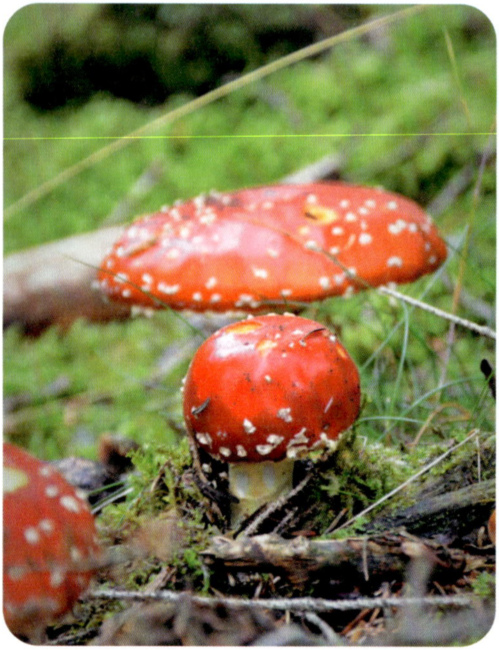

hineinführt und erreichen bald eine große Weggabelung. Nach links weisen Schilder den Weg zum **Großen Posthaldefelsen,** den wir unbedingt auch noch aufsuchen sollten: Ein weiteres Mal erwartet uns eine wunderbare Sicht.

Danach gehen wir zurück zur Weggabelung und biegen erneut auf den Querweg Freiburg-Bodensee ein (wir wählen nicht den linken Weg, der bergab nach Himmelreich führt). Mal grasbewachsen, mal mit Wurzeln bedeckt führt uns der Pfad nach Westen, wir überqueren einen breiteren Pfad und finden gegenüber wieder den schmalen Weg. Zunächst fehlen hier leider die Schilder. Irgendwann treten wir aus dem Wald heraus. Schon kommt die Freiburger Bucht in den Blick und wir erkennen auf der gegenüberliegenden Hochebene die Höfener Hütte (siehe Tour 8). Dann öffnet sich der Blick auch nach Norden, wo die Kirche von St. Peter zu sehen ist. Wir gelangen auf den **Nessellachen** ⑨, den Höhenrücken zwischen Breitnau und Buchenbach, auf dem die wunderbare **Johannes-Kapelle** steht. Die Kapelle ist ein Gemeinschaftsprojekt einer Freiburger Waldorfschule und einer Jugendhilfeeinrichtung, die hier oben auf dem Nessellachen arbeitet. Die schlichte hölzerne Kapelle mit den schönen Glasfenstern bietet einen herrlichen Blick in den Schwarzwald und über das Rheintal.

Am Spielplatz vorbei geht es weiter auf dem **Bockmättleweg.** An der folgenden größeren Weggabelung wählen wir den schmalen Pfad, der zum Bahnhof

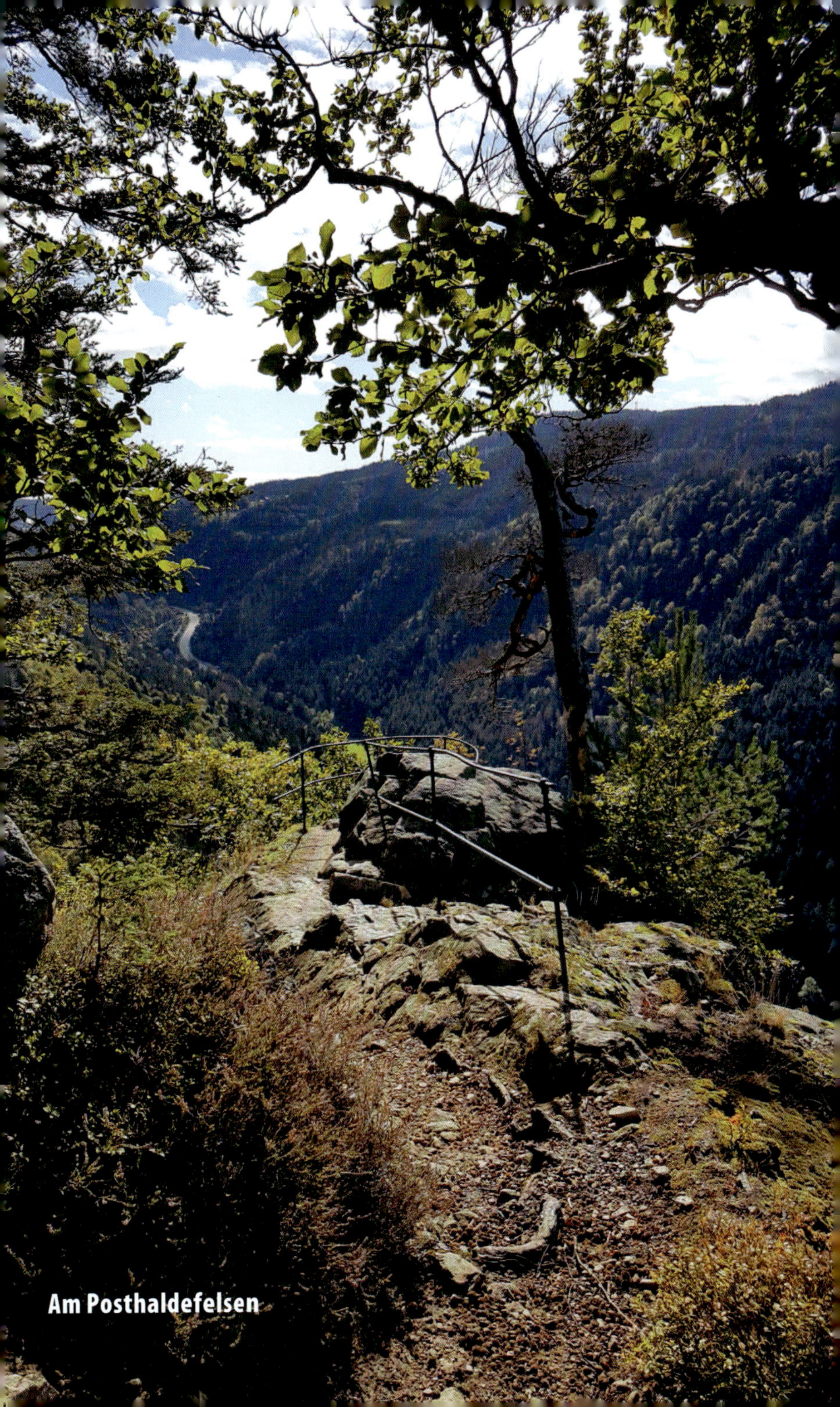

Am Posthaldefelsen

Himmelreich führt. Unter Eichen steigen wir ab. Das Läuten von Kuhglocken erreicht unser Ohr, dann mischen sich die Geräusche der Höllentalbahn und Autos dazu: Wir sind zurück in Himmelreich.

Um unserer großen Tour einen krönenden Abschluss zu geben, kehren wir ins **Hofgut Himmelreich** ⑩ ein. Der inklusiv geführte Gasthof ermöglicht Menschen mit Behinderung die Integration in den Arbeitsmarkt. Auch dieses Hofgut schaut auf eine lange Geschichte als Raststation für Reisende zurück: Es wurde bereits um 1300 urkundlich erwähnt. Bereits Marie Antoinette soll auf ihrer Brautfahrt von Wien nach Versailles hier übernachtet haben. Und genauso königlich werden wir hier auch empfangen. Was für ein Privileg!

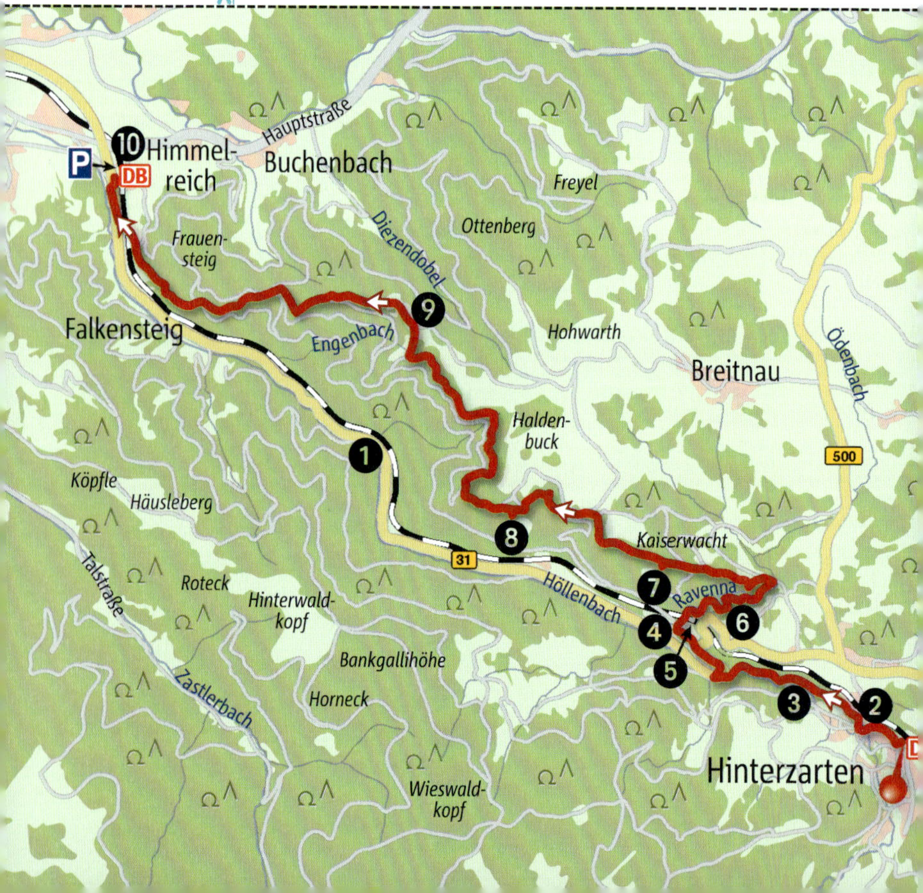

Alles auf einen Blick

WIE & WANN:

Schwere Wanderung, weil viele Höhenmeter überwunden werden müssen. Wanderstöcke sind empfehlenswert. Beste Wanderzeit von Mai bis Oktober. Wegen der vielen Aussichtsfelsen einen Tag mit guter Sicht wählen.

HIN & WEG:

Auto: Parkplatz am Bf. Himmelreich, 79256 Kirchzarten (GPS: 47.958434, 7.990817)
ÖPNV: Höllentalbahn von Hbf. Freiburg oder Bf. Himmelreich bis Hinterzarten

ESSEN & ENTSPANNEN:

Rauch-Hüsli ❷ Alpersbacher Straße 4, 79856 Hinterzarten,
Tel. (0 76 52) 13 45, www.rauch-huesli.info
Hofgut Himmelreich ❿ Himmelreich 37, 79199 Kirchzarten,
Tel. (0 76 61) 9 86 20, www.hofgut-himmelreich.de

ENTDECKEN & ERLEBEN:

Hirschsprungfelsen ❶
Löffeltal mit Klingenhofsäge ❸
Hofgut Sternen ❹ Höllsteig 76, 79874 Hinterzarten
Ravennaviadukt ❺
Ravennaschlucht ❻
Piketfelsen ❼
Posthaldefelsen ❽
Kapelle auf den Nessellachen ❾

Entspannung ✱✱✱✱✱
Genuss ✱✱✱✱✱
Romantik ✱✱✱✱✱

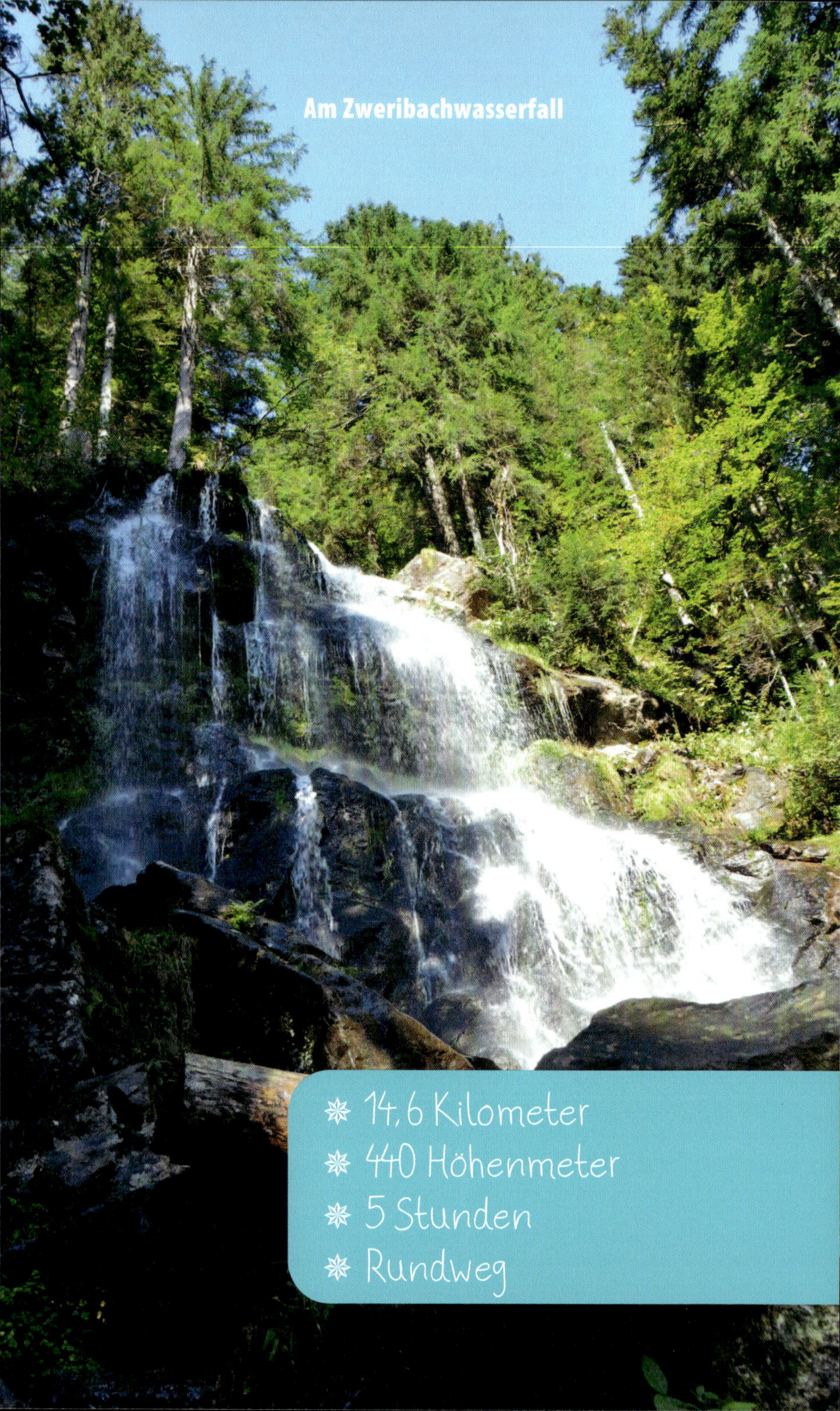

Am Zweribachwasserfall

- 14,6 Kilometer
- 440 Höhenmeter
- 5 Stunden
- Rundweg

Die Wanderung beginnt mit einem Wow-Erlebnis: diese Aussicht! Schon wenn wir in **St. Märgen** aus dem Bus oder aus dem Auto steigen, sind wir wie gebannt von dem Panorama, das sich hier auf knapp 900 Metern Höhe auftut. Feldberg und Schauinsland erstrecken sich im Süden, an klaren Tagen reicht der Blick bis hinunter ins Rheintal und zum Vogesenkamm.

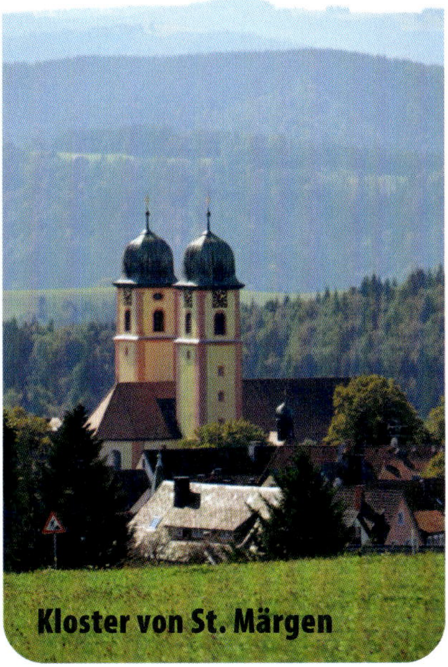
Kloster von St. Märgen

Wir starten unsere Wanderung am **Parkplatz Hausmatte** in der **Wagensteigstraße.** Von hier aus schlagen wir den kleinen Weg zum **Kloster St. Märgen** (1) ein, wo die beiden Türme der barocken Klosterkirche Mariä Himmelfahrt hoch vor uns aufragen. Das Kloster wurde als Augustiner-Chorherrenstift schon 1118 gegründet. Die Kirche mit den barocken Türmen und zwei Seitenkapellen stammt dagegen aus dem Jahr 1716. Wir schlendern vorbei am Klostermuseum und erreichen wieder die Wagensteigstraße, später die Feldbergstraße. Ihr folgen wir nach Nordosten, bis der Wanderweg rechts zum **Pfisterwald** abzweigt. Auf dem Wiesenpfad geht es hinab zum Kinderspielplatz. Wir drehen uns unterwegs regelmäßig um: Von hier aus genießen wir einen herrlichen Blick auf die Klosterkirche. Am Badweiher vorbei gelangen wir durch eine Unterführung zum **Sportplatz.** Wir halten uns links, wandern zwischen Wiesen bergauf und bie-

Das Kloster St. Märgen wurde unter dem Namen Cella Sanctae Mariae gegründet. Der Name wandelte sich im Lauf der Jahrhunderte über Sante Merien und St. Mergen zum heutigen Kloster- und Ortsnamen St. Märgen.

Wild & wunderbar

Zum Zweribachwasserfall

gen an der Weggabelung „Bei der Rankmühle" rechts ab. Am Birkwegerlehof mit seiner Schafweide vorbei führt uns der Weg nach Nordosten. Ein letztes Mal genießen wir den Feldbergblick, dann tauchen wir in eine Senke hinein. Unterhalb des Weges gurgelt nun ein Wasserlauf im hohen Gras, hier geht die sumpfige Weidelandschaft bald in Wald über. Am frühen Morgen sind die Bäume noch mit Nebel verhangen. Die Hügel dahinter verschwinden im Dunst.

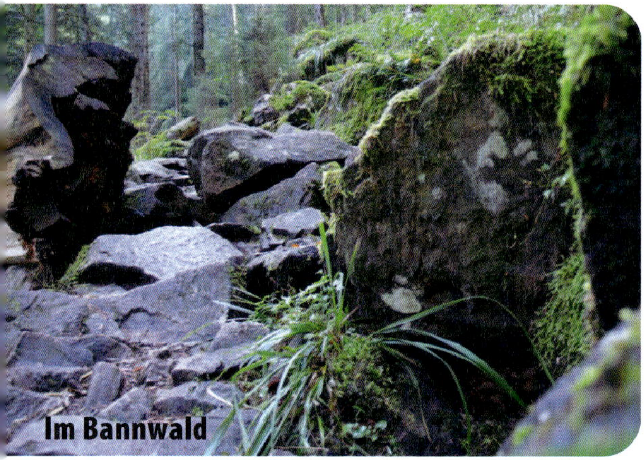
Im Bannwald

Zunächst bleiben wir immer auf dem Hauptweg, der uns nach dem Theehof in den Wald und bald an mächtigen Felswänden und einem ersten kleinen Wasserfall vorbei nach Norden führt. Ab und zu erhaschen wir zwischen den Bäumen einen Blick auf die Häuser von Wildgutach im Osten.

Wo der Hauptweg nach links abknickt, finden wir ein Schild, das uns nach rechts durch den **Bannwald** zum Zweribachwasserfall und Hohwartsfelsen weist. Diesen schmalen Pfad wählen wir. Aber Achtung, jetzt wird es wild! Wir klettern über Baumstämme, die quer über dem Weg liegen, kraxeln über kantige Steine und weichen herabgefallenen Ästen aus. Hier wird der Wald ganz sich selbst überlassen, sodass er sich zum urwüchsigen Wald entwickeln kann. Und auch wenn das Jahrzehnte, wenn nicht Jahrhunderte dauern wird – es ist ein beeindruckender Ort: wild und wunderbar.

Am Hang entlang wandern wir nun gen Westen und treffen bald auf den Wegweiser zum **Hohwartsfelsen** **2**. Der Pfad nach rechts lohnt unbedingt einen Abstecher, das Plateau bietet eine herrlich einsame Rastmöglichkeit: Wir sitzen auf dem Felsen, vor uns tut sich der Abgrund auf, um uns herum nur Himmel und Wald.

Zurück auf dem Pfad nähern wir uns dem **Hirschbachwasserfall 3**. Ein Rauschen kündigt ihn schon von Weitem an und bald entdecken wir das schäumende, sprudelnde Wasser, das über Steine und unter umgestürzten Bäumen hindurch ins Tal strömt. Über eine hölzerne Brücke überqueren wir den Hirschbach, klettern dann über den felsigen Weg neben dem Wasserlauf bergab. Und spätestens hier ist Vorsicht angesagt: Die Steine unter unseren Füßen sind rutschig von Feuchtigkeit, häufig suchen unsere Hände Halt an einem Baumstamm oder Felsen. Weiter geht der Weg dem Zweribach entgegen, nun türmen sich riesige Felsen im Wald auf, Moos bedeckt ihre Flanken. Der Weg bleibt felsig, auf den feuchten Steinen drohen wir immer wieder auszurutschen – vor allem, wenn es in den Tagen zuvor geregnet hat. Aber der feuchte Boden birgt auch seine Schönheit: Direkt neben dem Pfad wächst Waldmeister, zwischen den dicken Polstern aus Moos gucken die zartgrünen Blätter von Sauerklee hervor.

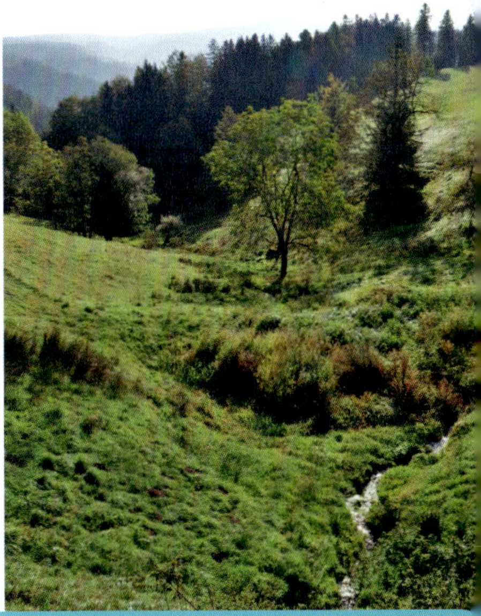

Konzentriert setzen wir einen Fuß vor den anderen. Das ist anstrengend – für die Beine und den Kopf. Da tut ein bisschen Erholung gut, und die wartet

Für die Seele

Am tosenden Zweribachwasserfall und im wilden Bannwald bei St. Märgen bekommen wir einen Eindruck von der Kraft der Natur.

am **Rastplatz ④** vor den Zweribachfällen auf uns. Eine kleine Hütte, Bänke und eine sonnige Liege im Grünen: Hier gönnen wir uns gerne eine Ruhepause und ein Vesper zur Stärkung. In einem ausgehöhlten Baumstamm gibt es gegen Bezahlung ein Erfrischungsgetränk – oder auch einen Schnaps.

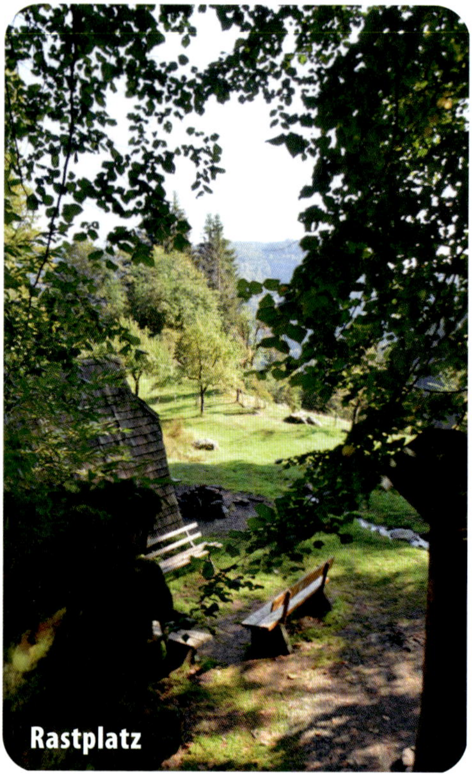

Rastplatz

Ausgeruht wandern wir weiter – und jetzt müssen wir topfit sein. Der Weg durch den steinig-felsigen Talkessel des Zweribachwasserfalls ist eine Herausforderung. Zunächst geht es lediglich an Felsblöcken und -wänden vorbei. Dann aber darüber hinweg: Wir kraxeln, hangeln, klettern – und halten uns gut fest, um auf dem glatten Felsen nicht ins Rutschen zu kommen. Das Rauschen schwillt an – und schließlich stehen wir überwältigt unter dem **Zweribachwasserfall ⑤**. 15 Meter tief stürzt das Wasser die steile Wand hinab. Wir nähern uns vorsichtig dieser unteren von drei Kaskaden, stehen im sanften Sprühnebel des Wasserfalls und staunen: In der Mitte ergießt sich ein breiter Schwall, zu den Seiten hin verästeln sich die Wasserrinnen an der Felswand, am Rand perlt das Wasser in feinen Strängen zu Tal. Im Licht der Sonne bilden sich Regenbögen.

Der Zweribach entspringt auf der Plattenhöhe bei St. Peter. Sein Wasser wird im Plattensee oberhalb des Wasserfalls aufgestaut. Deshalb stürzt über die Fälle nur ein Teil der natürlichen Wassermenge. Im Simonswälder Tal mündet der Zweribach in die Wilde Gutach.

Die schroffen Felsformationen sind das Werk eines eiszeitlichen Gletschers. Er hat an dieser westlichen Flanke des Simonswälder Tals besonders steile Karwände entstehen lassen. Und diese Wand wollen wir nun hinauf: An der südlichen Seite des Wasserfalls werden wir in Serpentinen hinaufgeführt, mal über Treppen, mal auf schmalem Pfad an der Felswand. Die Füße suchen Halt zwischen den glatten Steinen, die Hände finden Sicherheit an den Stahlseilen im

Fels. Immer wieder erhaschen wir einen wunderbaren Blick auf die zu Tal schießenden Fluten. Wir überqueren den Wasserfall auf einer Brücke aus Stahl, auf der anderen Seite geht es weiter steil bergauf. Nun steigen wir aus dem Talkessel heraus und erreichen nach kräftezehrenden Metern die Plattenhöhe – eine Wiesenlandschaft mit einigen Höfen und Windrädern. An der Weggabelung **Langeckerhof** biegen wir links ab, gehen ein Stück der Straße entlang und wenden uns am **Hogenhof** vor dem **Plattensee** erneut nach links. Je nach Wasserstand erkennt man den Stausee am Waldrand kaum.

In diesen Wald treten wir nun ein, unser Weg macht eine Kehre nach Westen, dann biegen wir links auf den Wanderweg zum **Gschwanderdobel** und nach St. Märgen ein. Es ist ein lichter Wald, die Sonne schafft es an vielen Stellen, ihre Strahlen bis auf den Waldboden zu schicken, hier einen Fliegenpilz und dort einen Heidelbeerbusch in Szene zu setzen.

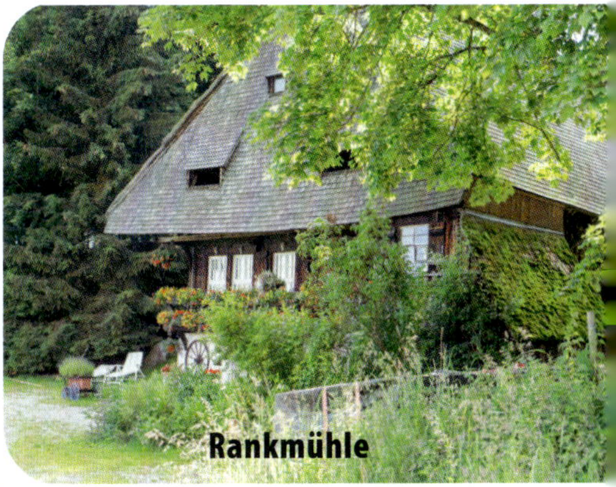
Rankmühle

Irgendwann treten wir aus dem Wald heraus und werden von einem herrlichen Panorama auf den gesamten Südschwarzwald empfangen. Zwischen Waldrand und Wiesen wandern wir St. Märgen entgegen: Nach der kleinen Kapfenkapelle biegen wir noch einmal ab in den Wald. Er entlässt uns schließlich im Osten wieder in die Weidelandschaft. An der Weggabelung wenden wir uns nun nach rechts und gelangen zur **Rankmühle** ⑥. Die hübsche Bauernmühle aus dem Jahr 1736 beherbergt bis heute das originale Mahlwerk, in dem früher das Getreide gemahlen wurde.

Von hier oben genießen wir erneut das traumhafte Feldbergpanorama, während wir uns dem Ort nähern, tauchen langsam die Türme des Klosters St. Märgen auf.

Im Lädele des Landfrauen-Cafés gibt es Gutes und Schönes vom Lande, unter anderem Brot, Nudeln, Schokolade und wunderbare farbenfrohe Bienenwachstücher.

Im Ort streben wir nun dem **Café Goldene Krone** 7 zu. Es ist in der historischen Klosterherberge zu Hause, wurde durch bürgerschaftliches Engagement vor dem Abriss gerettet, aufwendig restauriert und wird heute von den Landfrauen der Gemeinde liebevoll geführt.

Wir sitzen in behaglicher Wohnzimmeratmosphäre auf der Bank am Kachelofen oder im gemütlichen Sessel und lassen uns eine Schwarzwaldforelle mit selbst gemachtem Sahnemeerrettich schmecken. Die Landfrauen zaubern dampfende Suppentöpfe, verschiedene Quiches oder Käsemichel, einen fein schmelzenden Käse mit Brothaube. Und wenn wir dann noch können, probieren wir einen hausgemachten Kuchen. Genussvoller kann ein Wandertag nicht enden.

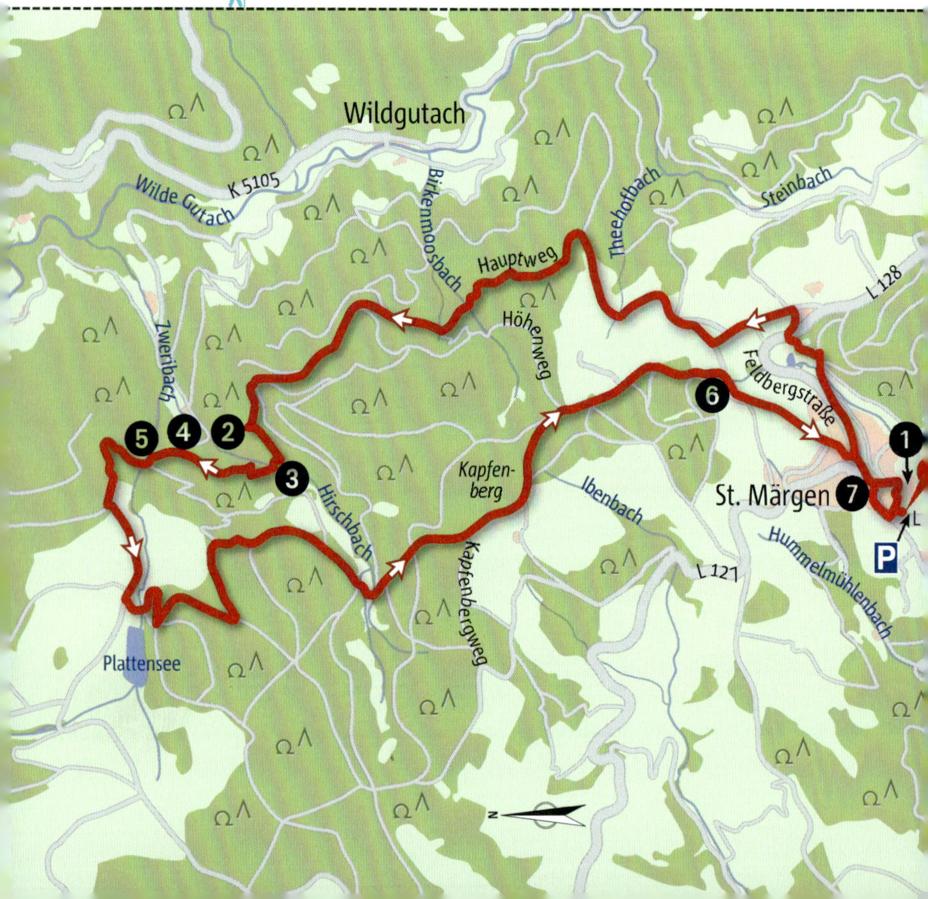

Alles auf einen Blick

WIE & WANN:

Schwere Wanderung. Sehr gute Trittsicherheit notwendig, da am Wasserfall der felsige Pfad glatt sein kann. Wanderstöcke empfehlenswert. Beste Wanderzeit von Mai bis September.

HIN & WEG:

Auto: Parkplatz Hausmatte, Wagensteigstraße 19, 79274 St. Märgen (GPS: 48.006136, 8.089923)
ÖPNV: Höllentalbahn von Hbf. Freiburg bis Kirchzarten, dann Bus 7216 bis St. Märgen Post

ESSEN & ENTSPANNEN:

Landfrauen-Café Goldene Krone ❼ Wagensteigstraße 10, 79274 St. Märgen,
Tel. (0 76 69) 9 39 99 88, www.cafe-goldene-krone.de

ENTDECKEN & ERLEBEN:

Kloster St. Märgen ❶ Klosterhof 4, 79274 St. Märgen
Hohwartsfelsen ❷
Hirschbachwasserfall ❸
Rastplatz mit Getränken ❹
Zweribachwasserfall ❺
Rankmühle ❻

Entspannung ★☆☆☆☆
Genuss ★★★★★
Romantik ★★★★★

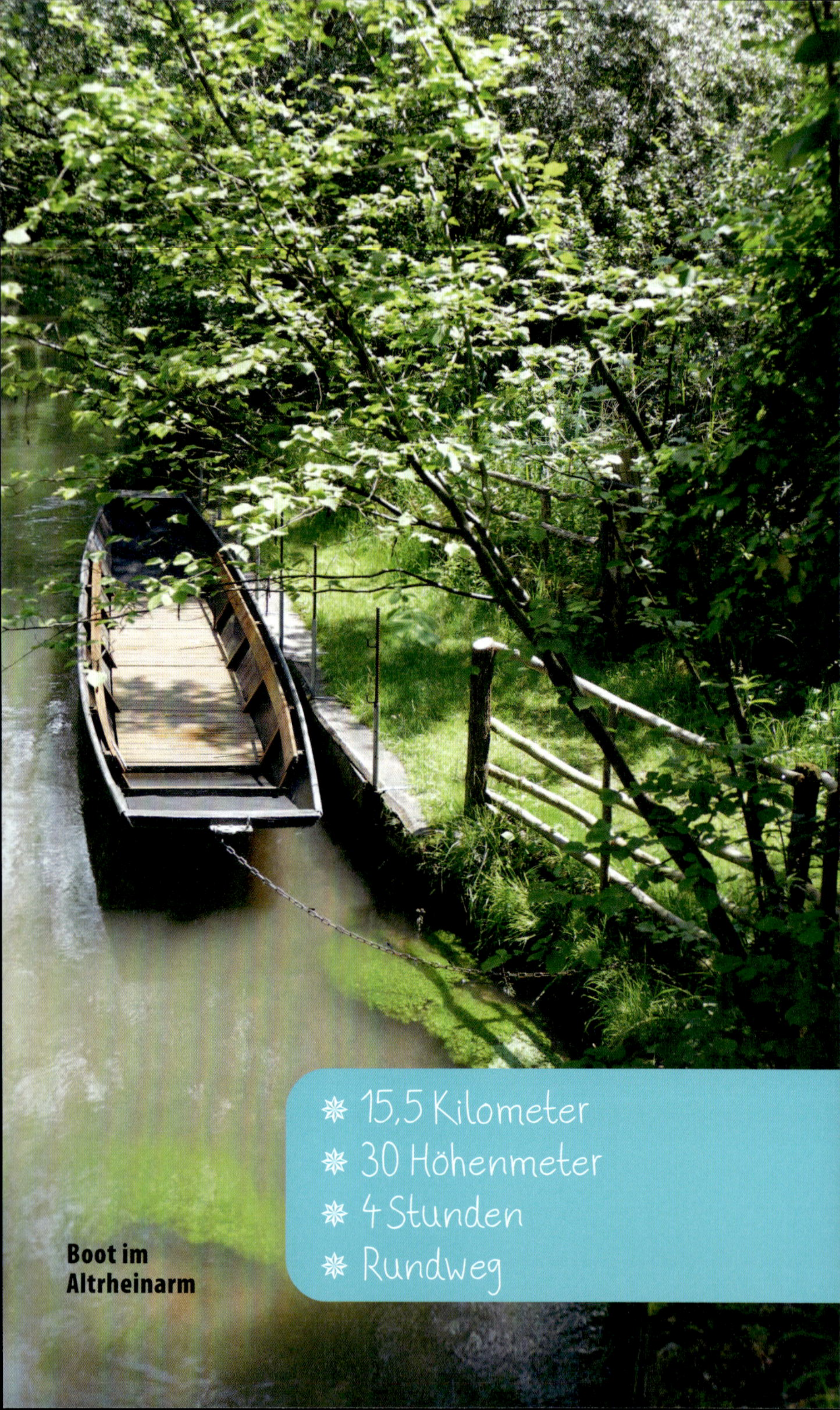

- 15,5 Kilometer
- 30 Höhenmeter
- 4 Stunden
- Rundweg

Boot im Altrheinarm

Wir beginnen unsere Wanderung direkt am Rhein – dort, wo die **Rheinfähre** zwischen Kappel und dem französischen Rhinau pendelt. Hier liegt auch die **Naturschutzstation Taubergießen** 1 des NABU und hier erhalten wir vielfältige Informationen für unseren Ausflug ins Naturschutzgebiet: Broschüren über die im Taubergießen heimischen Vögel, eine Liste der Arten, die momentan beobachtet werden können, und im persönlichen Gespräch viele hilfreiche Tipps.

Mit diesen Informationen im Gepäck wandern wir auf dem **Fischadlerweg** direkt am Rhein Richtung Süden. Vom Hochwasserdamm aus haben wir einen guten Überblick und entdecken schon an der Innenrheinmündung die ersten Wasservögel: Haubentaucher mit ihrem charakteristischen Kopfschmuck, Schwäne, deren weiße Körper sich in der glatten Wasseroberfläche spiegeln, Kormorane, die – auf einem Holzpfeiler sitzend – das vom Tauchgang nasse Federkleid trocknen. Vor uns queren zwei Rehe den Wanderweg, spähen zu uns herüber, verschwinden dann wieder im niederen Wald.

Bald erkennen wir in der Ferne etwas, das so gar nicht in ein Naturschutzgebiet zu passen scheint: einen riesigen Schwimmbagger, der mitten im Taubergießen Kies aus einem Altrheinarm fördert. Seit 1979 steht das Gebiet unter Naturschutz. Alle Nutzungen aber, die zuvor erlaubt waren, haben Bestandsschutz: Bauern haben hier ihre Felder, Forstwirte ihre Wälder, Jäger ihre Jagdgebiete – und können unter Auflagen ihre Flächen nutzen.

Der Name Taubergießen leitet sich von einem Gewässer im Norden des Gebietes ab. Gießen sind vom Grundwasser gespeiste fließende Gewässer. Weil sie nährstoffarm sind und kaum Fische darin leben, wurden sie von Fischern als „taub" bezeichnet.

Im Auenwald

Naturschutzgebiet Taubergießen

Wir passieren eine Wehranlage und gelangen zum **Vogelbeobachtungsturm ❷**. Ein schmaler Pfad führt durchs Dickicht an den Turm, der direkt am Altrheinarm einen geschützten Blick auf die Wasserfläche bietet. Zwischen März und September können wir hier die seltene Flussseeschwalbe beobachten, die auf den Schwimmflößen im Innenrhein brütet. Im Winter sind die Nistbäume der Kormorane am gegenüberliegenden Ufer gut zu erkennen. Und mit etwas Glück entdecken wir sogar den mächtigen Seeadler. Der beeindruckende Greifvogel mit der weißen Schwanzspitze ist in den Wintermonaten regelmäßiger Gast im Taubergießen. Kein Wunder: Hier findet er mit den zahlreichen Wasserflächen ein perfektes Jagdgebiet vor, erbeutet große Fische und Wasservögel.

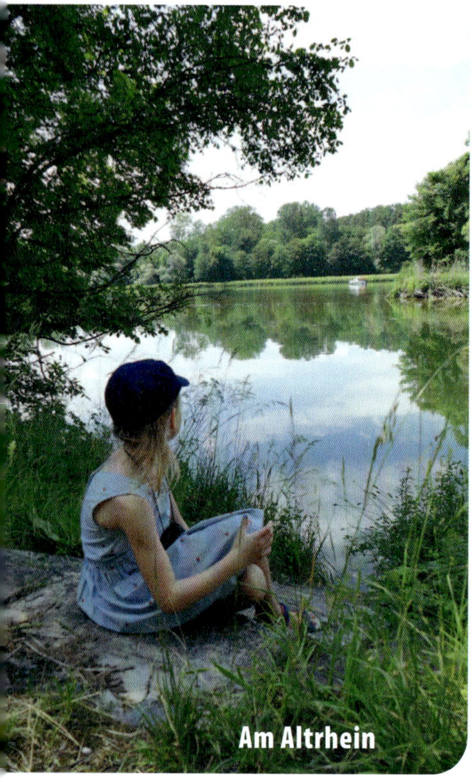
Am Altrhein

Nachdem wir auf den Rheindamm zurückgekehrt sind, wandern wir weiter nach Süden, erreichen bald einen **Abzweig** und folgen dem Fischadlerweg hinein ins **Auengebiet.** Hier bilden Altrheinarme und Gießen ein Geflecht an Wasserläufen. Nach der Schneeschmelze im Schwarzwald ist diese Landschaft oft komplett überschwemmt. Und diese Überschwemmungen sind ein Geheimnis der Artenvielfalt: Der stetige Wandel ist das Lebenselixier des Auenwaldes.

Zunächst säumt Schilf unseren Weg, auf der hölzernen **Herrenkopfbrücke ❸** aber öffnet sich der Blick über weite Wasserflächen. Die Bäume spiegeln sich im türkisgrünen Wasser. Altholz ragt auf, bietet den Kormoranen einen Sonnenplatz und besten Überblick für den nächsten Beutezug im Wasser. Im wasserdurchzogenen Auenwald wandern wir nun dem

Rhein entgegen – und entdecken gleich den nächsten Bewohner dieser herrlichen Landschaft: den schneeweißen Silberreiher. Langbeinig stakst er durchs Wasser, stochert mit dem gelben Schnabel nach Nahrung, fliegt dann kraftvoll und elegant zwischen den Bäumen auf.

Wir erreichen den **Altrhein** **4** und damit das Ende des Fischadlerweges. Wir wandern dennoch weiter, immer am Ufer des Rheins entlang. Auf dem Wasser schippern Ausflügler in kleinen Booten vorbei. Die Hauptwasserstraße verläuft noch einige Meter weiter westlich: Auf dem Rheinseitenkanal sind die riesigen Frachter auf dem Weg nach Rotterdam. Wir aber blicken auf ein weiteres sattgrünes Waldgebiet: Am gegenüberliegenden Ufer erstreckt sich das Naturreservat der **Ile de Rhinau.** Mit Blick über das Wasser wandern wir nach Süden und bleiben aufmerksam. Auch hier entdecken wir die Vielfalt der Wasservögel: Grau- und Silberreiher, Graugans und Höckerschwan, viele verschiedene Entenarten. Der Wald links des Weges war früher mit Spazierwegen durchzogen. Jetzt soll er sich ungestört zu dem Urwald zurückentwickeln, wie er früher für die Rheinauen typisch war. Noch vor 150 Jahren erstreckte sich hier eine urwüchsige Flussauenlandschaft mit Kies- und Sandbänken, Gebüsch und niederem Wald, die bei jedem Hochwasser ihr Gesicht veränderte. Die Rheinbegradigung im 19. Jahrhundert hat dem Gebiet die Zuflüsse aus dem Rhein weitgehend genommen.

Der Fischadler war einst im Taubergießen heimisch, wurde aber in Süddeutschland Anfang des 20. Jahrhunderts ausgerottet. Nisthilfen sollen ihm die Rückkehr erleichtern. Bisher gibt es Brutvorkommen nur im Elsass. Überfliegend kann man ihn im Naturschutzgebiet beobachten.

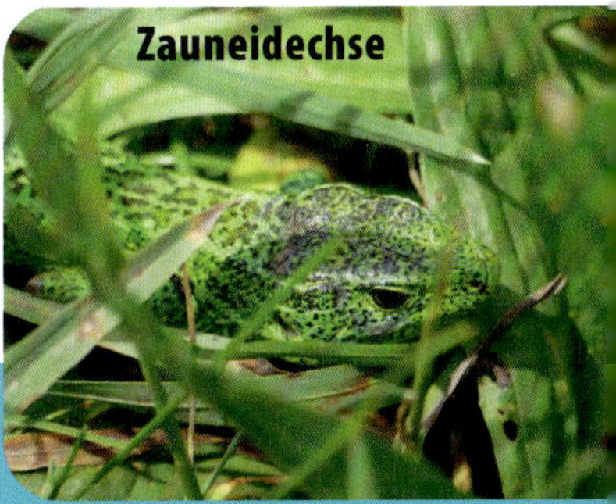
Zauneidechse

Für die Seele

Im Naturschutzgebiet Taubergießen erleben wir dschungelartige Auenwälder, weite Orchideenwiesen und eine einzigartige Vielfalt an Pflanzen und Tieren.

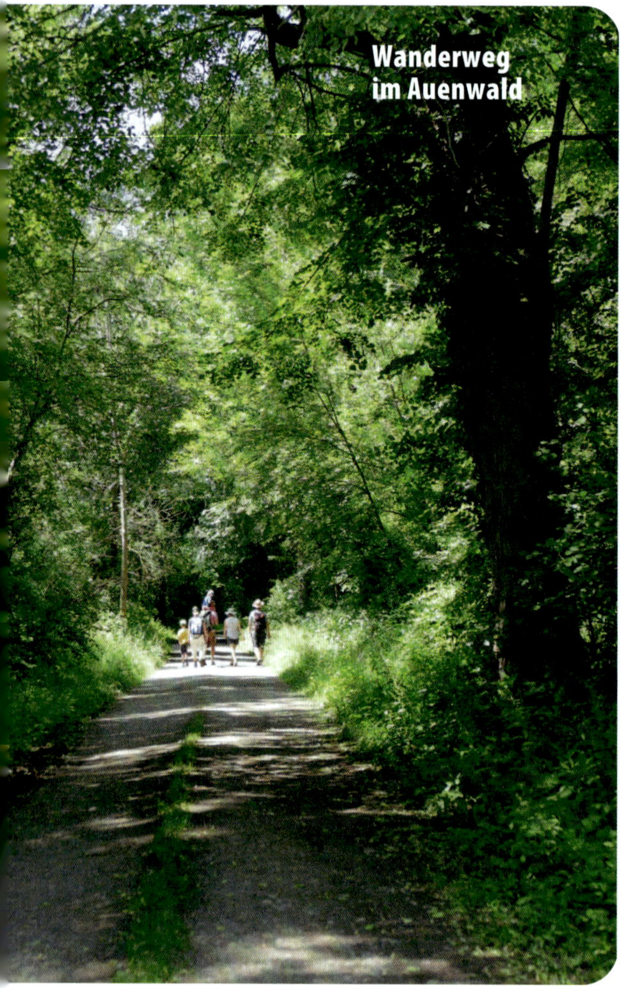

Der Weg auf dem Damm ist sonnig, die Luft feucht. Wir setzen uns zu einer kleinen Pause auf die Stufen einer Treppe, die ans Wasser führt, ein Baum spendet Schatten. Dann raffen wir uns wieder auf, wandern weiter am Fluss entlang. Nach gut 4 Kilometern treffen wir auf den **Schwarzspechtweg,** der uns zurück ins Dickicht der Bäume führt. Hier umfängt uns der feuchte Atem des **Auenwaldes ⑤.** Ein Specht klopft, die Baumkronen sind erfüllt vom Gezwitscher und Gesang der Vögel, aus den Tümpeln tönt Quaken. Die Gelbbauchunke ist hier zu Hause, aber auch viele andere Amphibien. Es ist ein echtes Paradies, eines wie es in dieser Form kaum mehr vorkommt. Solch ausgedehnte Auenwälder wie im Taubergießen finden sich in Deutschland sonst nirgends mehr.

Das Naturschutzgebiet Taubergießen ist mit rund 1,7 Hektar eines der größten in Baden-Württemberg.

Wenn wir aus der wilden Waldlandschaft der Rheinauen zum **Hochwasserdamm** hin auftauchen, werden wir überrascht von den Bögen der Achterbahn, die hier emporragen. Der Europapark ist nur wenige Meter entfernt. Es ist ein seltsames Nebeneinander von Naturschutzgebiet und Freizeitpark, hier das

Zwitschern der Vögel, dort das Johlen der Parkbesucher. Auf dem Hochwasserdamm wandern wir nun nach Norden, zunächst vorbei an Feldern, bald breiten sich rechts aber erneut die ausgedehnten Wiesen des Naturschutzgebietes aus. Ein Schwarm Nilgänse fliegt vorbei, kraftvoll schlagen die Tiere mit den Flügeln, durchdringend klingt ihr Ruf über die Wiesen. Der ursprünglich aus Afrika stammende Vogel lebt mittlerweile ganzjährig im Taubergießen.

Wir haben nun die Wahl, oben auf dem **Hochwasserdamm** zu gehen oder unterhalb am Rand der Wiesen. Beides hat seinen Reiz: Oben können wir uns einen Überblick verschaffen und genießen gute Sicht auf die Bäume. Unten entdecken wir vielleicht den ein oder anderen Singvogel im Geäst. Und sobald wir die **G'schlederwiesen** 6 erreichen, können wir hier – je nach Jahreszeit – eine Fülle an Orchideen entdecken: Viele Sorten Knabenkraut blühen im Mai und Juni, Ragwurzen öffnen schon im April ihre Blüten, der Mücken-Händelwurz ist bis in den August zu entdecken. Auch wenn die Blüten noch so schön sind: Wir verlassen die Wege nicht, sondern genießen die Farbenpracht aus der Ferne.

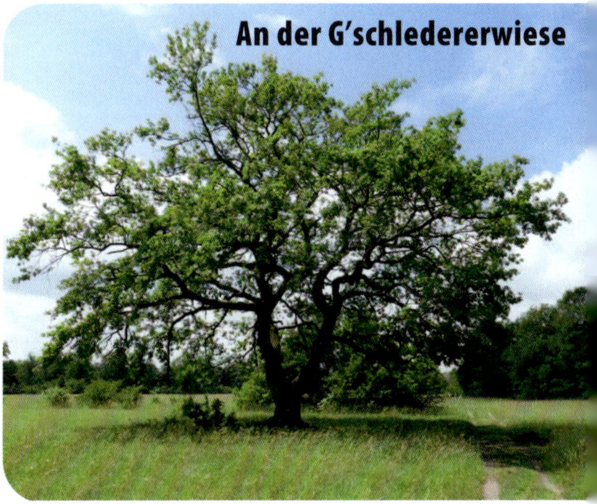
An der G'schledererwiese

Auch auf den Wiesen sind wieder unzählige Vogelarten zu entdecken: Bussarde und Falken jagen hier. Goldammer, Baumpieper und Neuntöter finden Nahrung. Im Spätsommer beobachtet man die papageienbunten Bienenfresser, die auf der Jagd nach Insekten über die Wiesen schwirren. Im Taubergießen fressen sie sich satt, bevor sie zum Winterquartier in Afrika aufbrechen.

Nun wandern wir unterhalb des Rheindamms weiter und biegen an der Weggabelung auf dem **Fischadlerweg** rechts ab. Hier passieren wir bald mehrere

Wasserflächen, Ackerschachtelhalm bedeckt die Uferzonen – und völlig unerwartet saust plötzlich wie ein türkisblauer Pfeil ein kleiner Vogel an uns vorbei: der Eisvogel. Kein Wunder, dass der kleine Fischjäger mit dem rostroten Bauch und dem blau-grünen schillernden Rücken auch als „fliegender Edelstein" bezeichnet wird. Was für ein Glück für uns Wanderer, ihn zu entdecken!

Vorbei an der historischen Pegelstation erreichen wir die Naturschutzstation und machen uns mit wunderbaren Erlebnissen im Gepäck auf den Weg nach Hause. Einen Zwischenstopp legen wir auf dem Rückweg noch ein: im **Elsässer Hof** (7) in Kappel. Hier genießen wir im Biergarten leckere Spezialitäten aus der Region und einen feinen heimischen Wein.

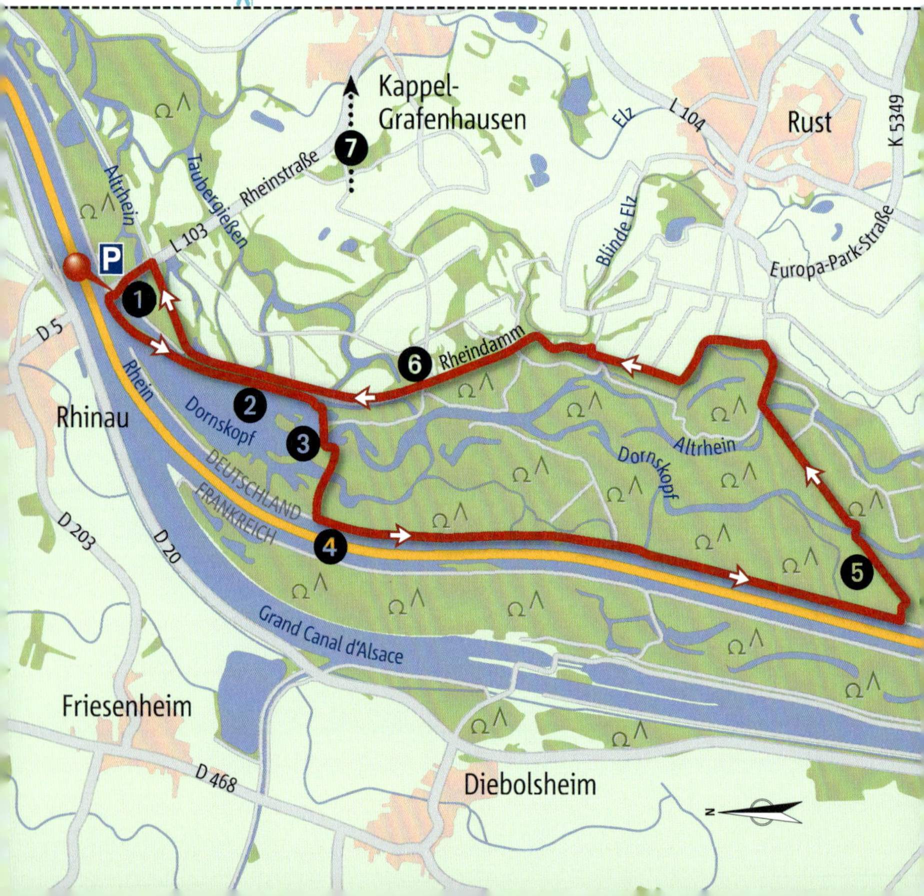

Alles auf einen Blick

WIE & WANN:
Lange, aber leichte Wanderung auf gut begehbaren Wegen. Ganzjährig empfehlenswert. Vogelbeobachtungen sind vor allem in den Wintermonaten möglich, dann vorab über die Hochwassersituation informieren. Fernglas mitnehmen. Im Sommer an Sonnenschutz denken, auf dem Rheindamm gibt es keinen Schatten.

HIN & WEG:
Auto: Parkplatz an der Rheinfähre Kappel (L103), 77966 Kappel-Grafenhausen (GPS: 48.311138, 7.714875)
ÖPNV: Nicht mit öffentlichen Verkehrsmitteln erreichbar

ESSEN & ENTSPANNEN:
Elsässer Hof ❼ Rathausstraße 19, 77966 Kappel-Grafenhausen, Tel. (0 78 22) 68 51, www.elsaesser-hof.de

ENTDECKEN & ERLEBEN:
Naturschutzstation Taubergießen ❶ L103 an der Rheinfähre, 77966 Kappel-Grafenhausen
Vogelbeobachtungsturm ❷
Herrenkopfbrücke ❸
Altrhein ❹
Auenwald ❺
G'schledererwiesen ❻

Entspannung ✱✱✱✱✱
Genuss ✱✱✱✱✱
Romantik ✱✱✱✱✱

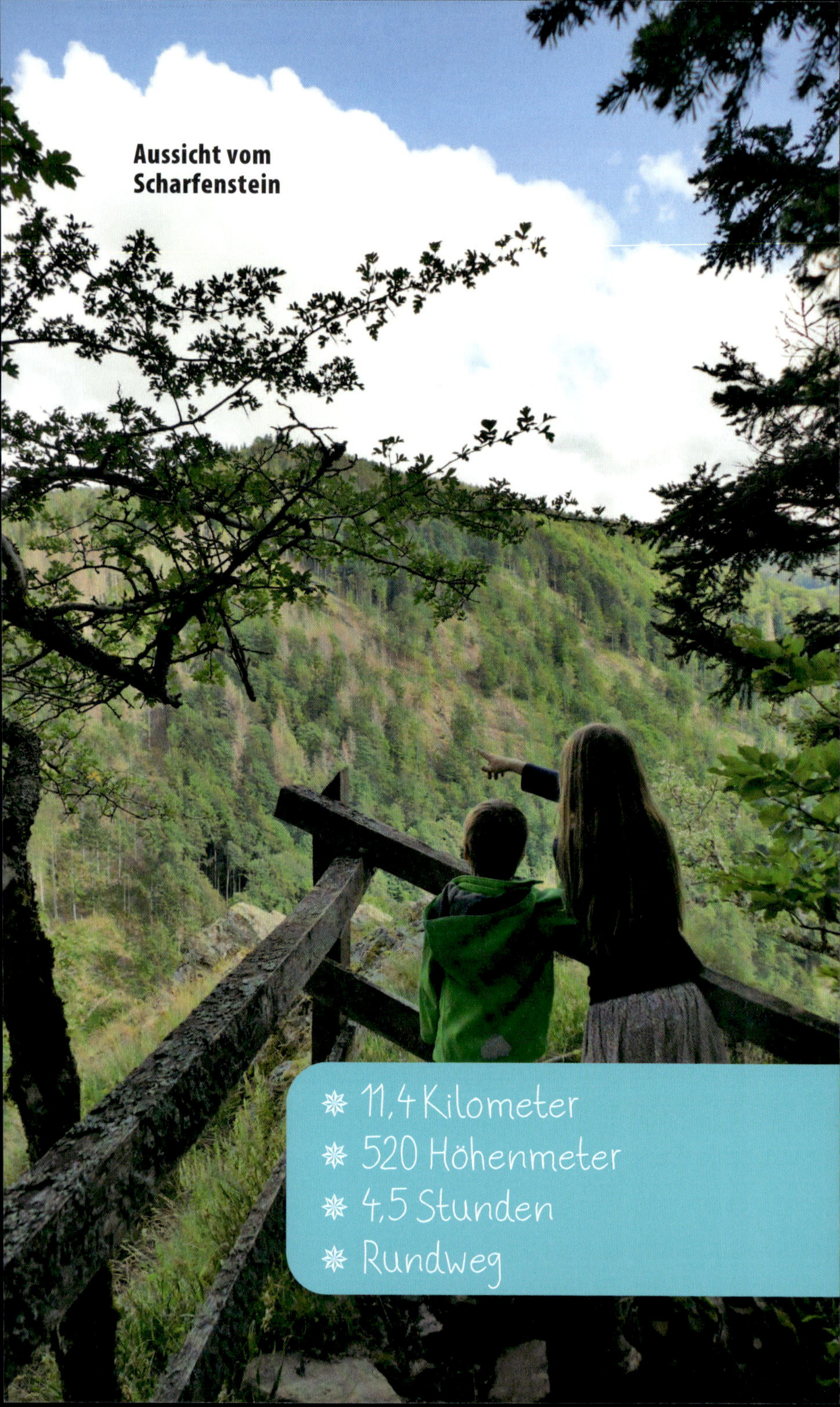

Aussicht vom Scharfenstein

- 11,4 Kilometer
- 520 Höhenmeter
- 4,5 Stunden
- Rundweg

Wir beginnen unsere Wanderung im kleinen Münstertaler Ortsteil **Stampf.** Die wenigen Häuser gruppieren sich im Tal um das rauschende Stampfebächle – jenem Fluss, der sich oberhalb als Wasserfall ergießt. In großem Bogen über den Scharfenstein und die Wiedener Weidberge werden wir das wilde Tal erreichen.

Nun aber geht es erst mal bergauf. Von der Straße biegen wir unterhalb des kleinen Parkplatzes in den Wanderweg Richtung Scharfenstein ein. An einem blumenbunten Garten entlang steigen wir bergauf. Rechter Hand leuchten die violetten Blüten des Fingerhuts zwischen den Felsen, links säumt eine Ziegenweide unseren Weg. Wir erreichen zügig die **Landesstraße 123.** Vorsichtig überqueren wir sie (es sind viele Motorräder unterwegs) und finden auf der gegenüberliegenden Seite wieder den Wanderweg zum Scharfenstein.

Im Zickzack geht es im Wald aufwärts. Zunächst ist der Weg zwar steil, aber gut zu gehen. Bald jedoch wandelt er sich zu einem felsigen Wildpfad. Wir müssen gut auf unsere Schritte achten, um nicht den Halt zu verlieren. Ringsum der Wald ist wunderschön. Felsen, Baumstümpfe und herabgefallene Äste – alles ist von einer dicken Schicht Moos ummantelt. Flechten in allen Grautönen ziehen sich die Baumstämme empor. Farne ragen weit in den Weg.

An einer Weggabelung mitten im Wald weisen uns die Schilder nach rechts zum Scharfenstein. Ein

Wer den Scharfenstein mit Kindern erobern möchte, wandert am besten vom Wanderparkplatz unterhalb des Felsens auf dem Ritterpfad hinauf.

Zum Verlieben

Wiedener Weide und Stampfbachtal

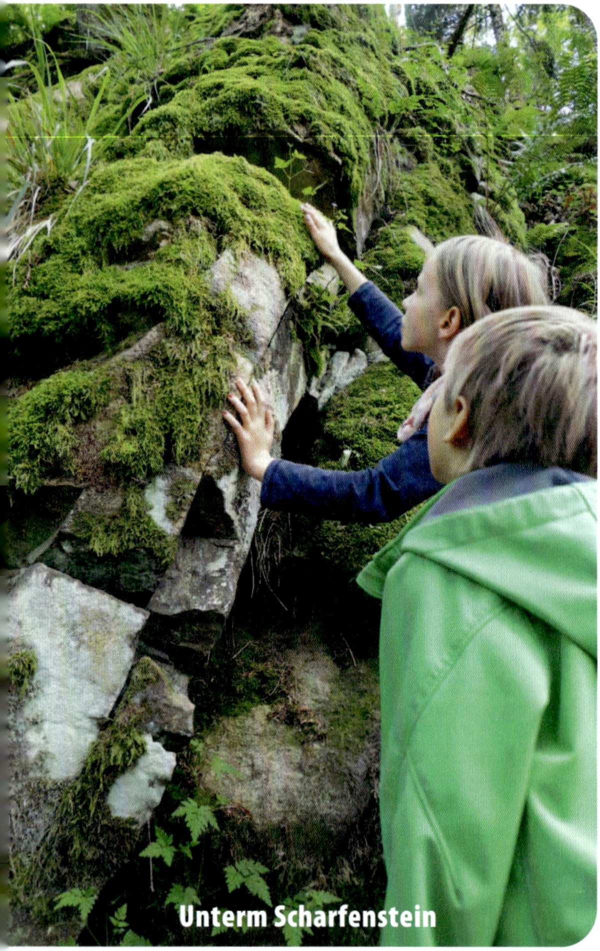
Unterm Scharfenstein

weiteres Mal geht es auf schmalem Pfad bergauf, nun liegen mächtige Steinblöcke am Weg. Ob das Reste der Burg sind, die einst auf dem Scharfenstein thronte? Die Höhenburg war wohl um das Jahr 1200 am östlichen Ausgang des Münstertals errichtet worden, um die Herrschaft der Herren von Staufen zu festigen und den Silberbergbau im Tal zu schützen. Im 14. Jahrhundert verkauften die Herren von Staufen die Burg an das Kloster St. Trudpert unten im Münstertal. Als es wenig später zu einem bewaffneten Konflikt zwischen dem Kloster und der Stadt Freiburg kam, zerstörten Freiburger Truppen die Burg Scharfenstein. Sie wurde nicht wieder aufgebaut.

In einer lang gezogenen Schleife wandern wir an der Nordflanke des Berges hinauf, immer schmaler und steiler wird der Pfad, bis wir über steinerne Stufen die letzten Meter hinaufklettern. Nun stehen wir oben auf dem **Scharfenstein 1**. Ein hölzernes Geländer trennt uns vom Abgrund. Wir blicken auf den Hauptfelsen aus Porphyr – wohl ein Relikt des frühen Vulkanismus vor 300 Millionen Jahren. Unter uns zieht sich die Straße in Schlingen durchs Tal, ringsum sind die Berge von tiefgrünen Wäldern bedeckt.

Nach einer Rast auf der Bank hoch über dem Tal steigen wir auf dem Stichweg hinunter zur Weggabelung und schlagen dort den rechten Weg ein. Er führt relativ eben durch den Wald. Mächtige Buchen strecken ihre Zweige wie ein Dach über uns aus, ihre Wurzeln winden sich auf dem Weg. Moosbewachsene Findlinge und riesige Farne säumen ihn. Weil der Wald steil und unzugänglich ist, wird hier schon seit Jahren keine Forstwirtschaft mehr betrieben. Und diese Ruhe hat dazu geführt, dass sich Gämsen sehr wohlfühlen. Wer ganz leise ist, kann die Tiere mit etwas Glück an den Steilhängen beobachten.

Wir wandern nun durch den **Glashofwald** und dem gleichnamigen Wegpunkt entgegen. Im 16. Jahrhundert lagen zwei Glasbläsereien in diesem Tal und gaben dem Bach und dem Wald ihre Namen. Wir überqueren einen Zufluss des Glashofbachs und eine Weide. Nun führt der Weg links den Berg hinauf. Es geht zunächst am Bach entlang, dann in Serpentinen

Der Westweg ist die älteste der drei Nord-Süd-Wanderstrecken durch den Schwarzwald. Der 285 Kilometer lange Weg führt von Pforzheim nach Basel. Er wurde im Jahr 1900 als erster Fernwanderweg in Deutschland angelegt.

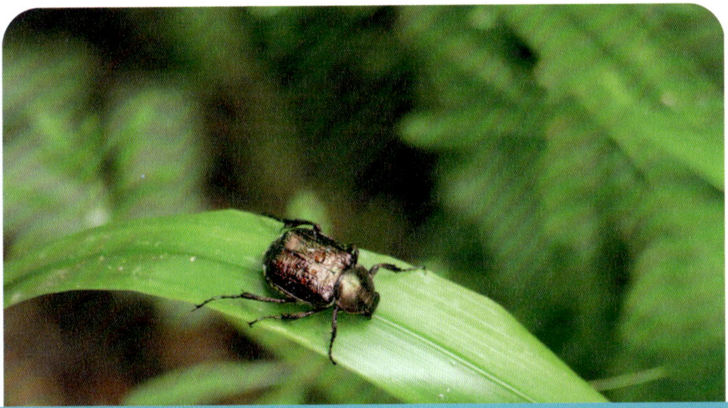

Für die Seele

Weites Weideland und wilde Wasser: Die Wanderung über den Scharfenstein und das Wiedener Eck ins Stampfbachtal ist eine Tour der Kontraste.

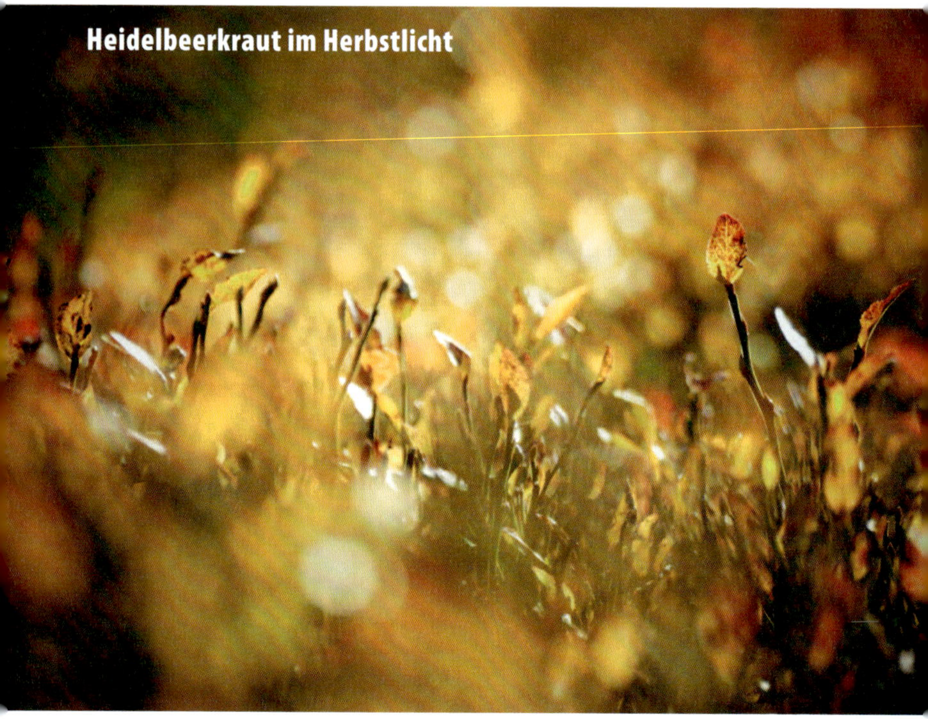

in einem herrlichen Wald kräftig bergauf. Hier breiten sich dicke Polster aus Moos auf dem Waldboden aus, Sauerklee wächst dazwischen empor. Wir folgen der blauen Raute, die uns ganz oben auf den **Westweg** entlässt.

Hier haben wir den höchsten Punkt unserer Tour erreicht und genießen an klaren Tagen einen grandiosen Blick auf die Vogesen. Mit dieser Aussicht zu unserer Rechten wandern wir dem Wiedener Eck entgegen – nun der roten Raute auf weißem Grund folgend. Zunächst geht es durch den Wald, dann öffnet sich im Westen eine Wiesen- und Weidelandschaft. Noch einmal führt der Pfad in einen urigen Wald hinein: Fliegenpilze und knorrige Wurzeln bedecken den Waldboden, auf einer Lichtung leuchtet das Laub der Heidelbeersträucher in den wärmsten Farben des Herbstes.

Wir treten aus dem Schatten der Bäume heraus und betreten die sonnenüberfluteten **Wiedener Weidberge 2**. Diese mageren Weiden sind arm an Nährstoffen, aber reich an seltenen und bedrohten Pflanzenarten.

Auf beiden Seiten des Weges breitet sich das weite Grasland aus, wenige Hinterwälder Rinder verteilen sich auf der riesigen Weide, zupfen ein paar Grashalme aus der mageren Wiese und beobachten uns interessiert. Sie sind die größten und auffälligsten Bewohner des Naturschutzgebietes – und tragen ganz entscheidend zum Erhalt seiner Artenvielfalt bei. Indem sie Weidbuchen und andere Bäume abfressen, verhindern sie, dass die Wiesen verbuschen. Zugleich verursachen sie durch ihr geringes Gewicht kaum Schäden an der besonderen Vegetation. Schmalblättriges Wollgras wächst hier und Geflecktes Knabenkraut – eine Orchideenart, Flügelginster und Silberdisteln.

Während wir weiterwandern, entdecken wir rechts des Weges eine Wasserfläche. Es ist eine für diese Landschaft typische Sickerquelle. Dank ihr bilden

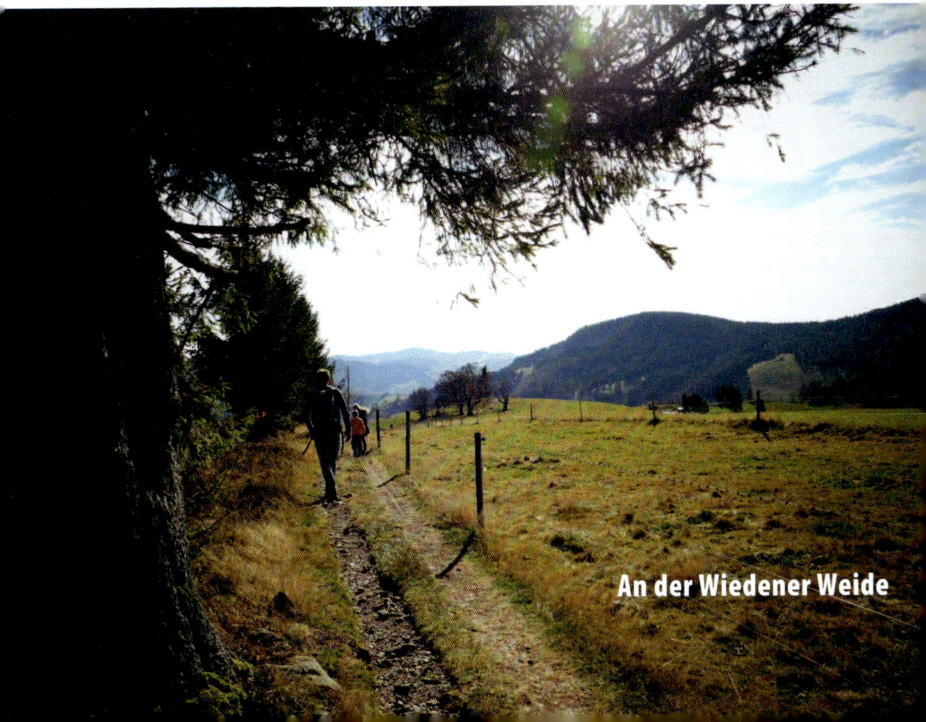

An der Wiedener Weide

sich Nasswiesen, Sümpfe und Flachmoore, in denen Pflanzen sprießen, die an vielen anderen Orten schon ausgestorben sind: Fettkraut, Rundblättriger Sonnentau und Sumpfveilchen.

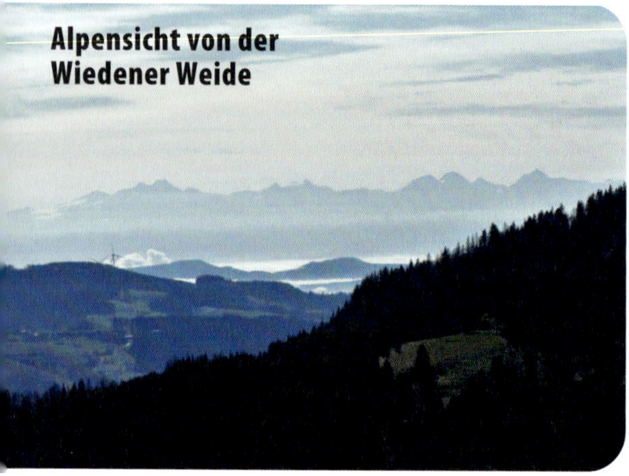
Alpensicht von der Wiedener Weide

Unsere Aufmerksamkeit wird bald von etwas ganz anderem angezogen: dem wunderbaren Weitblick. Von diesem Teilstück des Westweges können wir die ganze Schönheit des Schwarzwalds genießen, im Norden erhebt sich der Feldberg, im Süden der Belchen. Und in östlicher Richtung reicht der Blick bis zu den schneebedeckten Gipfeln der Alpen. Davor heben sich skurrile Baumgestalten vom Blau des Himmels ab: mächtige Weidbuchen, einmalig in Deutschland. Grund für ihr eigentümliches Aussehen sind die Rinder, die neben Gras und Kräutern der Weide auch gerne die jungen Blätter und Triebe der Buchen abknabbern.

Unser Weg verläuft nun zwischen den Zäunen der angrenzenden Weiden, dann auf wurzeligem Pfad unter das Dach einiger Bäume. Am Waldrand biegen wir auf dem Westweg rechts ab, gleich darauf geht es wieder links und durch den Wald zum **Wiedener Eck 3**. Der Ort ist ein idealer Ausgangspunkt für Wanderungen auf den Belchen, der nun nur noch 6 Kilometer entfernt ist, Parkplatz und Weg aber sind auch meist voller Menschen.

Dem entgehen wir, indem wir den Weg rechts hinunter ins Stampfbachtal wählen. Er führt ziemlich steil nach Neuhof hinunter, wo die Kapelle in der engen Kurve liegt. Wir halten uns links und wandern dem Wegpunkt „Beim Wasserfall“ entgegen. Nun rauscht schon das Stampfebächle neben uns zu Tal und wir staunen, dass am engen Bachufer trotzdem Rinder grasen: Die Hinterwälder Rasse ist wahrlich wie gemacht für steile und unwegsame Hänge.

Bald erreichen wir die enge Schlucht des **Stampfbachpfads.** Während oben am Weidener Eck noch Weite und Licht vorherrschten, umfängt uns nun die grüne Dunkelheit eines wilden Waldes. Kühl ist es am Bachlauf, der sich vorbei an moosbedeckten Steinen, Farnen und Gräsern ergießt. Unser Weg führt über eine Brücke und dann auf schmalem Pfad und steilen Stufen die Schlucht hinunter. Mal schauen wir auf das Wasser hinab, mal können wir ganz dicht herantreten und uns erfrischen. Gespeist von zahlreichen Zuläufen führt der Stampfbach auch im Hochsommer meistens viel Wasser.

Schließlich erreichen wir die Brücke, die sich über den **Stampfbachwasserfall** 4 spannt. Über uns und unter uns ergießt sich der Bach, das Rauschen des Wassers hüllt uns vollkommen ein. Hier stehen und genießen

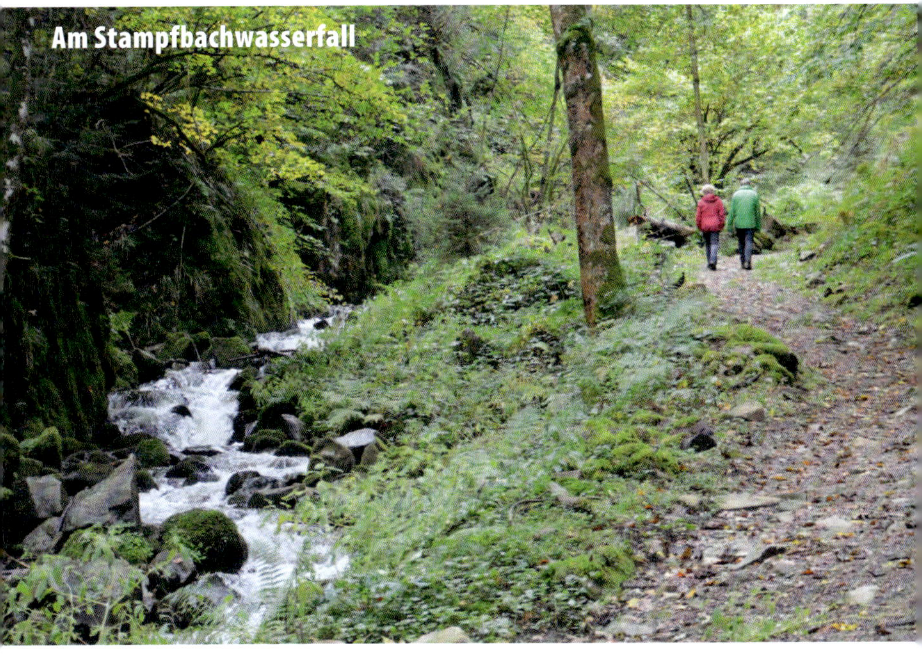

Am Stampfbachwasserfall

wir eine ganze Weile, bevor wir nun auf der linken Seite des Wasserfalls hinuntersteigen. Von der Feuchtigkeit der Luft ist der steile Felsenweg oft glatt, wir müssen gut achtgeben, um nicht auszurutschen. Jetzt ist es nicht mehr weit nach Stampf. Sobald wir den Wald verlassen, erkennen wir die Häuser im Tal – und darüber den schroff aufragenden Scharfenstein. Hier wird uns bewusst, was wir heute geschafft haben!

Wer nun das Hinterwälder Rind auch geschmacklich kennenlernen möchte, kann auf der Rückfahrt mit dem Auto im **Historischen Landgasthaus zur Linde 5** in Münstertal einkehren – am besten mit vorheriger Reservierung. Unter anderem wird Steak vom Hinterwälder Weiderind serviert – neben vielen anderen Köstlichkeiten.

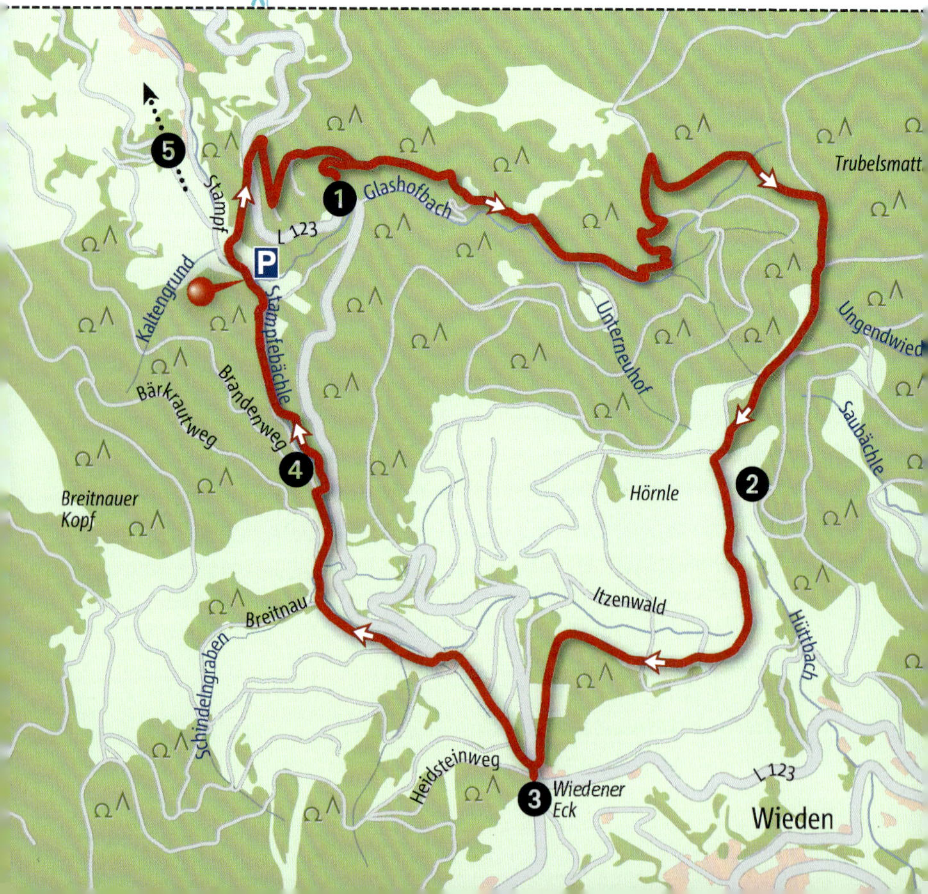

Alles auf einen Blick

WIE & WANN:
Mittelschwere Wanderung auf zum Teil felsigen Pfaden.
Beste Wanderzeit von Mai bis Oktober.

HIN & WEG:
Auto: Wanderparkplatz Stampf, 79244 Münstertal/Schwarzwald
(GPS: 47.863185, 7.850684)
ÖPNV: Bus 291 von Münstertal bis Spielweg, von dort 2 Kilometer durch die Untere Gasse nach Stampf

ESSEN & ENTSPANNEN:
(Abseits der Route empfehlenswert)
Historisches Landgasthaus zur Linde ❺ Krumlinden 13, 79244 Münstertal/Schwarzwald, Tel. (0 76 36) 4 47, www.landgasthaus.de

ENTDECKEN & ERLEBEN:
Scharfenstein ❶
Wiedener Weidberge ❷
Wiedener Eck ❸
Stampfbachwasserfall ❹

Entspannung ✱✱ (2 von 5)
Genuss ✱✱✱✱ (4 von 5)
Romantik ✱✱✱✱✱ (5 von 5)

Die GPS-Daten zu jeder Tour gibt es auf
www.droste-verlag.de

Konzeption/Satz: Droste Verlag, Düsseldorf
Einbandgestaltung: Britta Rungwerth, Düsseldorf, unter Verwendung von © Fotolia.com: Andrey Kuzmin, undrey, dabost, niroworld; © Halfpoint - stock.adobe.com
Fotos: Silke Kohlmann, außer:
S. 4 bis 13, S. 115 bis 118, S. 138 bis 143: Kathrin Blum; S. 43: Boris Hellriegel; S. 54 und S. 57: © Freiburger Verkehrs AG Schauinslandbahn; S. 72, S. 154, S. 159 und S. 171: © Hochschwarzwald Tourismus GmbH; S. 135: Sascha Halweg

Karten: Thorsten David, Bochum
Druck und Bindung: LUC GmbH, Greven

MIX
Papier aus verantwortungsvollen Quellen
FSC® C011279
FSC www.fsc.org

ISBN 978-3-7700-2282-3
www.droste-verlag.de